21세기 중국이 가는 길

나남
nanam

조 영 남

서울대 동양사학과 학사
서울대 대학원 정치학과 석사·박사
중국 베이징(北京)대학 현대중국연구센터 객원연구원
중국 톈진 난카이(南開)대학 정치학과 방문학자
미국 하버드-옌칭 연구소(Harvard-Yenching Institute) 방문학자
서울대 국제대학원 교수(2002년~현재)

주요 논저로 *Local People's Congresses in China* (Cambridge University Press, 2009), 《후진타오 시대의 중국정치》(나남, 2006) 등 다수

나남신서 1433
21세기 중국이 가는 길

2009년 11월 25일 발행
2009년 11월 25일 1쇄

저자_ 趙英男
발행자_ 趙相浩
발행처_ (주) 나남
주소_ 413-756 경기도 파주시 교하읍
　　　출판도시 518-4
전화_ (031) 955-4600 (代), FAX : (031) 955-4555
등록_ 제 1-71호(79.5.12)
홈페이지_ http://www.nanam.net
전자우편_ post@nanam.net

ISBN 978-89-300-8433-8
ISBN 978-89-300-8001-9 (세트)
책값은 뒤표지에 있습니다.

나남신서 1433

# 21세기 중국이 가는 길

조 영 남

나남
nanam

# China's Road in the 21st Century

*by*

Cho, Young Nam

nanam

 필자는 하버드-옌칭 연구소(Harvard-Yenching Institute)의 초청을 받아 2006년 7월부터 1년 동안 미국에서 안식년을 보낼 수 있었다. 공부를 시작한 이후 처음으로 미국을 방문한 것이라 기대와 설렘이 남달랐다. 특히 하버드대는 미국뿐만 아니라 전 세계의 중국연구를 선도하는 고등교육기관이라 필자와 같은 중국연구자에게는 세계학계의 흐름을 읽을 수 있는 좋은 기회였다. 중국에 대한 열기는 예상했던 것 이상이었다. 중국과 관련된 세미나와 토론회가 적게는 일주일에 한두 개, 많게는 열 개씩 열렸다. 그곳에서 중국연구의 세계적 석학들과 신진학자들을 두루 만날 수 있었다.

 "많은 학자들이 세계 강대국으로 빠르게 부상하는 중국을 어떻게 분석하고 이해해야 할지 몰라 당황하고 있구나!" 1년 동안 각종 토론모임에 참석하면서 들었던 생각이었다. 한 저명한 경제학자는 "중국특색의 자본주의"를 선도하는 상하이(上海)의 경제발전 모델에 문제가 있고, 그래서 중국은 지속적 경제성장을 유지할 수 없을지 모른다고 주장했다. 또 다른 저명한 정치학자는 중국은 정치개혁의 지연으로 "덫"(trap)에 빠졌고, 이 문제를 해결하지 못하면 중국은 붕괴할지 모른다고 경고했다. 그런데 이는 우리가 몸으로 경험하는 중국과 동떨어진 주장이다. 결국 학자들의 생각(이론)이 급변하는 현실(사실)을 정확히 반영하는 것은 고사하고, 그것을 제대로 따라가지도 못한다는 생각이 들었다.

"최근 중앙정부가 추진한 정책이나 제도 중에서 3년 이상 가는 것이 거의 없었습니다. 지방은 지방대로 자체 계획하에 무수히 많은 일을 벌이는데, 무엇이 무엇인지 잘 모르겠습니다. 정치, 경제, 사회, 문화 등 거의 전 분야에 걸쳐 중국은 지금 대격변기에 접어든 것 같습니다. 그래서 요즘은 현실의 변화를 따라가는 데도 애를 먹습니다. 우리가 이 정도니 외국학자들은 오죽하겠습니까." 2009년 8월 베이징(北京)을 찾은 필자에게 중국학자들은 일말의 위안을 주었다. 그들 또한 중국의 급속한 변화에 당황하는 것처럼 보였다.

중국은 정말 급변하고 있다. 2009년 말에 국내총생산(GDP) 면에서 중국이 일본을 제치고 미국에 이어 세계 2위의 경제대국으로 부상할 것은 거의 확실하다. 불과 몇 년 전만 해도 2020년이나 2030년 무렵에나 가능할 것이라고 예측했던 일이 지금 벌어지고 있다. 베이징, 상하이, 톈진(天津), 선쩐(深圳) 등 연해지역의 1인당 국민소득이 1만 달러를 넘은 지도 몇 년이 지났다. 이를 증명하듯이, 2009년 8월 필자가 방문한 광저우(廣州)와 선쩐의 대형 쇼핑몰과 식당가는 사람들로 넘쳤다. 이곳에는 옛날의 초라한 중국의 모습이 더 이상 존재하지 않았다. 2008년 베이징 올림픽, 2010년 상하이 세계무역박람회(EXPO), 2010년 광저우 아시안 게임, 2011년 선쩐 유니버시아드 대회. 연이은 대규모 국제행사도 중국 전역에서 개최됐거나 개최될 예정이다.

중국의 부상은 세계 권력구조도 변화시키고 있다. 막강한 경제력을 바탕으로 중국은 국제사회에서 자국의 영향력을 급속히 확대하고 있는 것이다. 한때 미국 내에서 거론되던 대(對) 중국 "봉쇄(containment) 정책"은 흘러간 옛 노래가 되었다. 이제 "중국붕괴론"은 사라지고 "중국기회론"이 그 자리를 대신한다. 중국은 좀더 적극적으로 국제사회에 참여하고 기여해야 한다는 "중국책임론"이 "중국위협론"을 압도한다. 이를 반영하듯, 2007년에는 저명한 미국학자가 미국과 중국은 하나의 경제공동체라는 "차이메리카"(Chimerica / China + America) 개념을 제기했다. 2008년에는 저명한 미국 정치가와 관료가 미·중 양국은 동등한 파트너가 되어 국제사무를 공동으로 관리해야 한다는 "G-2" 개념을 주장했다. 바야흐로 미국 단일패권의 시대는 가고 "미·중 공동관리(condominium)의 시대"가 도래한 것처럼 보인다.

그렇다면 우리는 급변하는 중국을 어떻게 분석하고 이해해야 할 것인가? "정치학의 기존이론이나 개념을 가지고 섣부르게 중국정치를 재단하기보다는, 중국에서 발생하는 사건과 현상을 면밀히 관찰하고 이를 통해 중국정치의 특정한 유형과 특징을 발견하려고 노력해야 한다. 이론과 개념의 성급한 적용은 사실을 왜곡하고 잘못된 판단을 도출할 위험이 있기 때문이다. 이는 많은 시간과 노력을 요구하는 힘든 작업이다." 3년 전에 《후진타오 시대의 중국정치》를 출판하면서 필자가 밝혔던 중국정치를 분석하는 기본적 접근법이다. 이는 지금도 유효하다. 아니 현재와 같이 급변하는 중국을 이해하는 데는 이런 접근법이 더욱 필요하다. 필자는 시종일관 이런 관점에서 중국정치를 분석하려고 노력했고, 이 책은 그 결과물이다.

이 책은 크게 네 부분으로 이루어졌다. "제1부: 중국정치의 안정성과 민주주의"에서는 중국정치와 관련된 기본적이면서도 중요한 두 가지 문제를 검토한다. 첫 번째 문제는 중국 정치체제의 안정성이다. 중국은 지난 30년 동안 급속한 경제성장을 이룩하면서도 공산당 일당체제를 비교적 안정적으로 유지할 수 있었다. 이는 한국과 대만 등 동아시아 국가뿐만 아니라 제3세계 국가 전체의 경험에 비추어보았을 때에도 유례가 없는 것이다. 무엇이 이것을 가능하게 했는가? 중국은 현행 권위주의 정치체제를 계속 유지할 수 있을까? 제1부의 첫 번째 글은 정치적 측면(엘리트 정치), 행정적 측면(국가 통치체제), 이념적 측면(이데올로기)에서 이 문제를 분석한다. 이를 통해 우리는 중국이 지난 30년 동안 공산당 일당체제를 안정적으로 유지할 수 있었던 정치적 기초를 이해할 수 있을 것이다.

중국정치와 관련된 두 번째 문제는 중국 정치체제의 변화 가능성이다. 그동안 중국 내에서는 미래의 정치발전과 관련된 많은 논의와 탐색이 있었다. 중국은 서구식 자유민주주의를 반대하며, "중국 특색의 민주주의"를 수립하기 위해 노력한다는 것이 공식입장이다. 공산당과 정부 등 "관방"(官方)이 이를 주장할 뿐만 아니라 많은 중국학자들도 이를 적극 지지한다. 그렇다면 "중국 특색의 민주주의"는 구체적으로 무엇인가? 그것은 기존의 자유민주주의나 권위주의와 어떻게 다른가? 제1부의 두 번째 글은 이런 질문에 답하는 것이다. 현재까지 "중국 특색의 민주주의"는 한국과 대만 등 동아시아 국가가 과거에 경험했던 발전국가(developmental state)의 변종에 불과하다는 것이 필자의 결론이다.

"제2부: 제2기 후진타오 체제와 중국정치"에서는 2007년 10월 중국 공산당 제17기 전국대표대회(당대회)와 2008년 3월 제11기 전국인민대표대회(전국인대) 제1차 회의를 통해 정식 출범한 후진타오 집권 2기를 분석한다. 제17차 당대회는 여러 가지 면에서 매우 중요한 사건이었다. 중국 정치사상 최초로 시진핑(習近平)과 리커창(李克强)이라는 복수 권력계승자가 등장했다. 또한 후진타오(胡錦濤)의 국정이념인 "조화사회"(和諧社會) 건설론과 장쩌민(江澤民) 시대의 유산인 "과학적 발전관"(科學的發展觀)이 동시에 "당헌"(黨章)에 삽입됐다. 이는 중국 엘리트 정치에 새로운 변화가 나타남을 보여준다. 제2부의 첫 번째 글은 이를 분석한다. 두 번째 글에서는 이번 전국인대 회의를 통해 새롭게 선출된 국가지도자, 정치개혁(행정개혁), 그리고 국가정책을 분석한다. 이를 통해 향후 5년 동안 중국을 이끌 지도부와 이들의 정책을 이해할 수 있을 것이다.

"제3부: 중국외교의 새로운 시도"에서는 21세기 중국의 중요한 외교정책을 검토한다. 제3부의 첫 번째 글은 후진타오 시대에 들어 중국이 본격적으로 추진하는 새로운 외교정책, 즉 소프트 파워(soft power) 전략을 분석한다. 경제력과 군사력 등 하드 파워(hard power) 면에서 중국은 이미 아시아 지역 강대국에서 세계 강대국으로 급부상했다. 그런데 중국이 진정한 세계 강대국으로 발전하기 위해서는 하드 파워뿐만 아니라 소프트 파워도 갖추어야 한다. 동시에 이와 관련하여 현재 중국에게 가장 부족한 것이 바로 소프트 파워이다. 후진타오 시대에 들어 중국이 소프트 파워를 강화하기 위한 외교정책을 적극 추진하는 것은 이 때문이다. 그래서 21세기 중국의 부상과 새로운 외교정책을 이해하려고 할 때에는 이에 대한 분석이 필수적이다.

또한 군사·안보 면에서 세계 강대국화 과정에서 중국이 당면한 최대 도전과제는 미국과 미국이 주도하는 아시아 동맹체제에 적절히 대응하는 것이다. 미국은 군사력 면에서 세계 최강대국이고, 아시아 지역의 미국 동맹체제는 여전히 강고하다. 만약 미국이 동맹국들과 함께 중국의 부상을 저지하기 위해 군사협력을 강화하고 더 나아가서 중국을 포위하려고 한다면 중국에게는 큰 부담이 될 수 있다. 중국은 이에 어떻게 대응하고 있는가? 제3부의 두 번째 글은 이에 대한 대답을 제시하려고 노력한다. 이를 통해 우리는 중국이 지난 30년 동안 비교적 일관된 방침하에 동맹정책을 추진했음을 알 수 있을 것이다.

"제4부: 결론"은 이 책의 결론에 해당한다. 여기서는 지난 30년 동안 정치·외교분야에서 중국의 발전을 가능하게 한 네 가지 추동력 (*driving forces*), 즉 엘리트 정치의 안정화, 국가체제의 합리화, 정치민주화, 강대국화를 검토한다. 또한 이에 근거하여 중국의 중장기(2030년) 발전전망과 그것이 한국에 주는 함의를 분석한다. 향후 중국의 가장 이상적인 발전은 한국과 대만처럼 경제성장을 이룩한 이후에 정치적 민주화를 달성하여 궁극적으로는 민주주의국가로 변화하는 것이다(동아시아의 길). 그러나 현재 관점에서 본다면 사회·경제적 불안정을 동반한 권위주의체제가 지속될 가능성이 높다(라틴아메리카의 길). 이것이 필자의 판단이다.

이 책은 필자가 쓴 것이지만, 필자 혼자만의 힘으로 쓸 수 있었던 것은 결코 아니다. 제1장은 현대중국학회가 한·중수교 15주년을 기념해 2007년 10월에 개최한 한·중 국제학술회의에서 발표한 것이다. 이때 전성흥, 김재관 교수를 비롯한 한국과 중국의 여러 학자들께서 귀중한 논평을 해주셨다. 제2장은 2008년 4월 성균관대 동아시아학술원이 개최한 한·중 국제학술회의에서 발표한 것이다. 이희옥, 김재관 교수와 중국학자들의 귀중한 논평이 있었다. 제 3장은 "제 17차 당대회" 연구모임에서 필자가 담당했던 글을 보완한 것이다. 제 17차 당대회가 끝난 직후 필자는 전성흥, 김태호, 김흥규 교수 등과 함께 연구모임을 조직했고 최종 연구결과를 2008년 10월에 출간했다. 몇 번의 토론과 발표에서 여러 참가자들이 귀중한 논평을 해주셨다. 특히 김태호 교수께서는 이 글의 영어논문을 2008년 6월 *Korean Journal of Defense Analysis*에 발표하는 데 많은 조언을 해주셨다.

제 5장은 2005년 6월 손열 교수가 주도한 "동아시아의 소프트 파워" 연구모임에서 필자가 중국 분석을 맡으면서 시작되었다. 제 1차 원고는 2007년 10월에 책의 한 장(章)으로 발표되었고, 이후 김태호 교수가 주도한 "중국 외교연구의 새로운 영역" 연구모임에서 보완을 거쳐 2008년 11월에 제 2차 원고가 발표되었다. 그 사이에 정종호 교수와 공동 집필한 영문논문이 2008년 6월 *Asian Survey*에 게재되었다. 이때 정재호, 이근, 박철희 교수께서 좋은 논평을 해주셨다. 제 6장은 하영선 교수께서 주도하신 동아시아연구원(EAI)의 "21세기 각국의 동맹정책" 연구모임에서 필자가 맡아 작성한 글이다. 최명해, 김태호 교수께서는 이 글의 초고를 읽고 귀중한 논평을 해주셨고, 하영선, 이태환, 김병국, 손열 교수께서도 발표모임에서 좋은 의견을 말씀해주셨다. 이 모든 분들께 진심으로 감사드린다.

이 책은 필자가 나남출판사에서 출판하는 세 번째 책이다. 매번 필자의 부족한 원고를 흔쾌히 받아주신 조상호 사장님, 출판과정에서 수고를 아끼지 않으신 방순영 부장님, 그리고 이 책의 편집을 맡아 수고해주신 신승윤 선생님께 감사드린다. 이 책의 초고를 꼼꼼히 읽고 좋은 의견을 제시해준 서울대 국제대학원의 김경열, 박완 학생께도

감사한다.

필자가 서울대에 근무한 지도 벌써 8년이 되었다. 지난 시간은 서울대 국제대학원이 2003년 3월 정식 설립된 이후 한국에서 지역연구 및 교육을 선도하는 대표적 전문대학원으로 굳건하게 성장하는 과정이었다. 국제대학원에 몸담고 있는 필자도 학교의 성장에 힘입어 중국연구자로서 조금씩 앞으로 나갈 수 있었다. 처음에는 연구와 교육 등 모든 것이 힘들고 막막했다. 좌절도 많이 했고 고민도 참 많았다. 그럴 때마다 같이 근무하는 선배, 동료, 후배교수들께서 큰 힘이 되어주셨다. 특히 중국지역학을 함께 담당하는 정영록, 정종호 교수는 필자의 든든한 후원자셨고 지금도 그러하다. 필자와 함께 공부했던 수많은 학생들의 격려와 사랑은 잊을 수 없다. 평소 수줍음이 많아 고마움을 표현할 수 없었던 것이 죄송할 따름이다. 이제 용기를 내어 이 모든 분들께 깊이 진심으로 감사드린다.

2009년 11월
조 영 남

나남신서 1433

# 21세기 중국이 가는 길

차 례

## 제 4 부  결론

# 제 1 장

# 중국공산당 통치의 안정성과 정치적 기초

중국은 지난 30년 동안 개혁·개방정책을 통해 경이적 경제성장을 이룩했다. 중국의 공식통계에 의하면 국내총생산(GDP)은 1980년부터 2008년까지 연평균 9.7%씩 성장했고, 그 결과 중국은 2008년에 미국 및 일본에 이은 세계 3위의 경제대국(GDP 약 4조 2천억 달러), 세계 3위의 무역대국(약 2조 6천억 달러), 그리고 세계 1위의 외환보유국(약 2조 달러)이 되었다. 2009년 말에는 큰 이변이 없는 한, 중국이 미국에 이은 세계 2위의 경제대국이 될 것이다. 사회도 개혁·개방정책의 실시 이후 급격한 변화를 경험했다. 단적으로 사적 소유제도와 시장제도가 확산됨으로써 중국은 이제 "중국 특색의 자본주의" 사회로 변화한 것이다.

그런데 이런 사회경제적 변화에도 불구하고 공산당은 지난 30년 동안 비교적 안정적으로 일당지배체제를 유지했고, 향후 상당 기간 동안 이것이 지속될 것으로 전망된다.[1] 과거 제 3세계 국가의 경제발전

---

[1] 조영남, 《후진타오 시대의 중국정치》(서울: 나남, 2006), pp. 341~356; Jae Ho Chung, "Charting China's Future: Scenarios, Uncertainties, and Determinants", Jae Ho Chung(ed.), *Charting China's Future: Political, Social, and International Dimensions*(Lanham, Maryland: Rowman &

과 민주화 경험을 놓고 볼 때, 경제성장과 정치안정을 동시에 달성하기는 결코 쉬운 일이 아니었다. 이 두 가지를 비교적 성공적으로 이룩한 중국은 최소한 현재까지는 이례적 경우라고 할 수 있다.[2] 따라서 중국이 고도의 경제성장과 급격한 사회변화 속에서 비교적 안정적으로 공산당 일당지배체제를 유지할 수 있었던 정치적 기초를 분석하는 것은 개혁기 중국정치의 변화와 향후 발전전망을 이해하는 데 매우 중요하다.

공산당 통치의 안정성 문제를 분석하기에 앞서 우리는 먼저 중국 정치체제가 과연 안정적(stable)이었고 앞으로도 그럴 것인가라는 질문에 답해야 한다. 만약 중국 정치체제가 안정적이지 않았다고 한다면 공산당 통치에 대한 검토는 다른 각도, 즉 공산당은 불안정한 정치체제를 어떻게 지속시킬 수 있었는가라는 각도에서 이루어져야 하기 때문이다.

기존연구는 중국의 안정성과 관련하여 두 가지 사실을 동시에 지적한다. 우선 중국 정치체제는 쉽게 붕괴하지 않을 것이고, 공산당 일당지배체제도 최소한 단기간 내에는 해소되지 않을 것이다.[3] 공산당

---

Littlefield Publishers, 2006), pp. 1~19.

2) 전성흥, "변화와 안정을 위한 중국의 노력", 김재철 편, 《새로운 중국의 모색 I》(서울: 폴리테이아, 2005), pp. 285~314; Randall Peerenboom, *China Modernizes: Threat to the West or Model for the Rest?* (Oxford, London: Oxford University Press, 2007), p. 20.

3) Chung(2006a), p. 11; Jae Ho Chung, "Assessing the Odds against the Mandate of Heaven: Do the Numbers (on Instability) Really Matter?", Chung(ed.) (2006), p. 120; Bruce Dickson, "The Future of the Chinese Communist Party: Strategies of Survival and Prospects for Change", Chung(ed.) (2006), p. 46; Bruce Dickson, "Political Instability at the Middle and Lower Levels: Signs of a Decaying CCP, Corruption, and Political Dissent", David Shambaugh(ed.), *Is China Unstable? Assessing the Factors* (Armonk, New York: M. E Sharpe, 2000), p. 54.

은 우리가 생각하는 것보다 변화된 현실에 훨씬 더 잘 적응했고 국민
들로부터도 강한 지지를 받기 때문이다.[4] 그러나 다른 한편으로 중
국은 관료주의나 부정부패 같은 정치문제 외에도 실업, 삼농(三農: 농
업·농촌·농민) 문제, 빈부격차, 지역격차, 환경오염, 소수민족 갈등
등 여러 가지 심각한 사회문제를 안고 있다.

이런 두 가지 사실을 종합적으로 고려할 때, 중국은 "취약한 안정
성"(fragile stability),[5] "흔들리는 안정성"(rocky stability) 또는 "안정적 불
안"(stable unrest),[6] "안정적 불안정성"(stable instability)의 상태에 있다
고 평가된다.[7] 필자도 기본적으로 이런 평가에 동의한다. 즉, 중국
은 1980년대 말과 1990년대 초에 일정한 정치사회적 혼란을 경험했고
현재에도 여러 가지 불안정 요소를 안고 있지만, 전체적으로 볼 때는
비교적 안정적이었고 앞으로도 최소한 당분간은 이런 안정이 지속될
것이라고 판단된다.

이 글은 다음과 같은 세 가지 측면에서 공산당 일당지배체제가 지
속될 수 있었던 정치적 기초를 분석하려고 한다. 첫째는 정치적 측면
이다. 여기서는 구체적으로 중국의 엘리트 정치가 얼마나 안정적으로

---

4) Kjeld Erik Brodsgaard and Yonnian Zheng, "Introduction: Whither the
   Chinese Communist Party?", Kjeld Erik Brodsgaard and Yonnian Zheng
   (eds.), *The Chinese Communist Party in Reform* (London: Routledge,
   2006), pp. 1~32; Kjeld Erik Brodsgaard and Yonnian Zheng, "Intro-
   duction: Bringing the Party Back in", Kjeld Erik Brodsgaard and
   Yonnian Zheng (eds.), *Bringing the Party Back in: How China Is Gov-
   erned* (Singapore: EAI, 2004), pp. 1~21; Jie Chen, *Popular Political
   Support in Urban China* (Washington, D.C.: Woodrow Wilson Center
   Press, 2004).
5) Dickson (2000), p. 54.
6) Martin King Whyte, "Chinese Social Trends: Stability or Chaos?", Shambaugh
   (ed.) (2000), p. 160.
7) Chung (2006b), p. 118.

운영되며, 중국의 통치 엘리트가 공산당 일당지배를 지속하기 위해 주요 사회세력 및 집단에 대해 어떤 전략을 사용했는가를 검토할 것이다. 둘째는 행정적 측면이다. 여기서는 중국이 국가 통치능력을 강화하고 통치행위를 규범화·제도화하기 위해 어떤 노력을 기울였는지를 검토할 것이다. 마지막은 이념적 측면이다. 여기서는 중국이 개혁기에 변화된 국가정책과 사회경제적 조건에 맞추어 자신의 통치 이데올로기를 어떻게 변화시켰는가를 검토할 것이다. 필자는 이상의 세 가지 측면에 대한 분석을 통해 공산당이 안정적 통치체제를 유지할 수 있었던 정치적 기초를 찾을 수 있을 것이라 판단한다.[8]

## 1. 중국 정치개혁과 국가능력에 대한 평가

공산당이 중국을 지속적으로 통치할 수 있었던 정치적 기초를 검토하기 전에 먼저 기존연구는 중국의 정치개혁과 국가능력에 대해 어떻게 평가하는가를 살펴보자. 우리는 이를 편의상 두 가지로 나누어 검토할 수 있다. 첫째는 중국의 정치개혁을 비판적으로 보는 연구이다. 정치개혁이 지체되면서 국가 통치능력이 저하되었다고 주장하는 페이 (Minxin Pei)와 중국 거버넌스(*governance*)의 문제점을 지적하는 하웰 (Jude Howell)의 연구가 대표적이다.[9] 중국 국내문제의 심각성을 지

---

8) 참고로 정재호 교수는 중국의 안정성에 영향을 미치는 요소를 국내요소와 국외요소로 구분한다. 국내요소로는 중국공산당, 선거, 중앙-지방 관계, 대중소요를, 국외요소로는 외교정책, 중미관계, 대만문제를 제기한다. Chung (2006a), pp. 7~9.

9) Minxin Pei, *China's Trapped Transition: The Limits of Developmental Autocracy*(Cambridge, Massachusetts: Harvard University Press, 2006); Jude Howell(ed.), *Governance in China*(Lanham, Maryland: Rowman & Littlefield Publishers, 2004).

적하면서 중국의 취약성과 위험성을 주장하는 셔크(Susan L. Shirk)의
연구도 이에 속한다. 10)

둘째는 중국의 정치개혁과 국가능력을 긍정적으로 보는 연구인데,
이것은 다시 두 가지로 나눌 수 있다. 하나는 국가 통치능력 향상과
적응이라는 측면에서 정치개혁을 높이 평가하는 것으로, 양(Dali L.
Yang)과 쩡(Yongnian Zheng)의 연구가 대표적이다. 11) 중앙-지방 관계
에서 중앙이 여전히 상당한 통치능력을 보유한다고 주장하는 노튼
(Barry J. Naughton)과 양(Dali L. Yang)의 연구도 이에 속한다. 12) 다른
하나는 정치개혁에 의해 중국정치가 실제로 발전했다고 주장하는 연
구인데, 디트머(Lowell Dittmer)와 류(Guoli Liu), 거스리(Doug Guthrie)
의 연구가 이에 속한다. 13)

먼저 부정적 평가를 살펴보자. 페이는 점진적이고 부분적인 개혁,
특히 정치개혁의 지체로 인해 중국이 이행(transition)의 "덫"에 걸렸다
고 주장한다. 페이에 따르면 중국 지도자들은 공산당 정권의 생존을
위해 점진적 개혁방식을 채택했다. 이 방식을 통해 공산당은 기득권

10) Susan L. Shirk, *China: Fragile Superpower* (Oxford, London: Oxford University Press, 2007).

11) Dali L. Yang, *Remaking the Chinese Leviathan: Market Transition and the Politics of Governance in China* (Stanford, California: Stanford University Press, 2004); Yongnian Zheng, *Globalization and State Transformation in China* (Cambridge, London: Cambridge University Press, 2004).

12) Barry J. Naughton and Dali L. Yang (eds.), *Holding China Together: Diversity and National Integration in the Post-Deng Era* (Cambridge: Cambridge University Press, 2004).

13) Lowell Dittmer and Guoli Liu (eds.), *China's Deep Reform: Domestic Politics in Transition* (Lanham, Maryland: Rowman & Littlefield Publishers, 2006); Doug Guthrie, *China and Globalization: The Social, Economic, and Political Transformation of Chinese Society* (New York and London: Routledge, 2006).

을 유지함과 동시에 새로운 사회계층을 체제 내로 포섭함으로써 정권의 안정을 도모할 수 있었다. 그러나 점진주의는 자체의 한계로 인해 지속될 수 없다. 우선 공산당의 특권유지와 부당이익 추구는 막대한 국가자원의 고갈을 초래하면서 경제성장의 동력을 내부로부터 붕괴시킨다. 또한 민주적 정치개혁이 지연되면서 국가능력이 저하되고 경제발전과 사회안정에 필요한 공공재를 제공하는 데도 실패한다. 이 같은 "덫"에서 벗어나기 위해서는 과감한 개혁조치를 취해야 하는데, 이것이 쉽지 않다.

페이는 이 연구에서 특히 중국 국가성격의 변질과 "거버넌스 결핍"(governance deficit)을 강조한다. 그에 따르면 중국은 일본·한국·대만과 같은 동아시아 발전국가(developmental state)에서 "분권적 약탈국가"(decentralized predatory state)로 국가성격이 변질되었다. 지방에서 광범위하게 나타나는 "지방 마피아 국가"는 이것의 극단적 형태이다. 공산당 간부들이 정치적 특권을 이용하여 사적 이익을 추구하면서 부패가 만연하고, 이 과정에서 정경유착뿐만 아니라 정치권력과 폭력세력이 결합하는 형태까지 나타난다는 것이다. 중국의 거버넌스 결핍은 국가능력 저하와 공산당 동원능력 쇠퇴에서 잘 나타난다. 전자의 예로는 교통사고와 광산사고의 급증 등 공공안전 및 작업장 안전의 악화, 기초교육과 고등교육의 황폐화, 공공의료 체계의 붕괴, 환경오염의 심화, 그리고 농촌의 재정위기를 들 수 있다. 후자의 예로는 공산당 기층조직의 약화, 공산당 간부의 부패, 공산당에 대한 대중의 불신증가를 들 수 있다.

하웰도 페이와 비슷한 관점에서 중국국가의 통치능력 약화를 지적한다. 그녀에 따르면 중국 거버넌스에서는 몇 가지 부정적 경향이 발견된다. 예를 들어 중앙정부는 전국적이고 통일된 정책과 법률을 집행하려고 고군분투하지만, 중국의 거버넌스 과정은 점증적으로 분열되고 모순적인 양상을 보인다. 뿐만 아니라 경제적 자유화가 심화되면서 파룬공(法輪功) 사례가 보여주듯이 공적 권위가 도전받는 범위가 증가하는 경향이 있다. 그밖에도 공산당-국가는 아직까지도 사회적 이익을 표출하기 위해 필요한 예측 가능하고 효과적인 의사소통 구조와 과정을 수립하지 못했다. 여기에 더해 중국은 외부로부터 오는 사회경제적 영향에 점증적으로 노출된다. 14)

다른 한편으로 하웰도 페이처럼 중국의 "거버넌스 결핍"을 강조하면서 그 요인으로 정치적·제도적·경제적 요소를 제기한다. 정치적 요소는 공산당의 권력독점 욕구이다. 이로 인해 당정직능 분리, 정부기업 분리, 사회단체 자율성 확대 등 그동안 제기되었던 정치개혁이 좌절되었다. 제도적 요소는 경직화되고 균열적인 레닌주의적 제도가 초래한 병폐이다. 상부에 대해서만 복종하고 책임지려는 관료제도, 특정 정부부서나 지역의 이익만 옹호하는 부문주의(departmentalism)와 지역주의(localism), 민간의 주도적 대안마련을 봉쇄하는 엘리트주의가 그런 병리현상이다. 마지막으로 경제적 요소는 경제개혁간의 모순과 제도개혁 및 경제개혁 간의 탈구에서 오는 문제들이다. 급속한 경제발전과 사회제도 미비에서 초래된 지역격차, 도농격차, 빈부격차의 확대가 그 예이다. 15)

이에 비해 양과 쩡은 중국의 정치개혁과 국가능력에 대한 이상의 부정적 평가에 동의하지 않는다. 먼저 양에 따르면 중국은 시장제도를 도입하면서 통치능력(특히 경제적 거버넌스) 향상을 위해 많은 노력을 기울였다. 그 결과 중국은 사회주의 통제국가를 시장경제 운영에 적합한 규제국가(regulatory state)로 변화시키는 데 성공했다. 16) 정부기

---

14) Jude Howell, "Governance Matters: Key Challenges and Emerging Tendencies", Howell(ed.) (2004), pp. 1~18.

15) Jude Howell, "Getting to the Roots: Governance Pathologies and Future Prospects", Howell(ed.) (2004), pp. 226~240.

16) Yang(2004), pp. 1, 18, 313.

26

구 재조정과 인원조정을 위한 행정개혁, 국가기구의 효율성과 능력증대를 위한 각종 제도개혁(세제개혁과 재정개혁, 중앙은행 역할강화와 증권시장 관리개선을 포함한 금융개혁), 행정 합리화와 정부행위 규제를 위한 법치정책 실시, 제도개혁을 통한 반부패 정책, 의회의 역할확대를 통한 국가기관간 수평적 책임성 강화와 국가 규제기구(회계 및 통계) 강화 등은 이를 잘 보여주는 사례라는 것이다.

노튼과 양의 연구에 참여한 학자들도 이와 유사한 주장을 제기한다.17) 한마디로 말해 중국 정치체제는 개혁기에 들어 다양화되고 시장화된 사회의 도전에 매우 잘 적응했다는 것이다. 중국의 행정제도와 인사제도는 국가통합에 크게 기여했고, 관료적 위계체제(hierarchy)는 변화된 현실에 잘 적응하여 강화되었을 뿐만 아니라 일정한 규칙에 따라 운영된다. 그 결과 중앙정부는 국가통합 유지를 위해 강력한 힘을 행사할 수 있었다. 이는 개혁기에 실시된 시장화와 분권화 정책으로 인해 국가능력, 특히 중앙정부의 통치능력이 약화되었다는 주장을 정면으로 반박하는 것이다.

예를 들어 황(Yanzhong Huang)과 양(Dali L. Yang)은 인구정책에 대한 사례분석을 통해 경제영역에서는 국가역할이 감소되었지만 다른 영역에서는 결코 그렇지 않다는 것을 보여주었다.18) 수(Fubing Su)도 석탄산업 구조조정에 대한 사례분석을 통해, 중앙정부는 자신의 목적을 달성할 수 있는 정책수단을 보유 및 행사할 수 있다는 사실을 보여주었다. 이에 근거하여 그는 경제개혁 이후 여러 가지 변화가 있었지만, 강한 국가 동원능력과 행정규율이 존재한다는 중국정치의 특징이 여전히 유지된다고 주장한다.19)

---

17) Naughton and Yang(eds.) (2004).

18) Yanzhong Huang and Dali L. Yang, "Population Control and State Coercion in China", Naughton and Yang(eds.) (2004), pp. 149~192.

19) Fubing Su, "The Political Economy of Industrial Restructuring in

　세계화와 중국 국가체제의 변화를 분석한 쩡도 유사한 결론에 도달했다. 그에 따르면 개혁기 중국의 국가체제는 이념적·제도적 차원 모두에서 변화된 현실에 잘 적응하는 엄청난 유연성을 보여주었다. 뿐만 아니라 국가체제는 중국의 세계화 과정에 능동적으로 개입하여 적응하는 모습을 보여줌으로써 세계화 과정의 중요한 요소가 되었다. 따라서 그는 일부 영역에서는 국가역할이 약화되었을지 몰라도 다른 영역에서는 오히려 그것이 강화 또는 공고화되었다고 주장한다. 다만 그는 공산당이 법과 제도 위에 군림함으로써 중국이 세계화에 적응하고 제도화되는 데 진정한 걸림돌이 되었다는 점을 지적한다.[20] 이런 국가의 적응을 보여주기 위해 쩡은 정부기구 개혁, 세제개혁, 재정개혁, 기업개혁 등을 구체적으로 분석했다.

　한편 디트머는 다른 관점에서 중국 개혁에 대해 매우 긍정적으로 평가한다. 그에 따르면 1990년대 개혁은 1980년대 개혁과는 매우 다르고, 그래서 그는 이를 "심화된 개혁"(*deep reform*, 深化改革)이라고 부른다. 우선 심화된 개혁은 이전 개혁처럼 경제발전을 최고의 정치의제로 삼고 정치제도화와 사회안정을 강조하며 정치권력의 분권화와 합리화를 꾸준히 추진한다. 그러나 심화된 개혁은 이전 개혁의 변형이라는 성격도 띤다. 심화된 개혁은 시장경제 수립과 법치국가 건설이라는 근본목적을 달성하기 위해 추진되었으며 지금까지 다음과 같은 특징을 띠고 있다는 것이다.

　우선 계획과 시장이 병존하는 혼합경제가 아니라 완전한 시장경제 건설을 목표로 한다. 또한 개방정책이 세계화 추세 속에서 전반적 개방으로 발전했다. 여기에 더해 법치(*rule of law*)가 통치수단에서 개혁의 근본목적으로 변화했다. 그밖에도 정치제도화와 체계적 권력이행

China's Coal Industry, 1992-1999", Naughton and Yang(eds.)(2004), pp. 226~252.
20) Zheng(2004).

을 포함한 의미 있는 정치개혁이 이루어졌다. 마지막으로 심화된 개혁은 중국의 평화적 부상(和平崛起)을 위한 대전략과 연계되었다. 디트머는 이런 사실을 종합하여 1990년대 중국 개혁은 "질적으로 새로운 발전단계에 도달"했다고 주장한다. 또한 심화된 개혁은 전체적으로 볼 때 "커다란 성공"을 거두었다고 평가한다.

거스리도 디트머와 마찬가지로 중국 개혁에 대해 높이 평가하고 정치민주화에 대해서도 낙관한다. 그에 따르면 중국의 변화는 외부에서 생각하는 것보다 훨씬 급진적이다. 또한 중국 개혁은 국가주도로 진행되었는데, 개혁과정에서 국가가 효과적 역할을 수행했을 뿐만 아니라 국가주도 발전이 시장주도 발전보다 훨씬 우월하다는 것을 보여주었다. 그밖에도 중국의 경제개혁은 의도하지 않은 결과로 인해 정치민주화로 이어질 것이며, 이런 중국의 변화는 세계적 의미를 갖는다.

이상에서 우리는 중국의 정치개혁과 국가능력에 대한 두 가지 상반된 견해를 살펴보았다. 필자는 이 중에서 긍정적 견해를 지지한다. 즉, 중국은 지난 30년 동안 다양한 개혁정책을 통해 국가 통치능력을 향상시켰고 정치과정의 제도화 측면에서도 상당한 진전을 이루었다는 것이다. 이것이 공산당이 일당지배체제를 유지할 수 있었던 중요한 배경이 되었다는 것이 필자의 판단이다.

아래에서는 공산당 통치의 정치적 기초를 분석하기 위해 정치적 요소, 행정적 요소, 그리고 이념적 요소를 차례로 살펴볼 것이다.

## 2. 엘리트 정치의 안정과 지배연합의 형성

### 1) 엘리트 정치의 안정

중국과 같은 사회주의 정치체제에서는 엘리트 정치가 매우 중요하다. 이 같은 정치체제에서는 소수의 통치 엘리트가 거의 독점적으로 주요 국가정책을 결정하기 때문이다. 또한 사회주의 정치체제는 당-국가체제로서, 공산당과 국가기관이 조직적·기능적으로 결합되어 있고 국가의 핵심권력이 공산당으로 집중되는 특징을 보인다. 이 때문에 우리가 공산당 통치의 안정성과 그 정치적 기초를 분석할 때에는 무엇보다 먼저 공산당을 중심으로 한 엘리트 정치를 검토해야 한다.[21]

결론적으로 말해, 공산당 통치의 안정 여부는 일차적으로 엘리트 정치의 안정 여부에 의해 결정되는데, 지난 30년 동안 공산당이 일당체제를 유지할 수 있었던 가장 중요한 요인은 바로 엘리트 정치가 안정화되었기 때문이다.

개혁기 중국의 엘리트 정치를 어떻게 보아야 할 것인가에 대해서는 그동안 많은 논의가 있었다. 예를 들어 일부 학자들은 중국정치도 다른 국가의 정치처럼 정치 엘리트들이 국민의 의견을 수렴해 정책에 반영하고 국민들로부터 지지를 얻기 위해 서로 경쟁하는 양상으로 바뀌었고, 그래서 중국정치도 이제 정상정치(*normal politics*)라고 부를 수 있다고 주장한다. 반대로 일부 학자들은 중국정치는 여전히 승자독식(*winner-takes-all*)의 원리에 따라 작동하며 후견인주의(*clientalism*)에 기초한 비공식(*informal*) 정치(파벌정치)가 법과 제도에 기초한 공식(*formal*) 정치보다 더 중요하다고 주장한다.[22]

---

21) 전성흥(2005), pp. 299, 309; 김재철, 《중국의 정치개혁》(서울: 한울, 2002), pp. 29~36, 258~264; Chung(2006a), p. 7.

필자는 이 두 주장 모두 일리가 있다고 생각한다. 다시 말해 개혁기 중국에는 비공식정치(파벌정치)와 공식정치(정상정치)가 공존한다는 것이다. 그러나 우리는 변화하는 현실, 즉 시간이 가면서 중국정치가 비공식정치에서 공식정치로 발전하고 있다는 사실에도 주목해야 한다. 이런 발전으로 인해 중국의 엘리트 정치는 상당히 안정화될 수 있었던 것이다. 장쩌민(江澤民) 시대와 후진타오(胡錦濤) 시대의 엘리트 정치는 이런 특징을 잘 보여주었다.

우리가 알다시피 1980년대 중국의 엘리트 정치는 불안한 모습을 보여주었다. 덩샤오핑(鄧小平)의 후계자로 간주되었던 후야오방(胡耀邦)과 자오즈양(趙紫陽)의 실각이 보여주듯이, 1980년대에는 공산당이 권력승계와 당노선 및 정책결정을 둘러싸고 심각한 당내갈등과 혼란을 겪었다. 1986~87년 학생 민주화운동과 1989년 톈안먼(天安門) 사건은 엘리트 정치의 불안정 속에서 발생한 것이었다.

1990년대에 들어 중국의 엘리트 정치는 점차로 제도화되고 안정화되는 추세를 보였다. 장쩌민 체제 제 1기(1989~1996)는 과도기였다. 예를 들어 장쩌민은 1989년 톈안먼 사건과 자오즈양의 실각이라는 정치적 혼란 속에서 공산당 총서기와 중앙군사위원회 주석에 임명되었고, 이후 경쟁자를 제거한 후에야 비로소 최고지도자가 될 수 있었다. 이런 과도기를 거쳐 제 2기(1997~2002)에는 엘리트 정치가 매우 안정화되었다. 이후 "제 3세대"에서 "제 4세대" 지도자로의 권력이양이 매우 평화롭고 순조롭게 이루어짐으로써 중국은 엘리트 정치의 안정성을 대내외에 과시할 수 있었다. 23)

이렇게 변화된 중국의 엘리트 정치는 다음과 같은 두 가지 특징을 보인다. 첫째, 덩샤오핑을 마지막으로 카리스마적 지도자가 퇴진하면

---

22) 조영남(2006a), pp. 154~156.
23) 조영남(2006a), pp. 156~161.

서 특정개인이나 파벌이 권력을 독점하는 현상이 사라졌다. 대신 복수의 통치 엘리트 또는 파벌이 권력을 분점하는 집단지도체제(collective leadership)가 형성되었다. 예를 들어 장쩌민 시대에는 장쩌민을 중심으로 한 상하이파(上海幇)가 핵심세력이었지만, 이들이 권력을 독점하고 국가정책을 자신들의 뜻대로 결정할 수 있었던 것은 아니다. 즉, 제1기 장쩌민 체제에서는 장쩌민-챠오스(喬石, 전국인민대표대회 (전국인대) 위원장)-리펑(李鵬, 국무원 총리)의 삼두체제가 형성되었고, 제2기에는 장쩌민-리펑(전국인대 위원장)의 이원체제가 형성되었다. 후진타오 시대에 들어와서는 공청단(共靑團) 지도자 출신을 중심으로 한 "후진타오 세력"과 구상하이파 및 태자당(太子黨)을 중심으로 한 "장쩌민·쩡칭홍(曾慶紅) 세력"이 중앙과 지방에서 권력을 분점하고 있다.

둘째, 앞에서 살펴본 첫 번째 특징으로 인해 최고 통치 엘리트들이 협의와 타협을 통해 국가정책과 인사문제를 결정하는 당내 민주주의(intra-party democracy) 또는 엘리트 민주주의(elite democracy)가 확대되었다. 이렇게 되면서 권력승계나 당노선 및 정책결정이 전보다 훨씬 안정적이고 평화롭게 이루어질 수 있었다. 예를 들어 2002년 공산당 정치국 상무위원 인선과정에서는 최대세력인 상하이파가 다수(9인 중 5인)를 차지하고 다른 세력이 일정한 지분을 인정받는 타협이 이루어졌다. 또한 2004년 9월 장쩌민의 중앙군사위원회 주석 사임과 후진타오의 승계, 2006년 9월 천량위(陳良宇) 상하이시 당서기의 퇴진과 2007년 3월 시진핑(習近平)의 임명 등은 모두 후진타오 세력과 쩡칭홍 세력의 협의와 타협을 통해 이루어졌다.

이처럼 중국 엘리트 정치에서 집단지도체제가 형성되고 당내 민주주의가 확대될 수 있었던 배경으로는 두 가지를 들 수 있다. 먼저 제 3세대나 제4세대 지도자는 마오쩌둥(毛澤東)이나 덩샤오핑처럼 카리스마적 지도력을 발휘할 수 없다. 따라서 이들은 타 세력(파벌)을 인정하고 타협할 수밖에 없다. 여기에 더해 1990년대부터 중국에서는 공산당·정부·의회 등 권력기관간에 역할을 분담하고 각 기관의 주요 책임자에게 그 권한을 인정해주는 체제가 형성되었다. 이는 후진타오 시대에도 해당된다. 24)

이처럼 집단지도체제가 형성되고 당내 민주주의가 확대되면서 중국 엘리트 정치는 매우 안정화되는 추세에 접어들었다. 그런데 이런 안정화는 덩샤오핑과 같은 조정자가 없는 상황에서, 또한 주요파벌들이 치열하게 경쟁하는 상황에서 이루어진 것이기 때문에 이것이 가능한 배경이 무엇인가를 두고 의문이 제기되었다. 필자가 보기에 이것은 크게 세 가지 이유 때문에 가능해졌다.

먼저 카리스마적 지도자의 퇴진과 함께 어느 특정개인이나 파벌도 다른 경쟁자나 파벌을 물리적으로 제거할 수 있는 방법이 사라졌다. 다시 말해 절대적 권력자가 없는 상황에서 파벌간에 상호 인정하고 타협하는 일종의 신사협정(*code of civility*)이 형성되었고, 이것이 엘리트 정치의 안정화에 기여했다는 것이다. 실제로 한 연구에 따르면 1949년 이후 중국정치를 볼 때, 카리스마적 지도자의 퇴진과 함께 독재 또는 헤게모니가 약화될 때 파벌간에 타협이 가능하고, 그로 인해 엘리트 정치가 안정화되는 현상이 나타났다. 25)

다음으로 장쩌민 시기에 들어 파벌과 파벌투쟁의 성격이 변화한 점을 들 수 있다. 26) 마오쩌둥 시대에 파벌은 주로 이념(*ideology*)과 노선

24) 조영남(2006a), pp. 159~160.
25) Jing Huang, *Factionalism in Chinese Communist Politics*(Cambridge: Cambridge University Press, 2000), pp. 24~25, 425~428.
26) Lowell Dittmer, "Leadership Change and Chinese Political Development", Yun-han Chu, Chih-cheng Lo, and Ramon H. Myers(eds.), *The New Chinese Leadership: Challenges and Opportunities after the 16th Party Congress*(Cambridge: Cambridge University Press, 2004), pp. 10 ~32; Lowell Dittmer and Yu-shan Wu, "Leadership Coalitions and

대립을 기반으로 형성되었고, 파벌투쟁은 승자독식의 원리에 따라 생
사를 건 투쟁으로 격렬하게 전개되었다. 문화대혁명(1966~76) 시기의
이념대립과 지도자 숙청은 이를 잘 보여준다. 덩샤오핑 시대에는 "개
혁파"나 "보수파" 같은 명칭이 보여주듯이 파벌이 주로 정책차이로 인
해 형성되었고, 파벌투쟁은 전보다 덜 격렬했지만 여전히 치열하게
전개되었다. 후야오방과 자오즈양의 실각은 이를 잘 보여준다.[27]

그런데 장쩌민 시기의 파벌은 이런 이념 및 노선대립이나 정책차이
가 아니라 학연〔예를 들어 칭화방(淸華幇)〕, 지연(상하이방과 베이징방),
업무(공청단파), 혈연(태자당) 등을 통해 형성되었다.[28] 이는 1992년
제14차 당대회에서 "사회주의 시장경제 건설" 방침이 확정되면서 공
산당 지도부 내에 개혁·개방정책에 대한 일정한 합의가 형성되었고,
그 때문에 지도자간에 이념대립이나 정책차이가 크게 부각되지 않은
결과라고 할 수 있다.[29] 그래서 최근의 파벌투쟁은 중앙과 지방의 요
직을 어떻게 배분할 것인가를 놓고 벌어지는 자리다툼의 성격을 강하
게 띤다.[30] 이렇게 되면서 파벌투쟁은 승자독식의 원리에 근거한 생
사를 건 투쟁이 아니라 소수파에게도 일정한 몫(자리)을 배정할 수 있

---

Economic Transformation in Reform China: Revisiting the Political
Business Cycle", Dittmer and Liu(eds.) (2006), pp. 49~80.

27) Huang(2000), pp. 424~425.

28) Cheng Li, *China's Leaders: The New Generation* (Lanham, Maryland: Rowman
& Littlefield, 2001), pp. 15~17.

29) 물론 중국에는 지식인과 퇴직한 공산당 고위간부를 중심으로 "자유주의",
"신좌파", "마오주의" 등 특정한 이념적 성향을 갖는 집단이 존재하는 것이
사실이고, 이들 집단은 개혁·개방정책 전반에 대해 다른 평가와 처방을 제
시하는 것도 사실이다. 그러나 이런 이념집단이 존재한다는 것과 공산당 지
도자들이 이런 특정이념적 성향에 근거하여 파벌을 형성한다는 것은 별개이
다. 다시 말해 이런 특정이념적 성향의 집단들은 공산당과는 별개로 존재한
다고 할 수 있다.

30) Dittmer(2004), p. 19.

도록 타협하고 흥정하는 거래로 변화되었다.

마지막은 공산당 지도부의 단결유지에 대한 강한 공감대 형성이다. 1989년 6월 톈안먼 사건과 1991년 소련 붕괴 이후, 중국에서는 "안정이 모든 것에 우선한다"(穩定壓倒一切)는 원칙이 수립되었고 이것은 지금까지 이어진다. 특히 1990년대 중반 이후 노동자·농민 등 개혁·개방정책의 피해계층(집단)이 형성되고 이들이 조직적으로 저항(시위 등)하는 규모와 빈도수가 증가하면서 공산당은 일종의 위기의식을 갖게 되었다.[31] 그런데 사회안정을 유지하기 위해서는 정치안정이 필수적이고, 중국과 같은 공산당 일당지배체제에서는 공산당의 통합과 단결유지가 정치안정의 핵심이다. 덩샤오핑의 말했듯이 만약 중국에서 정치적으로 문제가 생긴다면 그것은 공산당이 분열할 경우이다. 이런 공산당 지도부의 위기의식과 단결에 대한 강조가 파벌투쟁의 악화를 방지하는 중요한 역할을 함으로써 엘리트 정치의 안정에 기여할 수 있었던 것이다.

### 2) 굳건한 통치연합의 형성

한편 1990년대에 들어 중국에는 정치권력, 지식, 자본이 비교적 강고하게 지배연합(ruling coalition)을 형성하여 노동자·농민·자영업자 등 일반국민을 통치하는 현상이 나타났다. 이것은 공산당이 지식인과 경제 엘리트(특히 사영기업가)를 체제 내로 끌어들이는 선취전략(co-optation strategy) 또는 포섭전략(inclusion strategy)을 성공적으로 실시한 결과이다. 제3세계 국가의 정치변화를 볼 때, 권위주의 정치체제에 도전할 수 있는 가장 강력한 집단은 지식인(대학생 포함)과 중산층이다. 1980년대 한국의 민주화 경험은 이를 잘 보여준다. 따라서 만

---

31) Shirk(2007), pp. 6~7, 255, 269.

약 권위주의 통치 엘리트가 이들을 성공적으로 체제 내로 포섭할 수 있다면 통치의 안정성은 확보될 수 있다. 중국공산당이 지난 30년 동안 권위주의 정치체제를 유지할 수 있었던 또다른 정치적 요인이 바로 이것이다.

먼저 지식인의 보수화와 체제 내 편입을 살펴보자. 1989년 톈안먼 사건과 1991년 소련 붕괴 이후 중국의 지식인은 급격히 보수화되었다. 이 같은 사건을 경험하면서 중국에는 정치적 단결과 사회적 안정을 강조하는 경향이 확산되었고, 단결과 안정을 위해서는 국가능력과 함께 공산당 지배를 강화해야 한다는 주장이 힘을 얻었다. 여기에 더해 공산당은 임금인상 등을 통해 지식인 및 전문가집단의 경제적 지위를 향상시켜주었고, 국가정책 결정과정에 이들을 일부 참여시킴으로써 정치적 지위도 높여주었다. 또한 일정한 선을 넘지 않는 범위 내에서는 지식인이 비교적 자유롭게 연구하고 활동할 수 있도록 보장함으로써 이들의 불만을 완화시킬 수 있었다. 그 결과 일부 지식인은 공산당이 이룩한 경제적 성과를 인정하고 이전의 급진적 정치개혁 요구를 반성하면서 공산당 지배체제를 적극적으로 지지하는 체제옹호세력으로 변화했다.[32]

물론 중국 내외에 공산당 일당지배체제에 비판적인 반체제 지식인이 다수 존재하는 것이 사실이다. 그러나 전체적으로 볼 때 1990년대 이후 이들의 대국민 영향력은 매우 약화되었다. 또한 1990년대 말부터 여러 사회적 쟁점에 대해 의견을 제시하고 경우에 따라서는 사건에 직접 개입하여 문제해결을 시도하는 새로운 유형의 활동가적 지식인, 즉 "공공지식인"(公共知識分子, *public intellectuals*)이 등장했다. 2003년 농민기업가 순다우(孫大午) 재판과 디자이너 순즈강(孫志剛) 사망사건에서 보여준 일부 대학교수와 변호사의 적극적 참여는 대표

32) 조영남(2006a), pp. 61~63.

적 예이다. 공공지식인의 등장은 의미 있는 일이지만, 이들이 중국정
치에 어떤 영향력을 미칠지는 좀더 두고 보아야 한다.

사영기업가를 중심으로 한 경제 엘리트에 대한 공산당의 포섭전략
은 2000년대에 들어 구체화되었다. 1990년대에 시장경제가 확대됨에
따라 사영기업가는 중국에서 중요한 사회계층으로 성장했다. [33] 그런
데 이들은 처음부터 국가권력에 대해 대항적이라기보다는 협조적이었
다. 이는 무엇보다 이들의 태생적 한계 때문이다. 즉, 중국의 사영기
업가들은 국가권력과의 밀접한 관계(부패 포함)를 통해서 부를 축적했
다는 것이다. 또한 사영기업가가 체제지지적 태도를 보이는 것은, 중
국과 같은 권위주의 정치체제에서는 정치권력과 대립해서는 경제활동
을 제대로 수행할 수 없다는 현실 때문이기도 하다. [34]

그러나 최근까지 사영기업가가 가진 경제력에 비해 이들의 사회적
지위는 여전히 낮았고 정치적 영향력도 매우 미약했다. 단적으로
1989년 톈안먼 사건 직후 공산당 중앙은 "당건설 강화에 대한 통지"를
통해 사영기업가의 입당을 공식적으로 불허했다. 이에 따라 사영기업
가들은 자신의 경제활동을 보호하고 사회정치적 지위를 높이기 위해
공익사업 출연, 당정 고위관료와의 꽌시(關係) 형성, 공산당 입당, 지
방의회 의원출마 등 다양한 방식을 동원해야만 했다. [35]

이런 상황에서 장쩌민의 삼개대표(三個代表)론이 2002년 제16차 당

33) 陸學藝 主編, 《當代中國社會階層硏究報告》(北京: 社會科學文獻出版社,
  2002), pp. 224~238.
34) 김재철, "사영기업가의 등장과 정치변화", 전성흥 편, 《전환기의 중국사회
  II》(서울: 오름, 2004), pp. 151~179; Bruce J. Dickson, *Red Capitalists
  in China: The Party, Private Entrepreneurs, and Prospects for Political
  Change*(Cambridge, London: Cambridge University Press, 2003); Kelle
  S. Tsai, *Capitalism without Democracy: The Private Sector in Contempo-
  rary China*(Ithaca and London: Cornell University Press, 2007).
35) 陸學藝(2002), pp. 220~221.

대회의 당헌수정과 2003년 제 10기 전국인대 제 1차 회의의 헌법수정
을 통해 국가의 공식 지도이념이 된 것은 사영기업가에게 매우 큰 의
미를 갖는다. 왜냐하면 삼개대표론은 사영기업가의 정치적 지위를 공
식적으로 인정하고 이들의 입당을 정당화하는 이론이기 때문이다. 여
기에 더해 2004년 제 10기 전국인대 제 2차 회의에서 헌법수정을 통해
국유재산과 동등하게 사유재산의 신성불가침성도 헌법에 명시되고,
2007년 제 10기 전국인대 제 5차 회의에서 "소유권법"(物權法) 제정을
통해 사유재산 보호가 더욱 구체화됨으로서 사영기업가들의 재산권은
법적으로 더욱 철저하게 보장받게 되었다. 이런 여러 가지 조치들이
취해짐으로써 원래부터 체제순응적이던 사영기업가들은 공산당 일당
지배체제를 더욱 옹호하는 세력으로 변화했다.

### 3) 사회단체의 체제 내 흡수

다른 한편으로 공산당은 자신의 지배체제에 위협이 될 만한 사회조
직과 단체에 대해서도 사전에 체제 내로 흡수하는 포섭전략을 추진했
다.[36] 노동조합(總工會)을 비롯한 여성단체(婦聯), 사영기업가 단체
(工商聯), 청년단체(共靑團)에 대한 정책은 대표적 사례이다. 예를 들
어 노동자들은 시장제도 등 자본주의적 개혁정책이 실시된 이후, 심
각한 고용불안과 노동조건 악화를 경험했다. 특히 국유기업 개혁이
본격적으로 실시된 1990년대에는 대규모 실업이 발생함으로써 노동자
문제가 큰 사회적 쟁점이 되었다. 이런 상황에서 노동조합은 공산당-
국가와 노동자를 연결하는 교량으로서 노동자를 개혁·개방정책에 동

---

36) 공산당은 자신의 지배체제에 직접적 위협을 가하는 집단에 대해서는 단호하
 게 물리력을 행사하여 탄압했다. 1998~99년 중국민주당(中國民主黨) 창
 당사건과 파룬공(法輪功) 사건, 2008년 12월의 "'08헌장(憲章)" 운동 주도
 자에 대한 물리적 탄압은 대표적 사례이다.

38

원하는 역할만 수행할 수는 없었다. 다시 말해 노동조합은 노동자의 권익향상을 위해 적극적 역할을 수행해야 했는데, 만약 그렇지 못하면 노동자로부터 외면당할 수 있었다.

이런 이유로 공산당은 1980년대 중반 이후 노동조합이 국가정책 결정과정에 좀더 적극적으로 참여할 수 있도록 보장하고 장려하는 정책을 실시했다. 예를 들어 1985년에 공산당과 국무원은 공동명의로 공산당과 정부기관이 노동관련 정책을 결정할 때, 노동조합이 참여하여 의견을 개진할 수 있도록 보장하는 통지를 하달했다. 이 통지의 하달로 정부가 노동관련 정책을 결정할 때 노동조합이 직접 참여할 수 있는 근거가 마련되었고, 실제로 노동조합은 정부의 정책결정 과정에 적극 참여했다. 이런 방침은 1989년 톈안먼 사건 이후 더욱 강화되었다. 그 결과 1990년대에 들어 노동조합은 정부의 정책결정 과정뿐만 아니라 지방의회의 입법과정에서도 매우 중요한 역할을 수행할 수 있게 되었다.37) 이처럼 공산당은 포섭전략을 통해 노동조합을 체제 내에 묶어두고 동시에 그것을 활용하여 노동자를 관리할 수 있었다. 이는 다른 군중단체에도 해당된다.

공산당이 주요 사회세력을 지배체제 내로 흡수하는 포섭전략을 적극적으로 구사함으로써 현재 중국에서는 기성 정치체제 밖에서 공산당에 반대하는 힘 있는 조직이 형성될 수 없다. 물론 일부 지역에서는 빈민구제 단체, 환경단체, 여성단체가 공산당이나 국가권력의 간섭과 통제 밖에서 형성 및 운영되고 있는 것이 사실이다. 이런 면에서 공산당의 사회단체 포섭전략 또는 조합주의적 틀로 사회세력을 규제하려는 시도는 일정 정도 실패했다고 주장할 수도 있다.38) 그러나 이런 주변부 조직이나 단체들이 중국과 같은 권위주의 정치체제에서 의미

37) 조영남, 《중국 의회정치의 발전》(서울: 폴리테이아, 2006), pp. 123~160.
38) Jude Howell, "New Directions in Civil Society: Organizing around Marginalized Interests", Jude Howell(ed.) (2004), p. 162.

있는 정치적 영향력을 발휘하기까지에는 좀더 많은 시간이 필요할 것이다. 또한 공산당 지배체제에 영향을 미칠 수 있는 노동자·농민·여성·청년 등의 군중단체나 기업가·변호사·의사·회계사 등의 직능단체는 모두 공산당-국가의 조합주의적 틀 속에서 움직이기 때문에 공산당의 포섭전략이 실패했다고 볼 수는 없다.

## 3. 국가 통치체제의 강화와 제도화

엘리트 정치의 안정화와 강고한 지배연합의 형성, 그리고 사회조직 및 단체의 체제 내 흡수는 정치적 측면에서 공산당 통치가 장기간 지속될 수 있었던 배경이 되었다. 그러나 이것만으로 공산당이 지난 30년간 장기 집권할 수 있었던 것은 결코 아니다. 여기에 더해 공산당 통치가 지속될 수 있었던 배경에는 국가체제 정비를 통한 국가 통치능력 강화와 통치행위의 규범화·제도화가 있다.

개혁기 공산당 통치의 정당성은 사회주의 이데올로기가 아니라 경제성장과 그에 따른 국민 생활수준 향상에서 기인하는 것이다. 이는 중국이 개혁·개방정책을 성공적으로 수행했기 때문에 가능한 것이었다. 그런데 중국이 경제성장과 국민 생활수준 향상에 필요한 개혁·개방정책을 성공적으로 추진하기 위해서는 그에 맞는 제도개혁을 실시해야 했다.

예를 들어 계획경제시대에 명령과 통제에 익숙한 정부구조나 행정체제로는 시장제도를 도입하고 운영할 수 없다. 해외투자 유치와 무역촉진도 마찬가지이다. 뿐만 아니라 계획경제체제에서는 국가가 주택·교육·의료를 무상 또는 저가로 제공했지만 시장경제체제에서는 그렇게 할 수 없다. 이에 따라 공공서비스 제공과 관련된 국가역할과 기능도 재조정되어야 했다. 결국 이 모든 것은 행정적·제도적 차원에서 국가체제를 정비하고 통치능력을 제고할 것을 요구했다.

실제로 공산당-국가는 지난 30년 동안 다양한 개혁정책을 통해 변화된 사회경제체제에 능동적으로 적응할 뿐만 아니라 국가 통치능력을 향상시키기 위해 많은 노력을 기울였다. 이런 노력은 크게 다섯 가지로 정리할 수 있다. 첫째는 정부기구 개혁과 인사제도 개혁을 중심으로 한 행정개혁이다. 둘째는 분세제(分稅制) 도입을 중심으로 한 세제개혁이다. 셋째는 은행·증권·국유자산 관리체제 개혁을 중심으로 한 금융개혁이다. 넷째는 회계·통계·세무 등 국가 규제기구의 강화이고, 마지막은 중앙-지방관계의 재조정이다.[39] 이 같은 노력을 통해 중국은 동구 사회주의국가와는 달리 국가체제를 재정비하고 통치능력을 강화할 수 있었고, 이를 바탕으로 정치적 안정을 유지하면서 개혁·개방정책을 실시하여 경제성장을 이룩할 수 있었다.

예를 들어 중국은 1978년 이후 지금까지 모두 여섯 차례(1982, 1988, 1993, 1998, 2003, 2008년)에 걸쳐 정부개혁을 실시했다.[40] 그 주요내용도 초기에는 단순한 정부기구 통폐합과 인원축소에서 정부직능 변화와 그것에 근거한 기구 및 인원 재조정, 더 나아가서는 행정권력 운영방식 전반에 대한 개혁으로 바뀌었다. 이 중에서 가장 중요한 것이 1998년에 시작된 제4차 행정개혁이다. 이를 통해 시장경제체제 수

---

39) 정재호, 《중국의 중앙-지방관계론》(서울: 나남, 1999), pp. 153~183; 정영록, "금융개혁과 금융시장의 발전", 고정식 외 편, 《현대중국경제》(서울: 교보문고, 2000), pp. 254~291; 이근·한동훈, 《중국의 기업과 경제》(서울: 21세기북스, 2000), pp. 363~294; 이정남, "개혁·개방기 중국의 정치개혁과 정치변화", 김익수 외 편, 《현대 중국의 이해: 정치·경제·사회》(서울: 나남, 2005), pp. 73~114; 조영남(2006a), pp. 25~53; Yang(2004); Zheng(2004).

40) 宋德福 主編, 《中國政府管理與改革》(北京: 中國法制出版社, 2001); 劉智峰 主編, 《第七次革命: 1998-2003 中國政府機構改革問題報告》(北京: 中國社會科學出版社, 2003).

립과 함께 불필요하거나 과도했던 정부의 경제기능을 민간에 대폭 이양하면서 정부의 경제관련 부서가 대폭 축소(국무원 경제관련 부서 22개에서 12개)되고 인원도 대규모로 감축(3만 2천에서 1만 6천 명)되었다.

정부개혁 이외에 중국은 1994년에 공무원제도를 정식 도입했다. 중국의 공무원제도는 여러 가지 문제점을 안고 있지만 성과 또한 적지 않았다. 즉, 공개적이고 평등한 시험제도와 임용제도의 도입, 업적에 따른 승진, 법에 의한 신분보장 등은 공무원제도의 실시를 통해 얻은 중요한 성과이다.[41]

공산당은 국가체제 정비와 통치능력 향상을 위해 노력했을 뿐만 아니라 국가 통치행위의 규범화·제도화를 위해서도 많은 노력을 기울였다. 의법치국(依法治國, 법에 의한 통치) 방침의 실시는 대표적 예이다. 의법치국은 말 그대로 국가의 모든 통치행위가 법률에 근거해야 하고 공산당도 법률이 정한 범위 내에서 활동해야 한다는 것이다. 사실 중국이 1978년 개혁·개방정책을 시작할 때부터 공산당은 "사회주의 민주"와 "법제(法制) 건전화"를 중요한 정치적 과제로 제기했다. 그런데 1980년대에 개혁·개방정책이 주로 경제적 측면에 초점이 맞추어짐으로써 민주확대와 법제정비는 큰 주목을 받지 못했다. 1990년대에 들어 시장경제가 확대되고 국가 통치행위의 규범화·제도화 문제가 심각하게 제기되면서 법제정비가 중요한 과제로 다시 등장했다. 1997년 제15차 당대회에서 의법치국이 국가의 기본정책으로 공식 결정되고, 1999년 제9기 전국인대 제2차 회의에서 헌법개정을 통해 헌법서문에 "중국은 의법치국을 실시하여 사회주의 법치국가를 건설한다"는 것이 명시된 점은 이를 잘 보여준다.

그런데 법제 건전화와 의법치국을 위해서는 그것을 담당하는 국가

---

41) 조영남(2006a), pp. 37~38; 조영남, "중국 선전(深圳)의 행정개혁 실험", 〈중소연구〉 30권 2호(2006 여름), pp. 16~19; John P. Burns, "Governance and Civil Service Reform", Howell(ed.)(2004), pp. 37~57.

기관의 개혁이 필요했다. 우선 법제 건전화와 의법치국은 체계적이고 안정적인 법률체제 수립을 필수 전제조건으로 한다. 법률체제 수립 없이는 법에 근거한 통치가 불가능하기 때문이다. 그래서 이전에는 유명무실했던 의회의 입법역할이 강화되어야만 했다. 또한 정부의 엄격한 법률집행과 준법행정을 강제하기 위해서는 자의적 정부행정을 통제하고 감독할 수 있는 제도적 장치가 필요했다. 이것은 곧 의법행정(依法行政, 법에 의한 행정)의 실시와 의회의 대정부 감독강화, 법원의 역할강화로 이어졌다. 이 중에서 지난 30년 동안 가장 큰 성과를 거둔 분야는 의회의 입법 및 감독역할 강화이다.[42]

예를 들어 의회의 입법역할은 두 가지 측면에서 강화되었다. 첫째는 입법 자율성의 확대이다. 즉, 의회는 극히 일부의 법률을 제외하고는 공산당의 사전비준 없이 독자적으로 법안을 기초하고 심의할 수 있는 권한을 갖게 되었다. 둘째는 의회 입법산출의 급격한 증가이다. 문화대혁명(1966~76) 10년 동안 전국인대가 제정한 법률은 단 1건에 불과했다. 그런데 1980년부터 2002년까지 전국인대는 총 440건의 법률(법률과 같은 효력을 갖는 결정 및 결의 포함)을 제정하거나 수정했다. 같은 기간 동안 지방의회는 모두 8,781건의 조례를 제정 및 수정했다. 이렇게 되면서 중국도 비교적 완전한 법률체계를 마련할 수 있었다. 이밖에도 지방의회의 대정부 감독도 매우 강화되었다.[43]

1990년대 들어 의법행정(법에 의한 행정)은 의법치국 방침의 핵심요소가 되었다. 의법행정은 1990년대 초부터 일부 지역에서 시험 실시되었다. 국무원은 이를 종합하여 의법행정을 전국적이고 전면적으로 추진하기 위해 1999년 11월에 "의법행정의 전면적 추진결정"(全面推進 依法行政的決定)이라는 공식문건을 제정 및 하달했다. 2004년에는 이

---

42) 조영남, 《중국 정치개혁과 전국인대》(서울: 나남, 2000); 조영남(2006b).
43) 조영남(2006a), pp. 40~41; 조영남(2006b).

것을 확대 발전시킨 새로운 강령, 즉 "의법행정의 전면적 추진 실시강요"(全面推進依法行政實施綱要)를 제정했다. 그런데 비교적 최근까지 국무원은 의법행정을 위해 어떤 정책을 어떻게 실시해야 하는지를 분명하게 제시하지 않았다. 그래서 의법행정은 지역마다 조금씩 다른 내용으로 추진되었다.[44]

의법행정을 가장 모범적으로 실시한 지역 중의 하나인 광둥성(廣東省)과 선쩐(深圳)의 사례는 의법행정이 어떤 내용으로 어떻게 집행되었는지를 잘 보여준다. 광둥성은 1990년대 중반부터 의법행정을 의법치국 방침의 핵심요소로 간주하고 이를 적극 추진했다. 당시에는 의법행정의 주요과제로 세 가지, 즉 행정인허가제도(行政審批制度) 개혁, 정부업무 공개, 행정집행책임제 실시를 제기했다.

한편 선쩐은 이전의 의법행정 경험을 총괄하여 1999년에 "9개의 행정법 정화(行政法定化)" 정책을 발표하고 2001년부터 이를 전면적으로 실시했다. 이렇게 되면서 의법행정은 정부행정과 관련된 9개 분야(항목)의 법적 제도화를 중심으로 추진되었다. 9개 분야에는 정부기구의 조직·직능·편제, 행정절차, 행정인허가제도, 행정수수료, 행정처벌, 정부공사 및 물품조달, 정부투자, 행정책임제도, 정부내부관리가 포함되었다.[45] 여기서 우리는 의법행정이 법률제정과 집행을 통해 정부의 행정업무 전반을 통제하고 제도화하는 정책임을 알 수 있다.

---

44) 應松年·袁曙弘 主編,《走向法治政府: 依法行政理論研究與實證調查》(北京: 法律出版社, 2001).
45) 조영남(2006c), p. 27.

44

## 4. 통치 이데올로기의 변형과 모색

모든 국가에서 그렇지만 사회주의국가인 중국에서는 통치 이데올로기가 특히 중요하다. 통치 이데올로기는 내부적으로는 당원의 사상을 통일시킴으로써 당의 통합과 단결을 유지하고, 밖으로는 국민들에게 공산당 통치의 정당성을 주장하고 설득하는 중요한 수단이기 때문이다. 만약 당원이 동의하고 국민이 수용할 수 있는 통치 이데올로기가 없으면 공산당은 끊임없는 사상투쟁으로 분열되고 국민들의 불신과 외면에 시달릴 것이다.

이런 점에서 중국공산당은 지난 30년 동안 기존 통치 이데올로기를 적절히 변형하고 새로운 내용을 끊임없이 발굴함으로써 비교적 성공적으로 당의 통합과 단결을 유지했고 이를 바탕으로 국민의 지지를 받을 수 있었다. 다시 말해 통치 이데올로기의 변형과 모색이 공산당 통치의 안정을 가능하게 만든 또다른 중요한 요소라는 것이다. 우리는 이것을 사회주의 이데올로기의 변형, 민족주의의 고취, 유가사상(儒家思想)의 통치이념화에서 엿볼 수 있다.

공산당이 정통 사회주의 이데올로기를 고수하는 한, 사적 소유제도와 시장제도의 도입을 핵심내용으로 하는 개혁·개방정책을 추진할 수 없었다. 기존 사회주의 이데올로기의 폐기 또는 변화가 불가피했던 것이다. 공산당 입장에서는 사회주의 이데올로기를 폐기할 수 없었다. 만약 그렇게 되면 일당지배체제를 포기해야 하기 때문이다. 대신 공산당은 사회주의 이데올로기를 형식적으로는 고수하면서 내용적으로는 자본주의의 핵심요소를 수용하는 방향으로, 더 나아가서는 사회주의 이데올로기를 경제발전 이데올로기로 변화시키는 방향으로 통치 이데올로기의 변형을 시도했다. 1987년 제13차 당대회에서 체계화된 "사회주의 초급단계론"과 1992년 제14차 당대회에서 채택된 "사회주의 시장경제론"은 공산당의 이런 노력의 결과물이다. 46)

여기에 더해 공산당은 통치 이데올로기가 변화된 중국 현실을 반영하고 당의 개혁정책을 정당화할 수 있도록 하기 위해 새로운 내용을 계속 모색했다. 2002년 11월 제16차 당대회에서 공산당의 공식 지도이념으로 채택된 "삼개대표론"과 2007년 10월 제17차 당대회에서 채택된 "과학적 발전관"(科學發展觀)과 "조화사회(和諧社會)론"은 이를 잘 보여준다. 이런 새로운 이데올로기의 모색에 대해 공산당 내외에서 반대가 없었던 것은 아니지만, 공산당은 당원을 대상으로 한 대규모 학습운동과 대국민선전을 통해 이를 극복했다.

이런 변형된 사회주의 이데올로기가 일반국민들에게 어느 정도 설득력이 있는지는 단정적으로 말할 수 없다. 우리가 알다시피 중국국민들은 문화대혁명을 경험한 이후 사회주의 이념에 대한 믿음을 상당히 상실했고(신념의 위기), 개혁·개방정책으로 자본주의적 요소가 도입되고 빈부격차가 확대되면서 이러한 경향은 더욱 심화되었기 때문이다. 그러나 변형된 사회주의 이데올로기가 최소한 국민들에게 공산당이 중국을 어느 방향으로 이끌고 가는지를 제시하고 국민들의 동의를 구하는 데 일정한 역할을 한 것은 분명하다. 이것보다 더 중요한 점은 사회주의 이데올로기의 변형을 통해 공산당이 당의 통합을 유지하고 당노선을 정당화할 수 있었다는 사실이다. 이런 점에서 변형된 사회주의 이데올로기는 대국민 설득수단보다는 공산당 내부통합과 당노선의 정당화를 위한 수단이라는 성격이 강하다.

1989년 톈안먼 사건 이후 공산당은 서구사상의 유입을 막고 국민통합과 단결을 유지하기 위해 사회주의 이념의 변형과 함께 새로운 통치 이데올로기의 개발을 모색했다. 1990년대에 민족주의(중국에서는 "사회주의적 애국주의")가 재등장할 수 있었던 것은 이 때문이다.[47] 즉,

---

46) 이희옥, 《중국의 새로운 사회주의 탐색》(서울: 창비, 2004); 이희옥, "중국의 체제전환과 새로운 이데올로기의 모색", 김도희 편, 《새로운 중국의 모색 II》(서울: 폴리테이아, 2005), pp. 29~56; 조영남(2006a), pp. 29~31.

공산당은 21세기에는 "중화민족의 위대한 중흥"을 이룩해야 한다는 민족주의 이념을 대대적으로 선전하면서 공산당 통치와 개혁·개방정책을 정당화했던 것이다. 1990년대 초에 실시된 애국주의 교육운동은 대표적 사례이다. 이런 노력의 연장선에서 2002년 제 16차 당대회에서는 당헌개정을 통해 공산당의 성격을 "노동자 계급의 선봉대"이면서 동시에 "중국인민과 중화민족의 선봉대"라고 재규정했다. 즉, 공산당은 이제 계급정당이면서 동시에 민족정당이 된 것이다.

그런데 1990년대 민족주의의 재등장은 공산당-국가의 노력에 의해서만 이루어진 것이 아니다. 1989년 톈안먼 사건 이후 중국 지식인 사회는 급속히 보수화되었는데, 일부 지식인들은 신보수주의나 마오쩌둥 사상과 함께 민족주의에 주목하고 이를 적극 선전했던 것이다. 일부 지식인은 사회안정과 경제발전을 위해서는 국가권력이 강화되어야 한다는 국가민족주의를 제기했고, 일부 지식인은 중국문화의 우수성을 강조하고 서구의 문화침략을 비판하는 문화적 민족주의를 주장했다. 이렇게 해서 민족주의는 1990년대 중국사회의 지배담론이 되었다.[48]

민족주의는 두 가지 측면에서 공산당 통치와 개혁·개방정책을 정당화했다. 먼저 민족주의는 공산당 일당지배를 정당화하는 새로운 근거를 제시했다. 즉, 공산당이 중화민족의 선봉대가 되어 중화민족의 중흥을 이루기 위해서는 공산당을 중심으로 한 단결과 공산당 통치가 필요하다고 주장할 수 있게 되었다. 또한 민족주의는 개혁·개방정책에 필요한 동원 이데올로기 역할을 수행했다. 즉, 공산당은 사회주의 이상(평등)을 실현하기 위해서가 아니라 중화민족의 중흥을 위해서 개혁·개방정책을 추진한다고 주장함으로써 공산당 지배에 반대하는

---

47) 조영남(2006a), pp. 307~337.
48) 조영남(2006a), pp. 32~33.

국민이나 화교까지도 민족중흥의 대의에 공감한다면 개혁·개방정책에 적극 참여해야 한다고 주장할 수 있게 된 것이다.[49]

마지막으로 중국은 장쩌민 시대부터, 특히 후진타오 시대에 들어와 유가사상을 통치이념으로 적극 활용하고 있다. 장쩌민이 인치(仁治)를 모방하여 국가의 통치방침으로 의법치국(法治)과 이덕치국(以德治國(德治): 덕에 의한 통치)의 결합을 강조한 것이나, 유교 덕목과 집단주의를 결합한 "국민도덕실시요강"(國民道德實施綱要, 2001년)을 제정한 것은 대표적 예이다.

후진타오 시대에 들어 이런 노력은 더욱 강화되었다. 이인위본(以人爲本: 국민을 근본으로 함)과 친민(親民: 국민에게 다가감) 등 민본주의(民本主義)를 국정이념으로 제시하고, 새로운 국가목표로서 "조화사회"(和諧社會) 건설, 새로운 국가윤리로서 "사회주의 영욕관(榮辱觀)"을 제시한 것, 외교이념으로 "평화발전"(和平發展)과 "조화세계"(和諧世界)를 주장한 것은 대표적 사례이다. 이런 과정을 통해 중국에는 사회주의, 민족주의, 유가사상이 혼합된 새로운 국가 통치이념이 등장하게 되었다.[50]


## 5. 요약과 함의

중국공산당이 지난 30년 동안 비교적 안정적으로 중국을 통치할 수 있었던 정치적 기초는 다음 세 가지라고 판단된다. 첫째는 정치적 요소로서, 여기에는 엘리트 정치의 안정화, 권력·지식·자본의 지배연합 형성, 그리고 공산당의 주요 사회조직 및 단체에 대한 포섭이 속한

---

49) 조영남(2006a), p. 33.
50) 이에 대한 자세한 내용은 이 책의 제 5 장 참고.

다. 개혁기 중국의 엘리트 정치는 시간이 가면서 점차 안정화되었고 이것이 공산당 통치의 유지에 크게 기여했다. 여기에 더해 공산당은 지식인과 경제 엘리트(특히 사영기업가)를 지배체제에 흡수하는 포섭전략을 성공적으로 추진함으로써 권력·지식·자본의 강고한 지배연합을 형성할 수 있었다. 이런 지배연합이 지속되는 한, 노동자·농민의 저항이나 소요는 공산당 지배체제에 큰 위협이 되지 않는다. 그밖에도 공산당은 자신의 통치에 도전할 수 있는 사회조직 및 단체에 대해서도 포섭전략을 실시하여 지금까지는 비교적 성공을 거두었다.

둘째는 행정적 요소로서, 공산당은 지난 30년 동안 국가체제를 정비하여 통치능력을 강화하고 통치행위를 규범화·제도화하는 데 많은 노력을 기울였다. 중국이 개혁·개방정책을 통해 고도의 경제성장과 국민 생활수준 향상을 이룩할 수 있었던 것은 이를 위한 행정개혁·세제개혁·금융개혁 등 제반 제도개혁이 비교적 원활히 추진되었기 때문이다.

셋째는 이념적 요소로서, 여기에는 사회주의 이데올로기의 변형과 적응, 민족주의의 활용, 유가사상의 통치이념화가 속한다. 공산당은 그동안 당내통합을 유지하고 공산당 지배의 정당성을 옹호하기 위해 사회주의 초급단계론, 사회주의 시장경제론, 삼개대표론, 과학적 발전관과 조화사회 건설론 등 사회주의 이데올로기의 변형과 민족주의, 유가사상 등 새로운 통치 이데올로기 모색에 적극 나섰다.

그런데 우리가 공산당 통치의 안정성과 그 정치적 기초를 검토할 때에는 다음과 같은 두 가지 사항에 주의해야 한다. 우선 현재 중국에는 공산당 통치에 중대한 위협이 될 수 있는 다양한 불안정 요소가 있고, 공산당이 이 문제를 어떻게 처리하느냐에 따라 공산당 통치의 안정성이 결정될 수 있다는 점이다. 다시 말해 공산당 통치의 장래는 결코 보장된 것이 아니며, 상황에 따라서는 공산당 지배체제의 붕괴를 포함한 급격한 정치변화가 얼마든지 일어날 수 있다는 것이다. 이런 가능성은 크게 두 가지 측면에서 기인한다.

첫째, 지금까지 공산당 통치의 정당성은 주로 경제성장과 국민 생활수준 향상에 근거한 것이었다〔이른바 업적 정당성(*performance legitimacy*)〕. 그런데 중국경제가 세계경제체제에 깊숙이 편입됨으로써 이런 업적 정당성이 위험에 직면할 수 있게 되었다. 2001년 12월 중국이 세계무역기구(WTO)에 가입함으로써 중국은 이제 세계경제체제에 비교적 완전하게 편입되었다. 이에 따라 공산당은 국내 경제변화뿐만 아니라 세계 경제변화에 대해서도 능동적으로 대응해야 하는 어려움에 놓이게 된 것이다. 다시 말해 중국의 의지와는 상관없이 세계경제의 변화에 따라 중국경제도 심각한 영향을 받고, 동시에 중국정부의 경제정책 운용도 많은 제약을 받게 되었다는 것이다. 인도네시아와 태국 등 동남아시아 국가가 1997~98년 아시아 경제위기 후에 심각한 정치적 위기를 경험한 것은 이런 위험성을 잘 보여준다.

둘째, 중국은 지난 30년 동안 급속한 경제성장을 이룩했지만 이와 동시에 많은 심각한 사회문제에 직면하게 되었다. 지역간·도농간 격차의 확대, 계층간 빈부격차의 심화, 사회안전망의 미비와 사회불안의 증대, 약 1억 5천만 명에서 2억 명에 달하는 농민공(農民工) 문제, 환경악화와 에너지 부족 등 중국이 직면한 문제는 결코 만만한 것이 아니다.[51] 이런 사회적 불안요소로 인해 5인 이상이 참여하는 집단소요사건(群體性案件)이 중국 전역에 걸쳐 2004년에는 7만 4천 건, 2005년에는 8만 7천 건이나 발생했다. 만약 공산당이 이런 사회문제들을 제대로 처

---

51) 정재호, "중국의 개혁-개방 20년", 정재호 편, 《중국 개혁-개방의 정치경제 1980-2000》(서울: 까치, 2002), pp. 3~36; 전성흥 편, 《전환기의 중국사회 II》(서울: 오름, 2004); Elizabeth J. Perry and Mark Selden(eds.), *Chinese Society: Change, Conflict and Resistance*(New York and London: Routledge Curzon, 2000); Peter Hays Gries and Stanley Rosen(eds.), *State and Society in 21st-Century China*(New York and London: Routledge Curzon, 2004).

리하지 못한다면 공산당 통치는 심각한 도전에 직면할 것이다.

　다음으로 중국정치를 분석하고 전망할 때, 비교정치학(*comparative politics*) 관점과 중국특수성론(中國國情論)을 어떻게 잘 조합하여 타당한 관점을 수립할 것인가 하는 문제가 있다. 지난 30년 동안 중국만이 사회주의 체제이행과 정치이행(민주화)을 경험한 것은 아니었다. 소련 및 동구 사회주의국가도 같은 시기에 사회주의 체제이행과 정치이행을 경험했다. 또한 이들 국가에 앞서 1970년대와 1980년대에는 한국·대만·필리핀 등 동아시아 국가, 스페인·포르투갈 같은 남부유럽 국가, 그리고 수많은 라틴아메리카 국가들이 민주화 이행을 경험했다. 따라서 다른 국가의 체제이행과 정치이행은 중국을 이해하는 데 좋은 비교대상이 될 수 있다. 이를 위해서는 중국의 이행을 다른 국가들의 경험과 비교하여 분석하려는 관점, 즉 비교 이행기적(*comparative transition*) 관점을 가져야 한다.

　그런데 이 경우에 일정한 문제가 있다. 우선 기존 사회주의 체제이행이나 민주화 이행 연구는 이미 결과(민주적 정치체제 수립)를 알고 그 변화과정을 분석하는 사후적 연구이다. 그런데 중국의 사회주의 체제이행과 정치이행은 여전히 진행 중에 있다. 특히 정치체제는 공산당 일당지배체제라는 성격을 전혀 벗어나지 않았고 그 변화의 조짐조차 아직 나타나지 않는 것이 현실이다.

　또한 중국의 인구·지리조건과 역사경험은 다른 사회주의국가나 제3세계 국가와는 매우 다른 것으로, 이들 국가의 경험을 중국에 그대로 적용하는 것은 타당하지 않다. 예를 들어 인구 13억에 56개 민족으로 구성된 유럽대륙 크기의 사회주의국가 중국의 이행을 분석하는 데 인구규모 3천~5천만 명의 제3세계 자본주의국가의 민주화 이행경험을 적용하는 것은 분명히 문제가 있다. 이런 측면에서 우리는 중국특수성론에 귀 기울일 필요가 있다.

　지금까지 중국특수성론은 주로 소극적 의미로 사용되었다. 즉, 공산당이 다당제나 직선제 등 자유민주주의적 정치개혁을 추진하지 않는 이유를 제시하거나 중국이 당면한 심각한 사회문제의 원인을 해명하는 근거로 중국특수성론이 사용되었다. 예를 들어 중국국민은 교육수준이 낮고 민주화 경험이 없으며, 중국사회도 경제적 발전수준이 낮고 지역편차가 매우 심하기 때문에 지금 당장 국민의 정치참여를 완전히 보장하는 직선제나 다당제 같은 정치개혁을 실시할 수 없다는 주장이 있다. 그래서 중국특수성론은 종종 공산당 일당지배체제 옹호론으로 연결된다. 그러나 이런 소극적 측면은 인정할지라도 중국특수성론이 가진 합리적 요소를 찾아내고, 현재의 중국정치를 평가하고 미래를 예측할 때 그런 요소를 적극적으로 고려하려는 노력이 필요하다.

예를 들어 앞에서 말한 중국의 인구·지리적 특성, 즉 13억 인구, 광활한 영토, 56개 민족으로 구성된 다민족국가라는 특성은 과거에도 있었고 앞으로도 지속될 것이다. 이로 인해 소규모 인구를 가진 단일민족국가에 비해 중국은 사회경제적 다양성과 지역편차를 더 자연스럽게 인정하고 수용하는 경향이 있다. 이런 특성은 다시 현재 심각한 사회문제로 제기되는 지역간·도농간 격차의 확대에 대해 중국사회가 좀 덜 민감하게 반응할 가능성을 제기한다. 다시 말해 단순히 숫자로 파악된 중국의 지역간·도농간 격차, 더 나아가서는 계층간 격차의 확대 — 예를 들어 지니(Gini) 계수 — 만으로는 중국사회의 불안정 정도를 파악할 수 없다는 것이다.[52]

여기에 더해 그동안 중국이 추진한 독특한 개혁·개방정책은 중국특수성론에 새로운 요소를 추가했다. 예를 들어 연해지역 중심의 불균등 지역발전전략은 공산당 일당지배체제 유지에 유리한 환경을 조성했다. 이 전략으로 인해 공산당은 우선 개혁초기에 개혁·개방정책

---

52) 참고로 중국당국의 공식발표에 의하면 2003년 중국의 지니계수는 0.43이었다. 그러나 중국사회과학원 등이 조사한 비공식발표에 의하면 2003년의 지니계수는 0.50 이상이다.

을 지지하는 든든한 지역기반(연해지역)을 확보할 수 있었고, 동시에 연해지역이 경제발전에 성공함으로써 내륙지역, 더 나아가서는 중국 전체가 경제발전에 성공할 수 있다는 믿음을 국민들에게 심어줄 수 있었다.

또한 현재 내륙지역이 안고 있는 여러 가지 미발전의 문제는 공산당이나 중국 전체의 문제가 아니라 특정지역의 문제라는 인식을 확산시킬 수 있었다. 이에 따라 공산당은 개혁·개방정책이 초래한 여러 가지 사회문제, 즉 지역간·도농간 격차의 확대, 계층간 빈부격차의 심화, 유동인구 문제 등의 책임을 회피 또는 전가할 수 있는 여지가 생겼다. 이것이 공산당 장기집권에 유리한 요소로 작용한 것은 말할 필요도 없다.

이밖에도 "점(點)-선(線)-면(面)"으로 이어지는 점진적 개혁전략도 공산당이 급진적 정치개혁을 먼 장래로 미루고 일당지배체제를 고수하는 데 유리한 환경을 조성했다. 예를 들어 공산당은 점진주의 방식을 통해 경제개혁과 경제발전에 성공했듯이 이런 방식을 통해 정치개혁도 성공할 수 있다는 믿음을 일반국민은 물론 지식인에게도 심어줄 수 있었다. 특히 중국의 눈부신 경제성장이 소련 및 동구 사회주의국가의 붕괴 및 경제적 어려움과 대비되면서 이런 공산당의 주장은 더욱 커다란 설득력을 갖게 되었다.

이에 따라 공산당은 다당제나 직선제 같은 급진적 정치개혁을 전면적으로 실시하라는 국민들의 압력으로부터 자유로울 수 있었다. 대신 공산당은 점진주의 방식에 따라 기층단위와 일부 지방을 중심으로 다양한 정치실험을 선택적으로 실시했다. 한마디로 공산당은 정치개혁과 관련하여 상당한 시간을 벌 수 있었고, 이것이 공산당 통치가 지속되는 데 일정한 역할을 했다는 것이다.

이처럼 현재의 중국정치를 분석하고 미래를 전망할 때에는 비교정치학 관점을 유지하면서 동시에 중국특수성론을 놓치지 않으려는 세

심한 노력이 필요하다. 가능하다면 이 두 가지 관점을 잘 조합하여 중국정치를 분석하는 새로운 관점을 제시하는 것이 필요하다. 그러나 이는 중국정치의 장래를 예측하는 것만큼이나 매우 어려운 작업이 될 것이다.

# 제 2 장

# 정치개혁과 "중국 특색의 민주주의"

 개혁·개방정책을 실시한 지난 30년 동안 중국의 각 분야에서는 커다란 변화와 발전이 있었다. 정치도 예외가 아니다. 단적으로 마오쩌둥(毛澤東) 시대에서 개혁기로 넘어오면서 중국 정치체제는 전체주의 (*totalitarianism*)에서 권위주의(*authoritarianism*)로 변화했다. 그 결과 비록 중국에서는 아직 다당제에 기초한 자유경쟁선거가 실시되지 않고 국민의 정치참여와 정치적 자유도 아직 제대로 보장되지 않지만, 국민들은 비교적 완전한 사회경제적 자유를 향유하고 제한된 범위 내에서지만 기본권과 시민적 자유도 어느 정도 누릴 수 있게 되었다.[1]

 그렇다면 중국의 권위주의 정치체제는 향후 어떻게 변화할 것인가? 이것과 관련하여 크게 네 가지 가능성을 생각해볼 수 있다. 첫째는 한국이나 대만처럼 일정한 이행기를 거쳐 최종적으로 자유민주주의로 변화하는 것이다. 둘째는 이전 소련처럼 정치체제가 급격히 붕괴하여 비교적 장기간의 정치적 혼란을 경험하는 것이다. 이 경우 이런 정치

---

[1] 전체주의와 권위주의에 대한 정의는 Juan J. Linz, "Totalitarian and Authoritarian Regimes", Fred I. Greenstein and Nelson W. Polsby (eds.), *Handbook of Political Science*: *Macropolitical Theory*, Vol. 3 (Reading, MA: Addison-Wesley Publishing Company, 1975), pp. 175~411 참조.

적 혼란 후에 민주주의체제가 수립될지는 확정적으로 말할 수 없다. 셋째는 싱가포르나 말레이시아처럼 장기간의 경제성장 이후에도 권위주의를 계속 유지하는 것이다. 마지막은 기존의 자유민주주의나 권위주의와는 다른 중국만의 독특한 정치체제, 즉 "중국 특색의 사회주의 민주정치"(中國特色社會主義民主政治)를 수립하는 것이다. 2)

이 네 가지 가능성 중에서 외국학자들은 주로 첫째와 둘째의 가능성에 주목한다. 예를 들어 길보이(George J. Gilboy)와 리드(Benjamin L. Read)는 개혁기 중국사회의 발전과 공산당-국가의 변화를 근거로 민주적 개혁 가능성이 높다고 주장한다. 3) 길리(Bruce Gilley)도 중국 내에 형성된 민주적 정치개혁의 조건에 주목하여 공산당 내부로부터의 민주적 개혁 가능성이 높다고 평가한다. 4) 이와 유사하게 로웬(Henry S. Rowen)은 중국도 다른 일부 제 3세계 국가가 그랬듯이 일정한 사회경제적 발전 이후에 민주주의로 발전할 것이라고 본다. 5) 이

---

2) 이것은 중국공산당의 공식용어이다. 이밖에도 중국에서는 다양한 용어가 사용된다. "중국 특색의 사회주의적 민주정치 모델"(中國特色社會主義的民主政治模式) 또는 "중국 특색의 사회주의적 민주제도"(中國特色社會主義的民主制度), "중국적 민주정치"(中國的民主政治) 또는 "중국 특색의 민주정치"(中國特色的民主政治), "중국식 민주제도"(中國式民主制度) 또는 "중국식 사회주의 민주제도"(中國式社會主義民主制度), "중국적 민주모델"(中國的民主模式)은 대표적 예이다. 劉熙瑞, "中國的民主模式已經確立", 〈人民論壇〉 2007년 제 8기, 〈人民網〉 2007. 4. 25(http://people.com.cn: 이하 동일한 사이트). 이 논문에서는 "중국 특색의 민주주의"라는 용어를 사용한다.

3) George J. Gilboy and Benjamin L. Read, "Political and Social Reform in China: Alive and Walking", *Washington Quarterly* Vol. 31, No. 3 (summer 2008), pp. 143~164.

4) Bruce Gilley, *China's Democratic Future: How It Will Happen and Where It Will Lead*(New York: Columbia University Press, 2004).

5) Henry S. Rowen, "When Will the Chinese People Be Free?", *Journal of Democracy* Vol. 18, No. 3(July 2007), pp. 38~52.

에 비해 페이(Minxin Pei)는 중국 정치개혁의 정체와 그로 인한 심각한 정치사회적 문제로 인해 중국이 붕괴할 수도 있다고 주장한다.[6]

물론 일부 연구자들은 중국식 민주주의의 실현 가능성도 적극 고려한다. 예를 들어 개인주의에 기초한 자유주의적 권리이론이 중국에는 타당하지 않다고 주장하면서 "배태된 권리론"(embedded rights)과 협의민주주의(consultative democracy)를 대안으로 제시한 저우(Z. Zhou)나, 서구 일부 국가에서 소규모로 시험 실시되는 심의민주주의(deliberative democracy)를 중국의 바람직한 민주주의 모델로 제시하는 리브와 허(Lieb and He)는 대표적 예이다.[7]

이에 비해 중국학자들은 중국 특색의 민주주의에 대해 매우 진지하게 탐색한다. 예를 들어 2007년 4월의 〈인민논단〉(人民論壇) 제 8기에

6) Minxin Pei, *China's Trapped Transition: The Limits of Developmental Autocracy*(Cambridge, Massachusetts: Harvard University Press, 2006). 그밖에 중국 민주화에 대한 논의는 다음을 참고할 수 있다. Minxin Pei, "How Will China Democratize?", *Journal of Democracy* Vol. 18, No. 3 (July 2007), pp. 53~57; Dali L. Yang, "China's Long March to Freedom", *Journal of Democracy* Vol. 18, No. 3(July 2007), pp. 58~64; John L. Thornton, "Long Time Coming: The Prospects for Democracy in China", *Foreign Affairs* Vol. 87, No. 1(January/February 2008), pp. 2~22; *Current History*(September 2007)에 실린 Bruce J. Dickson, Bruce Gilley, Merle Goldman, Dali L. Yang의 글; Andrew J. Nathan, *Chinese Democracy*(Berkeley, California: University of California Press, 1985); Suisheng Zhao(ed.), *China and Democracy: The Prospect for a Democratic China*(London: Routledge, 2000); Suzanne Ogden, *Inklings of Democracy in China*(Cambridge, Massachusetts: Harvard University Asia Center, 2002).

7) Zhenghuan Zhou, *Liberal Rights and Political Culture: Envisioning Democracy in China*(London: Routledge, 2005); Ethan J. Leib and Baogang He(eds.), *The Search for Deliberative Democracy in China*(New York: Palgrave Macmillan, 2006).

58

는 "중국적 민주모델"(中國的民主模式)에 대한 다양한 중국학자들의 글이 실렸다. 여기서 일부 학자는 중국적 민주모델이 이미 수립되었다고 주장한다. 이에 대해 다른 일부 학자는 아직은 아니지만 그럴 가능성이 충분히 있다고 주장한다.[8] 다른 중국학자들도 다양한 방식을 통해 "서구식 민주"를 비판하고 "중국식 민주"를 수립해야 한다고 역설한다.[9] 이런 논의는 1990년대 중후반 무렵부터 제기되어 2000년대에 들어, 특히 2004년 라모(Joshua Cooper Ramo)의 《베이징 콘센서스》(Beijing Consensus, 北京共識)가 출간된 이후 "중국 발전모델"(中國發展模式)에 대한 논의가 활발히 전개되면서 더욱 활기를 띠었다.

그렇다면 중국 특색의 민주주의는 구체적으로 어떤 내용을 담고 있는가? 중국 특색의 민주주의가 정말로 기존의 민주주의나 권위주의와는 다른 중국만의 특색을 담고 있는가? 이 장은 이런 질문에 답하는 것을 목적으로 한다. 다시 말해 여기서는 중국 특색의 민주주의에 대한 논의, 그리고 실제 중국에서 진행된 정치개혁과 현행 정치체제를 검토하고 그것이 갖는 의미와 한계를 분석할 것이다.

이를 위해 여기서는 다음 세 가지 사항을 검토할 것이다. 첫째는 중국 정치체제와 정치개혁을 바라보는 타당한 관점에 대한 검토이다. 여기서는 정치발전을 보는 주요관점인 정치적 민주화(democratization)와 제도화(institutionalization), 그리고 민주주의 내용과 민주화 과정 간의 관련성을 검토할 것이다. 둘째는 일본, 한국, 대만, 싱가포르를

---

8) 劉熙瑞, "中國的民主模式已經確立"; 朱光磊·楊光斌, "中國創造民主新模式是完全可能立", 〈人民論壇〉 2007년 제8기, 〈人民網〉 2007. 4. 25.

9) 예를 들어 다음을 참고할 수 있다. 李振通, "何如看待西方民主制度? 照搬從來不能成功", 〈新華網〉 2006. 1. 5(http://xinhuanet.com; 이하 동일한 사이트); 兪可平, "民主是共和國的生命", 〈人民網〉 2007. 11. 21; 房寧, "民主, 走中國自己的路", 〈人民網〉 2007. 11. 20; 吳建民, "中國需要什麻樣的民主", 〈人民網〉 2008. 2. 4; 丁剛, "'美式民主'能在世界普及嗎", 〈新華網〉 2008. 2. 5.

중심으로 한 동아시아 발전국가(developmental state)의 정치체제에 대한 검토이다. 이들 국가에 대한 검토는 중국의 정치체제와 정치발전을 이해하는 데 필요하다. 셋째는 중국 특색의 민주주의 논의와 지난 30년 동안 실제로 추진된 정치개혁에 대한 검토이다. 결론에서는 이런 논의내용을 종합하고 향후 중국의 정치발전에 필요한 정치개혁을 간략하게 검토할 것이다.

이런 분석을 통해 이 글은 다음 두 가지 사항을 주장할 것이다. 첫째, 정치발전의 가장 이상적인 형태는 정치적 민주화와 제도화를 동시에 달성하는 것이지만, 각 국가가 처한 상황과 조건에 따라 민주화가 아니라 제도화가 우선 과제가 될 수 있다. 이런 관점에서 보면 동아시아 발전국가는 "민주화가 아닌 제도화 우선" 또는 "민주화에 선행하는 제도화"라는 헌팅턴(Samuel Huntington)의 정치발전 명제를 비교적 충실히 따랐다.[10] 또한 민주주의 내용과 민주화 과정은 구분할 필요가 있다. 지난 경험이 보여주듯이 민주화 과정은 각 국가마다 다른 방식으로 전개되지만 민주주의 내용은 비교적 유사한 형태(선거민주주의와 자유민주주의)로 수렴한다. 따라서 민주화 과정의 특수성(다양성)을 근거로 민주주의 내용의 보편성을 부정하는 것은 타당하지 않다.

둘째, 이 같은 관점에서 중국의 현행 정치체제와 지난 정치개혁 과정을 보면, 중국도 기본적으로 동아시아 발전국가의 정치발전 모델을 비교적 충실히 따른다고 판단된다. 우선 중국에서 논의되는 중국 특색의 민주주의나 중국의 실제 정치체제는 중국만의 독특한 민주적 정치모델이 아니라 1980년대 민주화 이전에 동아시아 발전국가에서 나타났던 권위주의의 한 종류일 뿐이다. 또한 지난 30년 동안 중국이 추진한 정치개혁을 보면, 중국은 경제발전에 필요한 국가체제를 구축하

---

10) Samuel P. Huntington, *Political Order in Changing Societies* (New Haven: Yale University Press, 1968), pp. 4~5; Huntington and Jorge I. Dominguez, "Political Development", Greenstein and Polsby (eds.) (1975), p. 14.

기 위해 "민주화가 아닌 제도화 우선"의 동아시아 발전국가의 정치발
전 모델을 추구했음을 알 수 있다. 현재의 권위주의 정치체제는 그 같
은 정치개혁의 결과물이다.

## 1. 정치발전과 민주주의를 보는 관점

### 1) 정치발전의 이해

기존연구가 보여주듯이 정치발전이 무엇을 의미하는가는 학자마다
다르다.[11] 이 중에서 대표적 견해는 두 가지인데, 하나는 정치발전을
민주화로, 다른 하나는 제도화로 해석하는 것이다. 이 두 가지 견해
가 서로 배치되는 것은 아니지만, 어느 것에 강조점을 두느냐에 따라
차이가 있다. 한편 가장 이상적인 형태의 정치발전은 민주화와 제도
화를 동시에 달성하는 것이다. 그래서 일부 학자들은 두 견해를 종합
하여 정치발전을 민주화와 제도화가 모두 이루어지는 과정으로 이해
한다.[12]

정치발전을 정치적 민주화로 이해하는 견해는 정치학계의 주류견해
로서, 1970년대 중반부터 시작된 "제3의 민주화 물결" 이후 더욱 힘을
얻었다. 이에 따르면 특정국가의 정치발전은 민주적 정치제도의 도입
에 의해 이루어진다. 민주주의에 대한 최소강령적 또는 절차적 정의

---

11) 서울대학교 정치학과 교수 공저, 《정치학의 이해》(서울: 박영사, 2002),
    pp. 306~309; 조영남, 《중국 의회정치의 발전: 지방인민대표대회의 등장·
    역할·선거》(서울: 폴리테이아, 2006), pp. 197~201.
12) Gordon White, "Constructing a Democratic Developmental State", Mark
    Robinson and Gordon White(eds.), *The Democratic Developmental State:*
    *Political and Institutional Design*(Oxford: Oxford University Press,
    1998), p. 21.

에 따르면, 민주주의는 정기적 자유경쟁선거를 통해 주요 공직자를 충원하는 정치체제이다(선거민주주의). 또는 민주주의는 자유경쟁선거에 더해 국민의 포괄적 정치참여와 언론·출판·집회·결사·사상의 자유 등 국민의 정치적·시민적 자유를 보장하는 정치체제이다(자유민주주의).[13] 이처럼 정치발전을 민주화로 해석할 경우, 정치발전을 위해 가장 중요하고 필요한 조치는 정기적 자유경쟁선거의 실시이고, 이와 함께 국민의 포괄적 정치참여와 정치적·시민적 자유를 보장하는 조치도 필요하다.

그런데 정치발전을 민주화로 국한시켜 해석하는 것은 문제가 있다. 우선 각 국가가 당면한 정치적 과제는 여러 가지가 있고, 선거제도 도입 등 민주화는 그 중의 하나일 뿐이다. 일부 제3세계 국가의 경우 국민통합(nation-building), 국가 통치체제 정비와 통치능력 향상, 정치적 권위 수립, 사회적 안정과 법치확립 등의 과제가 자유경쟁선거나 다당제 도입보다 더 중요할 수 있다. 다시 말해 모든 국가에게 정치적 민주화가 최우선 과제일 필요는 없다.[14] 1990년대 중반 무렵부터 민주화 이행을 경험한 제3세계 국가에서 "비자유 민주주의"(illiberal democracy)가 확산되는 등 민주주의가 퇴행하고 사회경제적 혼란이 가중되면서 단순히 선거제도를 도입하는 것과 같은 민주화보다는 법치의 확립이 더 중요하다는 주장이 제기된 것은 이 때문이다.[15]

---

13) 선거민주주의와 자유민주주의의 구분에 대해서는 Larry Diamond and Ramon H. Myers, "Introduction: Elections and Democracy in Greater China", Larry Diamond and Ramon H. Myers(eds.), *Elections and Democracy in Greater China*(Oxford: Oxford University Press, 2001), pp. 2~3; Larry Diamond, *Developing Democracy: Toward Consolidation*(Baltimore: Johns Hopkins University Press, 1999), pp. 9~10 참조.

14) 조영남(2006b), p. 200.

15) Fareed Zakaria, "The Rise of Illiberal Democracy", *Foreign Affairs* Vol. 76, No. 6(November/December 1997), pp. 22~43; Thomas Carothers,

또한 실제 경험이 보여주듯이 각 국가가 처한 상황과 조건을 무시한 상태에서 진행된 급격한 민주화는 예상치 못한 부정적 결과를 가져올 수 있다. "민주주의 역설"(*the democracy paradox*)은 그 중의 하나이다. 예를 들어 선거제도의 도입과 함께 다양한 정치세력은 득표를 위해 인종적·종교적 감정에 호소하고, 이에 따라 민주화는 한 사회 내의 인종적·종교적 갈등을 증폭시키는 경우가 있다. 또한 민주화는 개인행위에 대한 국가통제의 이완을 초래하고 이것이 다시 범죄와 마약사용의 증가, 가족과 공동체의 권위 해체 등과 같은 부정적 사회현상을 야기하는 경우가 있다. 그밖에도 "제3의 민주화 물결" 이후 여러 지역에서 나타난 현상으로, 선거를 통해 집권한 정치세력이 법률 대신 포고령을 남발하고 의회를 해산하는 등 권위적 통치를 강화하는 문제, 즉 "위임민주주의"(*delegative democracy*)나 "권위적 민주주의"(*authoritarian democracy*) 문제가 있다.16)

한편 정치발전을 정치적 제도화로 이해할 경우, 정치발전은 한 국가의 정치체제가 자신에게 부과된 요구를 수행하기 위해 필요한 능력을 배양하는 과정을 의미한다. 좀더 구체적으로 헌팅턴에 따르면, 정치발전은 정치조직과 절차의 제도화를 의미한다. 여기서 제도는 안정적이고 가치 있는 반복되는 행위유형을, 제도화는 조직과 절차가 가치와 안전성을 획득하는 과정을 가리키며, 제도화 정도는 적응성, 복잡성, 자율성, 일관성이라는 기준으로 평가될 수 있다. 이 관점은 민주화(정치참여)보다 정치안정에 우선적 가치를 둔다. 또한 이 관점에

"The Rule of Law Revival", *Foreign Affairs* Vol. 77, No. 2 (March/April 1998), pp. 95~106.

16) Guillermo O'Donnell, "Delegative Democracy", *Journal of Democracy* Vol. 5, No. 1 (January 1994), pp. 55~69; Samuel P. Huntington, "Democracy for the Long Haul", Larry Diamond, Marc F. Plattner, Yun-han Chu, and Hung-mao Tien (eds.), *Consolidating the Third Wave Democracies: Themes and Perspectives* (Baltimore: Johns Hopkins University Press, 1997), pp. 3~13.

따르면 근대화는 국민의 정치참여를 증가시키고 이를 수용할 수 있는 정치제도가 마련되지 않으면 정치혼란을 초래할 수 있다. 정치안정을 위해 민주화 이전에 제도화가 필요하다고 주장하는 것은 이 때문이다. [17)]

이런 해석은 현재 많은 제3세계 국가가 당면한 정치현실을 직시하고 각 국가가 처한 상황과 조건에 따라 필요한 정치적 과제를 해결할 수 있도록 한다는 점에서 의의가 있다. 특히 앞에서 말한 것처럼 "제3의 민주화 물결" 과정에서 제도화가 미흡한 상태에서 급속도로 추진된 민주화가 초래한 여러 가지 부정적 결과를 고려할 때, 이런 해석은 어느 정도 타당하다고 할 수 있다.

그런데 정치발전을 정치적 제도화로 국한시켜 이해하는 관점에도 문제가 있다. 우선 제도화가 민주화 과제를 해결하는 것은 아니다. 따라서 일정시점에서는 자유경쟁선거의 도입과 국민의 정치참여 확대, 정치적·시민적 자유의 보장 등과 같은 민주화 조치를 실시해야 한다. 또한 민주화를 수반하지 않은 제도화는 권위주의의 장기화와 고착화로 이어질 수 있다. 싱가포르나 말레이시아의 사례가 보여주듯이 권위주의하에서 지속적 경제성장과 사회안정을 달성할 경우, 권위주의는 지속되고 민주화는 이루어지지 않는다. [18)] 따라서 설사 제도화를 우선적으로 추진할지라도 이와 함께 점진적으로 민주화를 추진하는 것이 필요하다.

이상을 정리하면 정치발전을 민주화로 국한시켜 이해할 필요는 없다. 각 국가가 처한 상황과 조건에 따라 정치발전의 핵심과제는 민주화가 될 수도 있고 제도화가 될 수도 있다. 특히 "제3의 민주화 물결"

---

17) 조영남(2006b), p. 200.

18) Gordon P. Means, "Soft Authoritarianism in Malaysia and Singapore", Larry Diamond and Marc F. Plattner(eds.), *Democracy in East Asia* (Baltimore: Johns Hopkins University Press, 1998), pp. 96~110.

이후 나타난 결과를 냉정하게 평가할 때, 한국, 대만, 싱가포르, 말레이시아 등 제도화를 중심으로 하고 민주화를 보조적으로 추진한 국가가 경제발전과 사회안정 등의 면에서 더 커다란 성과를 거두었다는 점에 유의할 필요가 있다.

### 2) 민주주의 내용과 민주화 과정

민주주의 내용과 민주화 과정은 서로 밀접히 연관되어 있다. 단적으로 민주주의의 핵심내용을 무엇으로 보는가에 따라 민주주의를 어떻게 달성하고 동시에 그것의 달성 여부를 어떻게 평가할 것인가가 크게 달라진다. 그러나 동시에 민주주의 내용과 민주화 과정을 반드시 같은 차원에서 연관시켜 이해할 필요는 없다. 동일한 내용의 민주주의를 목표로 하더라도 각 국가가 처한 상황과 조건에 따라 그것에 도달하는 과정은 크게 다를 수 있기 때문이다. 반대로 각 국가가 겪게 되는 민주화 과정이 다르다고 하여 각 국가가 추구하는 민주주의 내용이 달라야 하는 것도 아니다.

민주주의의 핵심내용이 무엇인가에 대해서는 매우 다양한 주장이 존재하고, 그래서 모두를 만족시키는 민주주의에 대한 정의는 없다고 할 수 있다.[19] 한 연구에 따르면 최근에 발표된 150여 개의 연구를 검토한 결과 민주주의에는 550개의 하부유형(subtypes)이 존재한다고 한다.[20] 예를 들어 계급적 관점에 입각할 경우 민주주의는 부르주아 민주주의와 프롤레타리아 민주주의로, 집행방식의 차이에 주목할 경우에는 직접민주주의와 간접민주주의로, 내용에 강조점을 둘 경우에는 사회경제적 평등 실현을 포함한 실질적(substantive) 민주주의와 제도 및 절차를 중시하는 형식적(formal) 민주주의로 나뉜다.

---

19) 서울대학교 정치학과 교수 공저(2002), pp. 314~317.
20) Diamond(1999), p. 7.

  그런데 민주주의에 대한 다양한 견해가 존재한다고 해서 민주주의
의 핵심내용이 무엇인지에 대해 규정할 수 없는 것은 아니다. 다시 말
해 지난 역사적 경험을 통해 민주주의의 핵심내용이 무엇인가에 대해
서는 일정한 합의가 존재한다고 말할 수 있다. 이런 민주주의의 핵심
내용은 초기에는 유럽이나 미국 등 서방세계에만 적용되는 "특수한
것"이었다. 그러나 제2차 세계대전 이후, 특히 "제3의 민주화 물결"
이후 아시아, 아프리카, 라틴아메리카 등의 제3세계 국가에도 이것
이 확산 및 정착되기 시작하면서 지금은 어느 정도 "보편적인 것"으로
인정된다. 이런 의미에서 특정국가나 지역을 불문하고 적용할 수 있
는 보편적 가치로서의 민주주의가 존재한다고 말할 수 있다.21)

  앞에서 말했듯이 현재 통용되는 민주주의는 크게 선거민주주의와 자
유민주주의의 두 가지로 나눌 수 있다. 선거민주주의는 주요 공직자가
정기적 자유경쟁선거를 통해 충원되는 정치체제를 의미한다(조지프 슘
페터의 정의). "제3의 민주화 물결" 이후 등장한 제3세계 민주주의국가
대부분은 이에 속한다. 반면 자유민주주의는 정기적 자유경쟁선거 외
에 국민의 포괄적 정치참여와 정치적·시민적 자유가 보장되는 정치체
제를 가리킨다(로버트 달의 정의). 한국과 대만 등이 이에 속한다.

  일부 학자는 이 두 가지 외에 유사민주주의(*pseudo-democracy*) 또는
반(半)민주주의(*semi-democracy*)를 추가한다. 이는 다당제와 선거 등
형식적으로는 민주제도를 갖추고 있지만, 실제로는 단일정당 또는 특
정세력이 야당 또는 반대세력이 자유롭고 공정하게 권력을 위한 경쟁
에 나설 수 없도록 하는 정치체제를 가리킨다. 홍콩과 싱가포르 등이
이에 속한다.22) 따라서 특정국가가 위의 두 가지 혹은 세 가지 정치
체제의 주요내용을 실시할 경우에 한해 우리는 그 국가의 정치제체를

21) Larry Diamond, *The Spirit of Democracy*: *The Struggle to Build Free So-cieties throughout the World*(New York: Times Book, 2008), pp. 17~38.
22) Diamond(1999), pp. 9~10; Diamond and Myers(2001), pp. 2~4.

민주주의라고 부를 수 있다.

그런데 여기서 주의할 점이 있다. 즉, 선거민주주의건 아니면 자유민주주의건 민주주의는 결코 자기완결적 정치체제가 아니라 그 운명이 언제든지 변화할 수 있는 열린(open-ended) 정치체제라는 점이다. 즉, 특정국가가 민주주의의 필수요소(자유경쟁선거나 정치적 자유)를 충족시켰다고 해도 그 국가의 민주주의는 발전할 수도 있고 후퇴할 수도 있다. 그래서 현재 제3세계 민주주의국가는 말할 것도 없고 서방 선진 민주주의국가도 민주주의를 더욱 발전시켜야 하는 과제에 직면해 있다. 이것이 바로 다이아몬드가 말하는 발전적 관점(developmental perspective)에서 민주주의를 보아야 한다는 것이다. [23)]

이렇게 볼 때 민주주의의 핵심내용에 대해서는 비교적 일정한 합의가 존재할지라도 그것의 실제 실현 정도는 각 국가와 지역에 따라 다른 모습(정도)을 보인다. 또한 민주주의는 몇 가지 민주적 정치제도를 도입했다고 해서 곧바로 성립되는 것이 아니라 일정한 시행착오를 거쳐 발전해가는, 또는 만약 발전을 위한 노력을 지속하지 않으면 퇴보하는 정치체제이다.

한편 민주화 과정은 각 국가와 지역이 처한 국내외 상황과 조건에 따라 다양한 방식을 취할 수 있다. 이 때문에 민주주의 내용이 무엇인가에 대해서는 비교적 일정한 합의가 존재하지만, 민주화 과정은 결코 그렇지 않다. 예를 들어 같은 동아시아 지역에 속하면서 자유민주주의를 추구했던 대만, 필리핀, 한국은 각기 다른 방식으로 민주화 이행을 경험했다. 대만에서는 기존 정치세력이 주도하는 방식(변형: transformation)으로 민주화 이행이 일어난 반면, 필리핀에서는 반대세력이 주도하는 방식(대체: displacement)으로 민주화가 진행되었다. 이에 비해 한국은 기존세력과 반대세력(시민사회)이 타협하는 방식(혼

---

23) Diamond(1999), pp. 18~19.

합: *transplacement*) 을 통해 민주주의로 이행했다. 24)  또는 페이(Minxin
Pei) 의 분류에 따르면, 필리핀은 권위주의체제가 내부에서 무너지는
"붕괴를 통한 이행"(*transition through collapse*) 을 경험한 반면, 한국, 대
만, 태국은 기존 정치체제 내의 진화적 변화를 통한 "관리된 이행"
(*managed transition*) 을 경험했다. 25)

　정리하면 민주주의에 대해 모두가 동의할 수 있는 정의는 존재하지
않지만 민주주의의 핵심내용에 대해서는 일정한 합의가 존재한다. 이
런 면에서 민주주의는 일정한 보편성을 갖는다고 말할 수 있다. 반면
민주화 과정은 다양성을 주된 특징으로 한다. 각 국가가 처한 상황과
조건에 따라 민주화 이행방식과 그에 소요되는 시간과 속도가 다르기
때문이다. 그래서 민주주의 내용의 보편성을 근거로 민주화 과정의
특수성(다양성) 을 부정해서는 안 된다. 역으로 민주화 과정의 특수성
(다양성) 을 근거로 민주주의 내용의 보편성을 부정해서도 안 된다.

---

24) "변형", "혼합", "대체"의 세 가지 민주화 방식은 헌팅턴이 제기한 것인데,
　　커튼은 이를 동아시아 국가에 적용했다. Samuel P. Huntington, *The Third
　　Wave: Democratization in the Late Twentieth Century* (Norman: University
　　of Oklahoma Press, 1991), p. 114; James Cotton, "East Asian Democ-
　　racy: Progress and Limits", Larry Diamond, Marc F. Plattner,
　　Yun-han Chu, and Hung-mao Tien (eds.), *Consolidating the Third Wave
　　Democracies: Regional Challenges* (Baltimore: Johns Hopkins University
　　Press, 1997), pp. 95~119.

25) Minxin Pei, "The Fall and Rise of Democracy in East Asia," Diamond
　　and Plattner (eds.) (1998), pp. 66~70. 참고로 달은 민주화와 정치문화에
　　초점을 맞추어 민주화의 세 가지 경로를 제시한다. Robert A. Dahl, "De-
　　velopment and Democratic Culture", Diamond, Plattner, Chu, and Tien
　　(eds.) (1997a), pp. 34~39. 다이아몬드와 마이어즈는 메츠거(Thomas A.
　　Metzger) 의 "정치적 중심"(*political center*) 이론 — 정치적 중심과 사회 간
　　의 관계를 세 가지 유형으로 나누고, 민주화를 이 세 가지 유형의 변화로 설
　　명 — 에 기초하여 동아시아 국가의 민주화를 분석한다. Diamond and
　　Myers (2001), pp. 7~12.

## 2. 동아시아 발전국가의 정치체제

### 1) 동아시아 발전국가의 형성과 소멸

개혁기 중국이 일본, 한국, 대만, 싱가포르, 말레이시아와 같은 동
아시아 발전국가 모델에 속한다는 주장은 1980년대부터 제기되었고,
최근까지도 여러 학자들로부터 지지를 받았다. [26] 다만 경제·산업정
책, 산업구조와 기업 경영체제, 금융 등 경제적 측면에서 볼 때 중국
이 발전국가 모델에 속하는가에 대해서는 아직 이견이 있다. [27]

---

[26] Ming Xia, *The Dual Developmental State: Developmental Strategy and In-
stitutional Arrangements for China's Transition*(Brookfield: Ashgate,
2000), pp. 40~99; Jonathan Unger and Anita Chan, "Corporatism in
China: Developmental State in an East Asian Context", Barrett L.
McCormick and Jonathan Unger(eds.), *China after Socialism: In the
Footsteps of Eastern Europe or East Asia*(Armonk: M. E. Sharpe, 1996),
pp. 95~129; Gordon White, "State and Market in China's Socialist
Industrialization", Gordon White(ed.), *Developmental State in East Asia*
(New York: St. Martin's Press, 1988), pp. 153~192; Chalmers
Johnson, "The Nonsocialist NICs: East Asia", *International Organization*
Vol. 4, No. 2(Spring 1986), pp. 557~565.

[27] 경제적 측면에서 보았을 때에도 중국은 발전국가 모델에 해당된다는 주장으
로는 Seoun-Wook Baek, "Does China Follow the East Asian Develop-
mental Model?", *Journal of Contemporary Asia* Vol. 35, No. 4(2005),
pp. 485~498이 있다. 이에 반대하는 주장으로는 다음이 있다. 이근·임경
훈, "동아시아 모델에서 바라본 중국과 러시아 이행경제", 〈중소연구〉 25권
2호(2001), pp. 13~46; Keun Lee, Donghoon Han, and Justin Lin, "Is
China Following the East Asian Model? A 'Comparative Institutional
Analysis' Perspective", *China Review* Vol. 2, No. 1(Spring 2002), pp. 85
~120; Keun Lee, Justin Y. Lin, and Ha-Joon Chang, "Late
Marketisation versus Late Industrialisation in East Asia", *Asia-Pacific
Economic Literature* May 2005, pp. 42~59.

특히 2004년 "베이징 콘센서스"의 제기 이후 중국학자들 사이에서는 동아시아 발전국가 모델과는 다른 "중국모델"이 존재한다는 주장이 조심스럽게 제기되었다. 중국이 발전과정에서 보여주었던 자본동원과 투자방식, 경제개방 등이 한국이나 일본과는 다르다는 것이다. 28) 그런데 발전국가의 대표적 사례인 일본, 한국, 대만 간에도 정치체제, 자본동원 방식, 국가 산업전략, 경제규모 면에서 큰 차이가 존재했다. 29) 하지만 이들 국가를 통칭하여 발전국가라고 부르는 것은 이들 국가가 발전국가의 핵심요소를 갖추고 있기 때문이다. 이는 중국에도 적용된다.

이처럼 개혁기 중국의 경제발전 방식이 동아시아 발전모델에 속하듯이 중국의 정치체제도 동아시아 발전국가의 권위주의 정치체제와 유사한 특징을 갖는다는 것이 필자의 판단이다. 그래서 여기서는 동아시아 발전국가의 정치체제를, 주요쟁점을 중심으로 간략하게 검토하려고 한다.

먼저 동아시아 발전국가의 형성 및 소멸시기에 대한 논쟁이 있다. 즉, 일본, 한국, 대만, 싱가포르 등 동아시아 국가의 현대사에서 발전국가 모델은 구체적으로 어느 시기에 적용될 수 있으며, 1997~98년 아시아 금융위기 이후 동아시아 발전국가 모델은 해소되었느냐 하는 것이다. 결론적으로 말해, 발전국가 모델이 적용되는 시기는 각 국가마다 다르고, 아시아 금융위기 이후에 동아시아 발전국가 모델은 사실상 소멸되었다고 본다.

예를 들어 일본은 존슨(Chalmers Johnson)이 말한 1925년부터 1975년까지의 기간이 발전국가 전성기에 해당된다. 한국은 1961년 박정희

---

28) 자세한 내용은 이 책의 제5장 참고.

29) T. J. Pempel, "The Developmental Regime in a Changing World Economy", Meredith Woo-Cumings(ed.), *The Developmental State*(Ithaca, New York: Cornell University Press, 1999), pp. 149~151.

정권 수립부터 1980년대 민주화 이전까지의 시기(주로 박정희 통치시기), 대만은 1949년 국민당 정권 수립 이후 1980년대 민주화 이전까지의 시기〔즉, 장카이석(蔣介石)과 장징궈(蔣經國) 통치시기〕가 발전국가의 전성기에 해당된다. 싱가포르와 말레이시아는 현재까지도 발전국가의 영향이 강하게 남아 있지만, 대체로 1960년대 이후부터 1997~98년 아시아 금융위기 무렵까지를 발전국가의 전성기로 본다.[30]

또한 동아시아 발전국가에 대한 논의에서는 발전국가 모델이 소멸된 이유도 중요한 쟁점 중 하나이다. 발전국가는 권위주의 정치체제의 해체, 즉 정치적 민주화에 의해서 소멸될 수도 있고, 보호주의적 경제체제의 종료, 즉 경제적 세계화에 의해서도 소멸될 수 있다. 한국과 대만의 경우 민주화와 함께 권위주의 정치체제가 해체되면서 1980년대 말부터 발전국가 모델이 소멸에 접어들었다고 할 수 있다.[31] 반면 현재까지 권위주의 정치체제를 계속 유지하는 싱가포르

---

30) 발전국가 모델의 생성과 소멸에 대한 논의는 다음을 참조. 김대환·조희연 편, 《동아시아 경제변화와 국가의 역할 전화: '발전국가'의 성립, 진화, 위기, 재편에 대한 비교정치경제학적 분석》(서울: 한울, 2003); Woo-Cumings(ed.) (1999); Steve Chan, Cal Clark, and Danny Lam(eds.), *Beyond the Developmental State: East Asia's Political Economies Reconsidered*(London: Macmillan, 1998); Jaymin Lee, "East Asian NIE's Model of Development: Miracle, Crisis, and Beyond", *Pacific Review* Vol. 12, No. 2(1999), pp. 141~162; Yun Tae Kim, "Neoliberalism and the Decline of the Developmental State", *Journal of Contemporary Asia* Vol. 29, No. 5(1999), pp. 441~461; Yun Tae Kim, "DJnomics and the Transformation of the Developmental State", *Journal of Contemporary Asia* Vol. 35, No. 4(2005), pp. 471~484; Sean O. Riain, "The Flexible Developmental State: Globalization, Information Technology, and the 'Celtic Tiger'", *Politics and Society* Vol. 28, No. 2(June 2000), pp. 157~193.

31) Linda Weiss, "Developmental States in Transition: Adapting, dismantling, innovating, not 'normalizing'", *Pacific Review* Vol. 13, No. 1

와 말레이시아는 정치체제의 변화에 의해 발전국가가 소멸되는 경우
에 해당되지 않는다. 이에 비해 1997~98년 아시아 금융위기 이후 동
아시아 발전국가 모델은 소멸되었다고 주장하는 것은, 이들 국가의
경제가 세계경제에 깊숙이 편입되어 더 이상 전처럼 국가주도의 경제
발전 전략을 추구할 수 없게 된 현상에 주목한 것이다. 32)

이상에서의 논의를 토대로, 이 글에서 동아시아 발전국가라고 할
때는 대체로 1950년대 초에서 1980년대 말까지의 약 30~40년 동안
국가주도의 경제발전 전략을 추구하며 권위주의 정치체제를 유지했던
한국, 대만, 싱가포르, 말레이시아 등의 동아시아 국가를 가리킨다.
다시 말해 민주화 이행이 완료된 1990년대의 한국이나 대만, 세계경
제체제로의 편입이 가속화된 1990년대 중후반 이후의 싱가포르나 말
레이시아는 발전국가 모델에서 벗어난 것으로 간주한다. 단, 앞에서
도 말했듯이 1997~98년 아시아 금융위기 이후에도 싱가포르나 말레
이시아의 경우에는 발전국가의 영향이 강하게 남아 있다고 할 수 있
다. 33)

---

(March 2000), pp. 21~55; Yu-Shan Wu, "Taiwan's Developmental State: After the Economic and Political Turmoil", *Asian Survey* Vol. 47, No. 6 (December 2007), pp. 977~1001.

32) Yong-Chool Ha and Wang Hwi Lee, "The Politics of Economic Reform in South Korea: Crony Capitalism after Ten Years", *Asian Survey* Vol. 47, No. 6 (December 2007), pp. 894~914.

33) Poh Ping Lee and Siew Yean Tham, "Malaysia Ten Years after the Asian Financial Crisis", *Asian Survey* Vol. 47, No. 6 (December 2007), pp. 915~929; Alan Chong, "Singapore's Political Economy, 1997-2007: Strategizing Economic Assurance for Globalization", *Asian Survey* Vol. 47, No. 6 (December 2007), pp. 952~976.

## 2) 동아시아 발전국가의 특징

기존연구에 의하면 동아시아 발전국가는 몇 가지 공통된 특징을 갖는다. 예를 들어 존슨(Chalmers Johnson)에 의하면 일본형 발전국가는 다음과 같은 네 가지 요소, 즉 효율적 경제관료, 정치가와 관료에 의한 안정된 통치, 시장지향의 산업정책, 그리고 산업정책을 입안하고 추진하는 선도기구라는 특징을 갖는다.34) 이와 비슷하게 대만의 발전국가를 분석한 우(Yu-shan Wu)는 발전국가의 특징으로 사회로부터의 국가 자율성, 발전주의(developmentalism)에 대한 엘리트의 합의, 관료의 사회적 침투, 시장지향의 산업정책 등 네 가지를 제시한다.35)

기존연구와 비슷하게 필자는 동아시아 발전국가의 정치체제는 최소한 세 가지 공통된 특징을 갖는다고 생각한다. 즉, 경제발전 지상주의와 민족주의(nationalism), 경제발전을 위한 권위주의체제 유지, 경제발전을 위한 협력적 국가-사회관계 형성이 그것이다. 또한 여기에 덧붙여 일본을 제외한 동아시아 발전국가는 국가 차원에서 권위주의 정치체제의 정당화를 위한 이데올로기 개발에 많은 노력을 기울였다는 특징도 나타난다.

동아시아 발전국가의 첫 번째 특징은, 이들 국가가 경제발전을 최고의 국정목표로 추진했고 다양한 민족주의가 이를 뒷받침했다는 사실이다. 모든 동아시아 발전국가는 경제발전 지상주의를 추구했다. 예를 들어 발전국가 모델의 원형이라고 할 수 있는 일본은 1920년대 중반 이후 50여 년 동안 경제발전 ― 구체적으로는 고도의 경제성장, 생산성 향상, 국제적 경쟁력 강화 등 ― 을 최고 국정목표로 설정하고

---

34) Chalmers Johnson, *MITI and the Japanese Miracle*: *The Growth of Industrial Policy*: 1925-1975(Stanford: Stanford University Press, 1982), pp. 315~320.

35) Wu(2007), p. 980.

이를 전 국가적 차원에서 추진했다.[36] 이와 비슷하게 대만은 1949년 국민당 정부 수립 이후, 한국은 1961년 박정희 군사정부 수립 이후 1980년대 중반까지 경제발전이 최고의 국정목표였다. 시기와 방식에 약간의 차이가 있지만, 싱가포르와 말레이시아도 마찬가지였다. 이것은 단순히 정권 차원의 홍보와 강압에 의해서가 아니라 상당수 국민들과 지식인들의 자발적 수용을 통해 이루어졌다.

그런데 동아시아 발전국가들이 경제발전 지상주의를 추진할 수 있었던 배경에는 다양한 형태의 민족주의의 등장이 놓여 있다. 일본의 군국주의적 성향의 민족주의나 한국과 대만의 반공주의적, 구토회복 (국가통일) 성향의 민족주의는 대표적 사례이다. 이런 다양한 민족주의는 경제발전 지상주의와 권위주의적 발전국가를 정당화하고 민주화 요구 등 반대주장을 억압하는 체제옹호 이데올로기로서, 동시에 국민의 경제발전 참여를 적극 설득하고 독려하는 동원 이데올로기로 매우 중요한 역할을 담당했다.[37]

사실 발전국가와 민족주의는 동전의 양면처럼 밀접히 연관된다. 즉, 민족주의는 국가와 민족의 발전과 중흥을 위해서는 경제발전이 가장 중요하고 경제발전을 위해서는 발전지향의 강력한 국가가 필요함을 정당화하는 이념이고, 발전국가는 이런 민족주의 이념을 실현하는 구체적 수단이면서 주체인 것이다. 이런 점에서 보면, 민족주의가 등장하지 않았다면 경제발전 지상주의를 추구하는 발전국가는 존재할 수 없었을 수도 있다. 라틴아메리카의 경우는 이를 잘 보여준다.[38]

---

36) Johnson (1982), p. 305.

37) Johnson (1982), pp. 24~26; Chalmers Johnson, *Japan: Who Governs? The Rise of Developmental State* (New York: W. W. Norton & Company, 1995), pp. 105~106; Meredith Woo-Cumings, "Introduction: Chalmers Johnson and the Politics of Nationalism and Development", Woo-Cumings (ed.) (1999), pp. 4~10.

38) Ben Ross Schneider, "The Desarrollista State in Brazil and Mexico",

74

한편 동아시아 발전국가에서 민족주의가 등장하고 이것이 경제발전 지상주의의 전 국가적 추구를 정당화할 수 있었던 것은 어떤 문화적 특수성 때문이 아니라 "상황적 절박성"(situational imperatives) 때문이었다. 예를 들어 1920년대 이후 일본은 공황극복, 중국 침략전쟁 준비와 수행, 태평양 전쟁과 패전, 전후복구, 미국의 지원으로부터 독립 등 계속되는 국가적 위기상황 속에서 국가의 생존과 발전을 도모해야 한다는 국민적 열망이 있었고 이로 인해 강력한 민족주의가 등장할 수 있었다. 이렇게 등장한 민족주의는 경제발전 지상주의와 이를 추진하는 발전국가를 정당화했다.[39]

대만도 국공내전(國共內戰)의 패배와 대만으로의 후퇴(1949년), 유엔(UN)에서의 퇴출과 국제적 고립(1971년), 자원부족과 국제적 경쟁 심화(1970년대), 중국으로부터의 군사적 위협과 체제경쟁 등 계속되는 위기상황 속에서 국가의 생존과 "본토회복"을 위해서는 경제발전이 필요하다는 민족주의가 등장했고, 이것이 경제발전 지상주의를 추구하는 발전국가를 정당화했다. 1945년 해방과 남북분단, 1953년 한국전쟁 종전과 분단 고착화, 1961년 군사쿠데타와 독재정권 수립, 1970년대의 석유파동과 경제위기, 남북한 군사적 대립과 체제경쟁 등 한국도 대만과 매우 유사한 위기상황을 경험했고, 이런 과정을 통해 형성된 민족주의가 역시 경제발전 최우선과 발전국가를 정당화했다.

동아시아 발전국가의 두 번째 특징은, 경제발전을 추진한다는 명목으로, 혹은 경제발전 추진을 위한 실제적 필요성 때문에 권위주의 정치체제가 수립되었다는 사실이다. 이것은 크게 두 가지 차원에서 살펴볼 수 있다.

먼저 동아시아 발전국가에는 막대한 권한과 자율성을 갖는 기술관

---

Woo-Cumings(ed.) (1999), pp. 276~305.
39) Johnson(1982), pp. 305~306.

료(technocrats) 와 관료(bureaucrats) 가 주도하는 강성국가(strong state) 가
수립되었다. 40) 존슨이 말했듯이 작고 효율적이면서 유능한 엘리트
경제관료 집단과 산업정책을 입안하고 주도하는 통상산업성(通商産業
省, MITI) 같은 선도기구(pilot organization) 는 일본형 발전국가의 핵심
요소이다. 41) 이런 특징은 정도의 차이는 있지만 한국, 대만, 싱가포
르, 말레이시아에도 나타났다. 42)

관료주의의 강성국가라는 특징 외에 동아시아 발전국가는 의회와
사법부의 기능이 극히 제한되고 행정부가 국가의 통치를 주도하는,
또한 특정세력(개인) 이나 집단(정당·군부) 이 정치권력을 독점하는 권

40) 김영명, 《동아시아 발전모델의 재검토: 한국과 일본의 경우》(서울: 소화,
    1996), pp. 23~24; Pempel(1999), p. 160; Chung-in Moon and
    Rashemi Prasad, "Networks, Politics, and Institutions", Chan, Clark,
    and Lam(eds.) (1998), p. 9~24; Steve Chan, Cal Clark, and Danny
    Lam, "Looking beyond the Developmental State", Chan, Clark, and
    Lam(eds.) (1998), p. 2; Adrian Leftwich, "Forms of the Democratic
    Developmental State: Democratic Practices and Development Capacity",
    Robinson and White(eds.) (1998), pp. 61~62; Meredith Woo-
    Cumings, "The 'New Authoritarianism' in East Asia", Current History
    Vol. 93, No. 587(December 1994), pp. 41~4; Ziya Onis, "The Logic of
    the Developmental State", Comparative Studies Vol. 24, No. 1(October
    1991), p. 114.
41) Johnson(1982), pp. 315, 320.
42) 한국, 대만, 싱가포르, 홍콩 등의 구체적 사례는 다음을 참조. Alice H.
    Amsden, Asia's Next Giant: South Korea and Late Industrialization(Oxford:
    Oxford University Press, 1989); Robert Wade, Governing the Market:
    Economy Theory and the Role of Government in East Asian Industrializa-
    tion(Princeton: Princeton University Press, 1990); Peter Evans, Em-
    bedded Autonomy: States and Industrial Transformation(Princeton: Princeton
    University Press, 1995); Stephan Haggard, Pathways from the Periphery:
    The Politics of Growth in the Newly Industrializing Countries(Ithaca: Cornell
    University Press, 1990).

력집중체제라는 특징이 있다. 43) 구체적 지배방식은 국가마다 조금씩
달랐는데, 일본에서는 자민당이 장기 집권한 지배정당제(*dominant par-
ty system*)가 유지된 데 비해 한국, 대만, 싱가포르에서는 강력한 일인
통치체제가 유지되었다. 44) 예를 들어 존슨에 따르면 일본에서는 자
민당의 장기집권으로 정치가는 군림(*reigning*)하고 관료가 통치(*ruling*)
하는 정치체제가 형성되었다. 이 체제에서 의회와 사법부는 국민의
불만을 수렴하고 해소하는 안전밸브(*safety valve*)의 기능만을 수행할
뿐이었다. 45) 이처럼 발전국가의 경제 엘리트가 경제발전 목표를 추
구하는 권위주의 정치체제를 가리키기 위해 존슨은 "연성(*soft*)권위주
의"라는 말을 고안하기도 했다. 46)

한편 권위주의와 발전국가 간의 관련성, 더 나아가서는 권위주의와
경제발전 간의 관련성에 대해서는 아직도 논란이 지속되고 있다. 일
부 학자들은 권위주의가 경제발전에 기여한 경우는 동아시아 일부 국
가에만 해당되며 전체적으로 민주주의와 경제발전은 충분히 공존 가
능하다고 주장한다. 47) 반면 일부 학자들은 동아시아 발전국가의 경
제발전 경험을 근거로 경제적으로 낙후된 국가가 신속한 경제발전을
달성하기 위해서는 민주주의가 아니라 권위주의가 필요하다고 주장한

---

43) 이를 김영명 교수는 "중앙집권적인 일극 중심 체제"라고 부른다. 김영명
    (1996), pp. 30~35; 김영명, "동아시아 정치체제의 이론적 모색", 김영명
    편, 《동아시아의 정치체제》(춘천: 한림대학교 출판부, 1998), pp. 10~19.

44) 김영명(1996), pp. 16, 30~35.

45) Johnson(1982), pp. 315~316.

46) Johnson(1995), p. 46.

47) Adam Przeworski and Fernando Limongi, "Modernization: Theories and
    Facts", *World Politics* Vol. 49, No. 2(January 1997), pp. 167~169. 이에
    대한 좀더 자세한 논의는 다음을 참조. Larry Diamond and Marc F.
    Platter(eds.), *Economic Reform and Democracy*(Baltimore: Johns
    Hopkins University Press, 1995).

다. 권위주의가 경제발전에 필요한 자본과 노동을 전 사회적으로 동원하는 데 유리할 뿐만 아니라 단기이익을 추구하는 각종 사회집단의 요구(특히 노동자·농민의 분배요구)를 억제하면서 장기적 발전계획을 수립하고 추진하는 데도 유리하기 때문이다. 48)

  동아시아 발전국가론의 주창자인 존슨도 이를 인정한다. 즉, 그는 권위주의와 발전국가 간에 필연적 연관은 없지만, 권위주의가 경제발전 과정에서 나타나는 정치적 문제, 즉 경제발전을 위한 대중동원과 국민적 희생 강요 등을 해결하는 데 종종 효과적이었다고 주장한다. 49) 이후 발전국가론을 각국사례에 적용해 분석한 해거드(Stephan Haggard)나 웨이드(Robert Wade) 같은 학자들도 이런 사실에 동의한다. 50) 특히 발전국가론의 강력한 옹호자인 우커밍스(Meredith Woo-Cummings)는 동아시아에서 권위주의는 발전전략의 내부 구성요소라고 명시적으로 주장한다. 51) 이런 주장들은 권위주의가 발전국가와 밀접한 관련이 있음을 보여준다.

  동아시아 발전국가의 세 번째 특징은, 경제발전을 위한 협력적 국가-사회관계가 형성되었다는 사실이다. 52) 서구 선진 자본주의국가와는 달리 동아시아 발전국가에서는 국가와 사회가 밀접히 연결되어 양자를 명확히 구분할 수 없는 경우가 많았다. 53) 예를 들어 일본에서는 급속한 경제발전 기간 동안 국가(경제관료)와 재계(재벌)가 상호 협력

---

48) Cary Zou, "Transition towards Democracy in Comparative Perspective", *Asian Perspective* Vol. 5, No. 1(Spring/Summer 1991), pp. 99~121.

49) Chalmers Johnson, "The Developmental State: Odyssey of a Concept", Woo-Cumings(ed.) (1999), pp. 52~53.

50) Haggard(1990), pp. 261~262; Wade(1990), pp. 27~28, 38, 72~375.

51) Woo-Cumings(1994), p. 416.

52) 김영명(1996), pp. 24~25; Moon and Prasad(1998), p. 9; Chan, Clark, and Lam(1998), p. 2; Onis(1991), p. 115.

53) Pempel(1999), p. 160.

하는 "관민협조 관계"(官民協助關係, *public-private cooperation*)가 형성되었다. 54) 한국과 대만에서도 국가가 자율성을 가지면서 동시에 사회와 밀접히 연관되는 "배태된 자율성"(*embedded autonomy*) 현상이 나타났다. 55)

한편 정부와 노동계 간에는 국가가 노동자의 권리추구를 억압하고 통제하는 "조정된 또는 통제된" 국가-사회관계가 유지되었다. 56) 그래서 일부 연구자들은 동아시아 발전국가의 국가-사회관계를 국가조합주의(*state corporatism*)의 한 유형으로 간주한다. 57)

마지막으로 우리는 일본을 제외한 동아시아 발전국가는 권위주의 정치체제를 정당화하고 합리화하기 위해 국가 이데올로기를 개발하려고 매우 많은 노력을 기울였다는 사실에 주목해야 한다. 동아시아 발전국가는 일본을 제외하고는 모두 권위주의 정치체제를 기본특징으로 한다. 이 때문에 이들 국가는 국내적으로는 지식인과 국민들의 민주화 요구에, 국외적으로는 미국을 중심으로 한 서구 선진국의 인권개선 압력에 직면했다.

이에 대해 동아시아 발전국가는 한편에서는 권력유지에 큰 위협이 되지 않는 수준에서 경쟁선거와 국민의 정치참여를 보장했다. 그 결과 박정희 군사독재 기간에도 한국에서는 야당이 존재하여 대통령선거와 국회의원선거에 참여할 수 있었다. 대만에서도 장카이석 통치시기에 비록 야당이 불법이었지만 경쟁적 지방선거가 실시되었고 시간이 가면서 이것이 중앙단위로 확대되었다.

다른 한편으로 동아시아 발전국가는 권위주의 정치체제를 정당화하는 이데올로기를 개발하여 민주주의 요구와 압력에 대응했다. 대만의

---

54) Johnson (1982), p. 311.
55) Evans (1995), pp. 58~59.
56) Woo-Cumings (1994), p. 414.
57) Unger and Chan (1996), pp. 95~129.

경우 국민당 정부는 자유민주주의가 아니라 쑨원(孫文)의 삼민주의(三民主義: 民族·民主·民生)를 국가 통치이념으로 삼았고, "무력에 의한 본토수복"을 명분으로 계엄령하의 국민당 일당통치를 정당화했다. 58) 한국의 박정희 정권은 반공(反共)을 국시(國是)로 하고 자유민주주의가 아니라 한국적 정치풍토에 맞는 이른바 "한국적 민주주의"를 통치이념으로 제시하면서 박정희 일인통치와 군사독재를 정당화했다. 59)

동아시아 발전국가의 권위주의를 이론적으로 가장 세련되게 옹호한 것은 "아시아적 가치"(Asian values)이다. 이미 잘 알려진 것처럼 1990년대 초부터 싱가포르의 리콴유(李光耀)와 고촉동(吳作棟) 전 총리(현 고문장관), 그리고 말레이시아의 마하티르(Mahathir bin Mohamad) 총

---

58) 대만의 정치와 민주화에 대해서는 다음을 참조. Linda Chao and Ramon H. Myers, *The First Chinese Democracy: Political Life in the Republic of China on Taiwan*(Baltimore: Johns Hopkins University Press, 1998); Shelley Rigger, *Politics in Taiwan: Voting for Democracy*(London: Routledge, 1999); Denny Roy, *Taiwan: A Political History*(Ithaca: Cornell University Press, 2003); Hung-mao Tien, "Taiwan's Transformation", Diamond, Plattner, Chu, and Tien(eds.) (1997a), pp. 123~161; Yun-han Chu, "Taiwan's Ten Year of Stress", *Journal of Democracy* Vol. 16, No. 2(April 2005), pp. 43~57; Yun-han Chu, "Taiwan's Unique Challenges", Diamond and Plattner(eds.) (1998), pp. 133~146.

59) 한국의 정치와 민주화에 대해서는 다음을 참조. Samuel S. Kim(ed.), *Korea's Democratization*(Cambridge: Cambridge University Press, 2003); Larry Diamond and Doh Chull Shin(eds.), *Institutional Reform and Democratic Consolidation in Korea*(Stanford, California: Hoover Institution Press, 2000); Sunhyuk Kim, *The Politics of Democratization in Korea: The Role of Civil Society*(Pittsburgh: University of Pittsburgh Press, 2000); Larry Diamond and Byung-kook Kim(eds.), *Consolidating Democracy in South Korea*(Boulder, Colorado: Lynne Rienner Publishers, 2000); Doh C. Shin, *Mass Politics and Culture in Democratizing Korea*(Cambridge: Cambridge University Press, 1999).

리는 동아시아 국가들이 달성한 사회경제적 성과를 기초로 유교이념
에 토대를 둔 아시아적 가치 ― 예를 들어 개인보다 가족과 사회 등 집
단 중시, 민주와 개인적 인권보다 사회적 안정과 질서 강조, 개인적
자유보다 권위에 대한 순종 강조 등 ― 를 적극 주장했다. 60) 더 나아
가 이들은 아시아적 가치에 기초하여 만들어진 "아시아 민주주의"
(Asian-style democracy)가 존재하고, 이것이 경제발전, 사회번영과 안
정, 국민통합 등 실제 성과 면에서 서구 민주주의보다 우월하다고 주
장했다. 61)

   그러나 아시아적 가치와 아시아 민주주의 주장은 동아시아 일부 국
가의 지도자가 자국의 권위주의적 통치를 정당화하기 위해 제기한 일
종의 자기합리화 주장으로, 민주화를 경험한 한국 및 대만의 정치지
도자와 학자들로부터 많은 비판을 받았다. 62) 또한 1997~98년 아시

---

60) Fareed Zakaria, "Culture is Destiny: A Conversation with Lee Kuan
    Yew", *Foreign Affairs* Vol. 73, No. 2 (March/April 1994), pp. 109~126;
    Chok Tong Goh, "Social Values, Singapore Style", *Current History*
    Vol. 93, No. 587 (December 1994), pp. 417~422; Bilahari Kausikan,
    "The 'Asian Values' Debate: A View from Singapore", Diamond and
    Plattner (eds. ) (1998), pp. 17~27.

61) 이에 대한 정리는 다음을 참조. Clark D. Neher, "Asian Style Democra-
    cy", *Asian Survey* Vol. 34, No. 11 (November 1994), pp. 949~961;
    Denny Roy, "Singapore, China, and the 'Soft Authoritarianism' Chal-
    lenge", *Asian Survey* Vol. 34, No. 3 (March 1994), pp. 231~242.

62) Dae Jung Kim, "Is Culture Destiny? The Myth of Asia's Anti-Demo-
    cratic Values", *Foreign Affairs* Vol. 73, No. 6 (November/December
    1994), pp. 189~194; Margaret Ng, "Why Asia Needs Democracy: A
    View from Hong Kong", Diamond and Plattner (eds. ) (1998), pp. 3~16;
    Joseph Chan, "Asian Values and Human Rights: An Alternative View",
    Diamond and Plattner (eds. ) (1998), pp. 28~41; Yung-Myung Kim,
    "'Asian-Style Democracy': A Critique from East Asia", *Asian Survey*
    Vol. 37, No. 12 (December 1997), pp. 1119~1134; Steven J. Hood,

아 경제위기 이후 동아시아 발전국가 모델이 위기를 겪으면서 "아시아적 가치" 논쟁도 함께 소멸했다. 63)

이상의 논의를 정리하면 동아시아 발전국가는 경제발전 지상주의를 추구했고, 이를 위한 명분 또는 실제적 필요에 의해 권위주의 정치체제와 협력적 국가-사회관계를 유지했다. 또한 상황적 절박성에서 만들어진 다양한 형태의 민족주의는 경제발전 지상주의와 발전국가의 권위주의적 통치를 정당화하고 국민을 경제건설에 동원하는 이데올로기로서 중요한 역할을 담당했다. 여기서 알 수 있는 것처럼 동아시아 발전국가는 정치발전보다는 경제발전을 최우선 과제로 삼았다. 또한 이들 국가는 정치발전과 관련해서도 민주화보다는 경제발전에 필요한 국가체제 수립을 위한 제도화에 더 많은 노력을 기울였다.


## 3. "중국 특색의 민주주의"와 정치발전 논의

### 1) "중국 특색의 민주주의" : 내용과 특징

중국에서 논의되는 "베이징 콘센서스"나 "중국 발전모델"은 주로 경제발전 경험과 방식에 대한 것이다. 그래서 비록 라모는 《베이징 콘센서스》에서 자신의 주장이 경제적인 것 이상을 포함한다고 말하지만, 실제 내용을 보면 정치체제와 민주주의에 대해서는 거의 논의하

---

"The Myth of Asian-Style Democracy", *Asian Survey* Vol. 38, No. 9 (September 1998), pp. 853~866; Chong-Min Park and Doh Chull Shin, "Do Asian Values Deter Popular Support for Democracy in South Korea", *Asian Survey* Vol. 46, No. 3 (May/June 2006), pp. 341~361.

63) "아시아 가치" 논쟁의 정리는 다음을 참조. Mark R. Thompson, "Whatever Happened to 'Asian Values'?", *Journal of Democracy* Vol. 12, No. 4 (October 2001), pp. 154~165.

지 않는다. 64) 이는 "베이징 콘센서스"를 분석한 중국학자들의 논의에
도 해당된다. 65) 따라서 중국 특색의 민주주의가 무엇인지 알기 위해
서는 공산당과 정부의 공식문건이나 주요 정치지도자들의 언급을 살
펴보아야 한다.

우선 중국 특색의 민주주의는 민주주의의 보편성과 특수성을 동시
에 강조한다. 2005년 10월에 국무원이 발간한《중국의 민주정치 건
설》(백서)에 의하면, 민주주의는 단순히 서방세계의 전유물이 아니라
"인류 정치문명의 발전성과"이며, "세계각국 인민의 보편적 요구"이
다. 66) "사회주의제도와 민주정치는 서로 배치되지 않고, 고도의 민주
와 완비된 법제(法制)는 사회주의제도의 내재적 요구이며 성숙한 사
회주의제도의 중요한 지표"라는 2007년 2월의 원자바오(溫家寶) 총리
의 글과, "민주는 좋은 것이다"라는 유커핑(兪可平) 교수의 글도 민주
주의의 보편성을 강조한 것이다. 67) 이는 국민의 불만을 해소하고 경
제발전에 동원하기 위해 국민의 정치참여를 어느 정도 허용하는 수단
으로 민주주의를 간주하는 덩샤오핑(鄧小平)의 도구적 민주관이 최근
들어 변화하고 있음을 보여준다.

그런데 민주주의의 보편성과 함께《중국의 민주정치 건설》은 "각국
의 민주는 내부에서 생성되는 것이지 외부에서 강압적으로 부여되는
것"이 아니라고 주장하고, 동시에 민주주의는 각 국가가 처한 특수한

---

64) Joshua Cooper Ramo, *The Beijing Consensus*(London: Foreign Policy
    Center, 2004), p. 5.

65) 黃平·崔之元 主編, 《中國與全球化: 華盛頓共識還是北京共識》(北京: 社
    會科學文獻出版社, 2005); 兪可平 外 主編, 《中國模式"北京共識": 超越
    "華盛頓共識"》(北京: 社會科學文獻出版社, 2006).

66) 國務院新聞辦公室, 《中國的民主政治建設》(2005.5).

67) 溫家寶, "關于社會主義初級段階的歷史任務和我國對外政策的幾個問題"(2
    007.2.26), 〈人民網〉 2007.2.26; 閻健 編, 《民主是個好東西: 兪可平放
    談錄》(北京: 社會科學文獻出版社, 2006), pp. 1~5.

역사적・사회적 상황과 조건에서 발전하는 것임을 강조함으로써 민주
주의의 특수성을 옹호한다. 68) 다시 말해 이 세상에서 유일하면서 보
편적으로 적용될 수 있는 민주주의 모델은 없다는 것이다. 69) 앞에서
살펴본 원자바오 총리의 글과 유커핑의 책도 이 점을 강조한다. 민주
주의의 보편성과 특수성을 동시에 강조하는 것은 2007년 11월에 국무
원이 발간한《중국의 정당제도》(백서)에서도 그대로 반복된다.

다음으로 중국 특색의 민주주의의 구체적 내용과 특징을 살펴보자.
중국정부가 발간한 백서에서는 이에 대해 조금씩 달리 설명한다. 먼
저《중국의 민주정치 건설》에서는 다음 네 가지를 "중국적 사회주의
민주정치의 특징"으로 제시한다. 첫째, "중국의 민주는 중국공산당 영
도의 인민민주이다." 둘째, "중국의 민주는 가장 광범위한 인민이 정
치의 주인이 되는(當家作主) 민주이다." 셋째, "중국의 민주는 인민민
주독재(人民民主專政)에 근거하고 보장하는 민주이다." 넷째, "중국의
민주는 민주집중제(民主集中制)를 근본적 조직원칙과 활동방식으로 삼
는 민주이다." 이어서 이 백서는 중국 민주정치의 특징이 기본적 정치
제도, 즉 인민대표대회제도(人民代表大會制度), 공산당 영도의 다당합
작(多黨合作) 및 정치협상제도(政治協商制度), 민족구역자치제도, 도시
와 농촌의 기층민주제도, 인권존중과 보장 등을 통해 구체적으로 실
현된다고 주장한다.

이런 주장은 중국공산당 제 17차 전국대표대회(당대회)에서 행한 후
진타오(胡錦濤) 총서기의 "정치보고"에서도 그대로 반복된다. 즉, 이
보고에 의하면 공산당은 "중국 특색의 사회주의 민주"를 위해 "공산당
영도, 인민의 정치적 주인화, 의법치국(依法治國)의 유기적 통일"을
유지하고, 중국의 기본 정치제도, 즉 인민대표대회제도, 다당합작 및

---

68) 國務院新聞辦公室,《中國的民主政治建設》(2005. 5).
69) 房寧, "中國的民主政治建設: 三大亮點凸顯中國民主",〈人民網〉2005. 10. 22.

84

정치협상제도, 민족구역자치제도, 기층군중자치제도를 계속 발전시
킬 것이라고 주장한다. [70]

한편《중국의 정당제도》는 "중국 사회주의 민주의 특징"으로 이런
추상적 원칙에서 더 나아가 구체적 민주주의 형태(종류)를 제시한다.
즉, "선거민주와 협상(協商)민주의 결합이 중국 사회주의 민주의 제일
큰 특징"이라는 것이다. 이 같은 주장은 중국의 현실, 즉 현재 촌민위
원회 등 기층단위에서 자유선거는 아니지만 경쟁선거가 실시되고, 공
산당과 민주당파 간에도 정치협상제도가 운영되는 상황을 반영한 것이
다. 동시에 이는 중국이 향후에 추구해야 할 바람직한 민주주의 모
델을 제시한 것이기도 하다.

일부 중국학자들도 이런 주장을 한다. 예를 들어 공산당 중앙편역국
(中共中央編譯局)의 허쩡커(何增科) 교수는 중국의 바람직한 민주모델로
서 "선거민주, 협상민주, 자유민주"가 결합된 "혼합민주"(混合民主)를
제시한다. [71] 공산당 중앙당교 부교장인 리쥔루(李君如) 교수도 민주주
의를 "선거민주, 담판(談判)민주, 협상민주"로 구분하고, 중국의 민주
정치는 이 세 가지를 유기적으로 결합한 것이라고 주장한다. [72]

이상에서 보듯이 중국 특색의 민주주의에서 가장 기본이 되는 것은
그동안 중국이 고수한 사회주의 정치원칙과 정치제도이다. 이는 중국
특색의 민주주의가 덩샤오핑이 제시한 "사항기본원칙"(四項基本原則),
즉 사회주의, 인민민주독재, 공산당 지배, 맑스·레닌주의와 마오쩌
둥 사상 견지라는 개혁·개방의 원칙에서 결코 벗어나지 않았음을 의
미한다. 근래에 들어 중국에서 실시되는 몇 가지 민주적 제도(예를 들

70) 胡錦濤, "高擧中國特色社會主義偉大旗幟 爲奪取全面建設小康社會新勝利
而奮鬪"(2007. 10. 5), 〈人民網〉 2007. 10. 25.

71) 何增科 外, 《中國政治體制改革研究》(北京: 中央編譯出版社, 2004), p. 26.

72) 李君如, 《當代中國政治走向》(福州: 福建人民出版社, 2007), pp. 143∼
146, 150∼154.

어 기층단위의 경쟁선거와 공산당과 민주당파 간의 협상제도)를 추가한 일
종의 혼합형 정치제도가 바람직한 중국의 민주모델로 제시되고 있다.
하지만 이것은 사회주의 정치체제를 보완하는 부수적인 것이지, 중국
특색의 민주주의의 성격을 규정짓는 것은 아니다.

이것과 관련하여 최근 들어 일부 중국학자들이 협의(consultative, 協
商) 또는 심의(deliberative, 審議) 민주주의를 중국식 민주주의의 중요한
특징으로 제기하는 것은 매우 흥미롭다. 예를 들어 심의민주주의에
관한 서양 책들이 최근 들어 중국어로 번역되고 있다. 이는 자유민주
주의의 문제점을 극복하는 대안으로 협의민주주의에 주목한 서구학자
의 연구, 특히 협의민주주의를 중국에 적용하려는 일부 연구자의 시
도에 자극받은 결과로 보인다.[73]

그러나 자유민주주의가 비교적 제대로 실시되는 국가에서도 협의민
주주의는 결코 새로운 대안이 될 수 없다는 현실을 놓고 볼 때, 선거
민주주의조차 아직 제대로 실시되지 않는 중국에서 이것이 실제적 의
미를 가질 수 있을지는 확실하지 않다.[74] 그보다는 이것이 중국 특색
의 민주주의라는 이름으로 공산당 지배체제를 합리화하는 근거로 사
용될 가능성이 더 크다.

이상의 논의를 종합하면 중국 특색의 민주주의는 이미 세상에 존재
하는 민주주의나 권위주의 정치체제와 다른 그 무엇이 결코 아니다.
대신 그것은 전체주의는 벗어났지만 아직 민주주의 — 그것이 선거민
주주의건 아니면 자유민주주의건, 혹은 유사민주주의건 — 에는 도달
하지 못한 권위주의의 한 종류라고 할 수 있다. 이런 면에서 "중국 특
색"이 있는 독특한 민주정치를 실행하려는 중국의 노력은 아직 성공을
거두지 못했다고 평가할 수 있다.

---

73) Leib and He(eds.)(2006).

74) 협의민주주의론의 문제점에 대해서는 Ian Shpiro, *The State of Democratic
Theory*(Princeton: Princeton University Press, 2003), pp. 10~34 참조.

## 2) 중국 정치발전 논의

1990년대에 들어 중국에서는 정치발전과 관련하여 다양한 구상들이 제시되었다. 75) 가오팡(高放), 왕귀슈(王貴秀) 교수 등이 주장하는 "사회주의적 민주", 76) 동아시아 발전국가의 경험을 참고하여 1980년대의 "신권위주의론"을 계승 발전시킨 허쩡커, 저우톈용(周天勇), 황웨이핑 (黃衛平), 유커핑, 리쥔루 교수 등의 점진적 민주발전 구상, 77) 싱가포르와 홍콩의 정치체제를 모델로 제시된 판웨이(潘維) 교수의 "자문형 법치"(諮詢型法治), 78) 유가사상에 기반한 혼합정치 모델로 캉샤오광(康曉光) 교수가 제시한 "협력주의 국가"(合作主義國家, *cooperation state*), 79) 쉬요우위(徐友漁), 류쥔닝(劉君寧) 교수와 차오스웬(曹思源) 등이 주장한 "자유민주" 구상 등이 있다. 80) 이 중에서 "사회주의적 민주"와 점진적 민주발전 구상이 주류적 견해라고 할 수 있다.

---

75) 자세한 내용은 조영남, 《후진타오 시대의 중국정치》(파주: 나남, 2006)의 제 2장 참고.

76) 高放, 《政治學與政治體制改革》(北京: 中國書籍出版社, 2002); 高放, 《中國政治體制改革的心聲》(重慶: 重慶出版社, 2006); 王貴秀, 《中國政治體制改革之路》(鄭州: 河南人民出版社, 2004).

77) 何增科 外, 《中國政治體制改革研究》(北京: 中央編譯出版社, 2004); 周天勇 外, 《中國政治體制改革》(北京: 中國水利水電出版社, 2004); 閆健 編, 《民主是個好東西: 兪可平放談錄》(北京: 社會科學文獻出版社, 2006); 兪可平(2003), 《增量民主與善治》(北京: 社會科學文獻出版社); 李君如, 《當代中國政治走向》(福州: 福建人民出版社, 2007); 黃衛平, 《中國政治體制改革從橫談》(北京: 中央編譯出版社, 1998).

78) 潘維, 《法治與 "民主迷信": 一個法治主義者眼中的中國現代化和世界秩序》(香港: 香港社會科學出版社, 2003).

79) 康曉光, 《中國的道路》(北京, 2004).

80) 曹思源, 《政治文明ABC: 中國政治改革綱要》(New York: Cozy House Publisher, 2003).

"사회주의적 민주" 구상은 우선 맑스·레닌주의와 중국의 혁명적 경험에 입각하여 자유민주주의와 신권위주의론 모두를 비판한다. 동시에 이 구상은 정치권력의 과도한 집중이라는 현행 중국 정치체제의 문제점을 극복하고 사회주의적 민주를 발전시켜야 한다고 주장한다. 여기서 말하는 사회주의적 민주는 "공산당의 당내민주, 인민대표대회와 정치협상제도의 민주, 공산당 영도하의 다당합작 민주, 기층민주"를 가리킨다.

여기서 알 수 있듯이 "사회주의적 민주"에서 말하는 민주는 앞에서 살펴본 중국의 공식주장과 크게 다르지 않다. 특히 가오팡 교수는 1980년대부터 중국이 추진해야 할 정치개혁으로 "당내민주, 인민민주, 당간(黨間) 민주(공산당과 민주당파 간의 민주)"를 제시했는데, 이런 주장은 1990년대 이후 공산당의 정치개혁에 상당수 반영되었다. 후진타오 시대에 들어 정치개혁의 핵심과제로 추진되는 당내민주의 확대, 당내민주를 통한 인민민주의 확대 등은 이를 잘 보여준다.

점진적 민주발전 구상은 1980년대 제기된 신권위주의론과 문제의식, 정치개혁 방식과 내용 면에서 크게 다르지 않다. 우선 이 구상은 정치발전 단계론과 점진주의를 주장한다. 이에 따르면 한 국가의 민주화는 "① 전체주의 → ② 권위주의 → ③ 민주주의"의 삼단계로 진행되며 이 과정에서 제1단계에서 제3단계로의 비약은 바람직하지 않다. 왜냐하면 민주주의 실현에는 시장경제의 발전과 국민소질 향상, 이익 다원화와 시민사회 발전 등과 같은 조건이 형성되어야 하는데, 이를 무시하고 도약할 경우 정치적 혼란과 사회적 불안을 초래할 수 있기 때문이다. 둘째, 중국과 같이 계획경제에서 시장경제로 이행하는 국가나 후발 자본주의국가에서는 경제발전과 사회개혁을 위해 정치적 안정과 강력한 지도력이 필요하며, 이를 위해서는 권위주의 정치체제가 필수적이다. 셋째, 중국은 궁극적으로 민주주의 정치체제를 수립해야 하지만, 그것은 중국의 상황에 맞는 "중국식 민주"여야 한다.

이상에서 살펴본 "사회주의적 민주"나 점진적 민주발전 구상은 동아
시아 발전국가가 추구했던 정치발전 모델, 즉 "민주화가 아닌 제도화
우선" 또는 "민주화에 선행하는 제도화" 모델에서 크게 벗어난 것이 아
니다. 비록 "사회주의적 민주"에서는 사회주의 정치제도를 제외한 어
떠한 민주주의나 권위주의체제도 배제하지만, 그 구상 속에 담겨진
내용과 그 결과는 권위주의에 가깝다고 할 수 있다. 예를 들어 여기서
말하는 당내민주의 확대와 공산당과 민주당파 간의 민주확대는 사실
상 허약한 반대정당의 존재를 인정하고 공산당을 제3세계 권위주의
국가에서 보편적으로 나타나는 패권정당(dominant party)으로 변화시
키는 조치라고 할 수 있다. 철저한 당정분리 실시와 모든 인민대표대
회 대표의 직선제 실시, 양원제, 총리경선제 도입 등을 주장하는 인
민민주도 사실상 정치적 제도화의 적극적 추진과 선거민주주의의 일
부 내용 도입을 주장하는 것이다. 점진적 민주발전 구상은 동아시아
발전국가의 정치발전 모델을 표현만 조금 바꾸어 정리한 것이다.


## 4. 중국의 30년 정치개혁 : 특징과 내용

현재 중국의 정치체제는 마오쩌둥 시대의 전체주의에서는 벗어났지
만 아직 민주주의에는 도달하지 못한 권위주의에 속한다고 할 수 있
다. 중국의 정치체제에 대해 일부 학자들은 물리적 탄압을 포함한 억
압적 통치를 강조하여 "경성"(hard) 권위주의라고 부르고, 일부 학자들
은 이보다는 설득, 선전, 물질적 보상 등의 통치수단을 강조하여 "연
성"(soft) 권위주의라고 부른다. [81] 그 구체적 명칭이야 어떻든 간에 중

---

81) Robert Scalapino, "Current Trends and Future Prospects", *Journal of
   Democracy* Vol. 9, No. 1(January 1998), pp. 35~40; Harry Harding,
   "The Halting Advance of Pluralism", *Journal of Democracy* Vol. 9,

국의 정치체제는 아직 자유경쟁선거 실시나 국민의 참여와 정치적 자유 보장의 면에서 많은 문제를 안고 있지만, 지난 30년간의 정치개혁을 통해 전체주의에서 권위주의로 변화한 것은 분명해 보인다.

중국 특색의 민주주의에 대한 논의와는 상관없이 지난 30년간 실제로 추진된 중국의 정치개혁을 살펴보면, 중국은 동아시아 발전국가가 거쳤던 유사한 정치발전 과정을 밟아오고 있다고 말할 수 있다. 기본적으로 중국의 정치개혁은 공산당 지배체제의 유지를 전제로 추진되었다(권위주의 통치체제의 확고한 유지). 이는 행정개혁, 의회개혁, 사법개혁, 중앙-지방관계 조정 등 모든 개혁정책을 관통하는 기본원칙이다. 또한 중국의 정치개혁은 정치적 민주화가 아니라 경제발전을 위해 필요한 국가체제 수립을 목표로 추진되었다(경제발전에 기여하는 정치개혁). 그래서 효율적 행정관리 체제수립을 위한 행정개혁과 유능한 통치 엘리트 충원을 목표로 하는 인사개혁 등 경제발전 추진에 필요한 조치가 정치개혁의 핵심내용이 되었다. 이에 비해 국민의 정치참여 확대나 정치적 자유 보장을 위한 조치는 정치개혁의 중심과제가 아니었다.82)

구체적으로 중국의 정치개혁은 동아시아 발전국가의 기준에 입각하여 다음과 같은 다섯 가지 분야로 정리할 수 있다. 첫째는 경제발전 지상주의를 정당화하기 위한 사회주의 이념 수정과 민족주의 활용이다. 둘째는 국가 통치체제 정비와 통치능력 제고이고, 셋째는 공산당 정비와 통치능력(執政能力) 강화이다. 넷째는 국가-사회관계의 재정립이고, 마지막 다섯째는 기층민주주의의 확대와 선거실험이다. 이와

No. 1 (January 1998), pp. 11~17; Minxin Pei, "China's Evolution toward Soft Authoritarianism", Edward Friedman and Barrett L. McCormick (eds.), *What If China Doesn't Democratize: Implications for War and Peace* (Armonk: M. E. Sharpe, 2000), pp. 74~98.
82) 자세한 내용은 조영남(2006a) 제1장과 이 책의 제1장 참고.

같은 정치개혁 내용은 앞에서 살펴본 동아시아 발전국가의 네 가지 특징과 매우 유사한 모습을 띤다. 이를 간단하게 살펴보자.

앞에서 말했듯이 동아시아 발전국가의 경우 상황적 절박성에서 기인한 다양한 형태의 민족주의가 경제발전 지상주의와 발전국가의 권위주의 통치를 정당화했다. 이에 비해 중국에서는 기존 사회주의 이념의 수정과 민족주의(사회주의적 애국주의)의 재등장을 통해 경제발전 최우선 정책과 공산당 일당지배체제가 정당화되었다.

문화대혁명(1966~1976) 기간 동안 극도의 정치·사회혼란과 경제침체를 경험한 이후, 중국의 정치지도자와 지식인들은 국가의 생존과 공산당 지배체제의 지속을 위해서는 어떤 형태든 사회주의 개혁을 반드시 추진해야 한다는 위기의식을 갖게 되었다. 덩샤오핑을 중심으로 한 개혁파가 등장하고 이들이 1978년부터 경제발전을 최우선 과제로 하는 개혁·개방정책을 추진할 수 있었던 것은 이런 위기의식이 존재했기 때문이다.

그런데 사회주의국가인 중국에서는 상황적 절박성과 거기서 기인한 위기의식만으로 경제발전 최우선 정책이 정당화될 수 없었다. 이를 위해서는 사회주의 이념의 수정을 통한 합리화가 불가피했던 것이다. 사회주의 이념의 수정은 1978년 공산당 제11기 중앙위원회 제3차 전체회의(11기 3중전회)에서의 "사회주의 현대화 건설노선" 이후, 1987년 제13차 당대회에서의 "사회주의 초급단계론", 1992년 제14차 당대회에서의 "사회주의 시장경제론", 2002년 제16차 당대회에서의 "삼개대표(三個代表)론", 그리고 2007년 제17차 당대회에서의 "과학적 발전관"(科學發展觀)과 "조화사회(和諧社會)론"을 거치면서 점진적으로 이루어졌다. 이를 통해 사회주의는 평등사회 실현을 주장하는 혁명 이데올로기에서 경제발전 지상주의를 정당화하는 경제발전 이데올로기로 변화했다.

한편 1990년대에 들어서는 "중화민족의 위대한 중흥"을 주장하는 민족주의가 다시 등장하여 국민을 경제발전에 참여시키는 동원 이데올로기로서, 또한 공산당 지배체제를 정당화하는 체제옹호 이데올로기로서 역할을 담당했다.

국가 통치체제 정비와 통치능력 제고는 중국이 가장 심혈을 기울인 정치개혁 분야이다. 이는 개혁·개방정책을 추진하여 경제발전을 이룩하기 위해서 반드시 필요했기 때문이다. 구체적 개혁내용으로는 당정분리(黨政分開), 정부·의회·법원 등 주요 국가기구의 정비와 기능강화, 국가공무원제도 도입 등의 간부인사제도 개혁, 분세제(分稅制) 도입 등의 세제개혁, 은행·증권·국유자산 관리체제 개선 등 금융관리체제 개혁, 통계·회계·세무 등 국가 규제기구 개혁, 중앙-지방관계의 조정, 법제와 법치(法治) 추진 등이 있다.

이 중에서 정부의 기구·인원·직능조정을 포함한 행정개혁, 기술관료(technocrats)의 광범위한 충원을 가능하게 한 간부인사제도 개혁, 의회의 입법 및 감독기능 강화, 중앙-지방관계의 조정, 국가 규제기구 강화는 큰 성과를 거두었다. 이를 통해 개혁기 중국에서도 동아시아 발전국가의 중요한 특징, 즉 막대한 권한과 자율성을 갖는 기술관료가 주도하는 경제발전 지향의 강성국가(strong state)가 등장할 수 있었다.

공산당이 개혁·개방정책을 능동적으로 추진하기 위해서는, 또한 개혁기에 들어서도 지속적으로 공산당 지배체제를 유지하기 위해서는 당조직과 제도에 대한 전면적 개혁과 이를 통한 통치능력 제고에 많은 노력을 기울여야만 했다. 그래서 덩샤오핑은 1980년대 초부터 공산당 개혁을 강력히 주장했고, 실제로 여러 영역에 걸쳐 개혁이 이루어졌다. 당조직 개편과 당운영의 제도화, 간부인사제도 개혁 등은 매우 중요한 개혁과제였다.

여기에 더해 1990년대에 들어서는 당대회의 연례개최, 당대표 활동의 일상화, 당위원회의 권한강화와 민주적 운영, 당지도부 선거확대,

표결(票決)을 통한 중요사안 결정 등을 핵심내용으로 하는 당내민주의 확대가 추진되었다. 그밖에도 1990년대 이후 반부패 정책이 지속적으로 추진되었다. 이와 같은 개혁을 통해 공산당은 과거의 사회주의 "혁명정당"에서 경제발전을 추진하는 권위주의적 "집권당"(執政黨)으로 서서히 변화했다.

개혁기 중국의 국가-사회관계도 마오쩌둥 시대의 그것과는 다른 모습으로 변화했다.[83] 다만 그 발전방향은 다른 동아시아 발전국가와는 반대였다. 즉, 중국에서는 국가가 사회를 철저하게 통제했던 마오쩌둥 시기의 전체주의 방식에서 개혁기에 들어 사회의 역량이 증대하면서 국가의 통제로부터 점진적으로 독립하는 방식으로 변화가 일어났다. 이에 비해 동아시아 발전국가에서는 강성국가가 형성된 이후 국가가 사회세력을 포섭하는 방식으로 밀접한 국가-사회관계가 형성되었다.

개혁기 중국에서 국가-사회관계가 변화했다는 것은, 시장제도와 사적 소유제도의 도입을 배경으로 새롭게 등장한 사영기업과 사회단체가 경제 및 사회영역에서 독자적 활동공간을 확보하기 시작한 사실에서 확인할 수 있다. 사회단체 수의 급증과 활동영역의 확대는 이를 잘 보여주는 사례이다. 이에 따라 공산당과 정부는 한편에서는 사회단체가 공산당 일당지배에 위협이 되지 않도록 통제하는 관리체제를 정비하고, 다른 한편에서는 기존에 국가가 담당했던 역할을 사회단체가 맡게 하는 등의 방법을 통해 이들이 활동할 수 있는 공간을 허용하는 정책을 실시했다. 그 결과 중국의 국가-사회관계는 국가조합주의의 형태를 띠게 되었다.

그밖에도 중국은 농촌지역에 만연한 거버넌스(governance) 결핍문제를 해결하기 위해 촌민위원회 직접선거와 민주적 운영을 주요내용으

---

83) 자세한 내용은 조영남(2006b) 제5장 참고.

로 하는 기층민주주의를 확대 실시했다. 1990년대 후반에 들어서는 향진(郷鎭)정부 수장에 대한 직접선거 실험도 일부 지역을 대상으로 실시하기 시작했다.

이와 같은 정치개혁 이외에도 최근 중국에서는 지난 30년 동안 실시된 개혁·개방정책의 눈부신 성과를 기반으로, 중국의 경제발전 경험을 하나의 모델로 승격시키고 현행 권위주의 정치체제를 이론적으로 정당화하기 위한 연구가 국책연구기관(think tank)과 주요 대학교를 중심으로 활발히 전개되고 있다. 앞에서 말한 "베이징 콘센서스"와 "중국 발전모델" 논의, 중국 특색의 민주주의 탐색은 이를 잘 보여준다. 이 같은 중국 내의 움직임은 한국의 박정희 정권시절에 일인통치와 군사독재를 정당화하기 위해 제기되었던 "한국적 민주주의"와, 1990년대 초 싱가포르와 말레이시아 정치지도자들에 의해 주창되었던 "아시아적 가치"와 "아시아 민주주의"를 연상시킨다.

이상의 논의를 종합하면 중국은 지난 30년 동안 경제발전을 최고의 국정목표로 삼아 개혁·개방정책을 추진했다. 이를 위해 동아시아 발전국가들이 했던 것처럼 사회주의 이데올로기의 수정과 민족주의의 등장을 통해 경제발전 지상주의와 권위주의 정치체제를 정당화했다. 또한 경제발전에 필요한 자율적이면서 강력한 국가체제를 수립하기 위해 행정개혁, 인사제도 개혁, 공산당 통치능력 제고 등을 적극 추진했다. 그 결과 중국에도 동아시아 발전국가에서 그랬던 것처럼 기술관료가 통치하는 발전지향의 "강성국가"가 등장할 수 있었다.


## 5. 요약과 전망

중국의 정치개혁과 중국 특색의 민주주의를 검토하기 위해서는 먼저 정치발전과 민주주의를 보는 타당한 관점의 정립이 필요하다. 지금까지 정치발전은 주로 정치적 민주화로 이해되었는데, 이런 관점이 항상 타당한 것은 아니다. 특정국가가 처한 상황과 조건에 따라서는 민주화가 아니라 제도화가 핵심과제가 될 수 있기 때문이다. 특히 한국과 대만 등 동아시아 발전국가의 경험은 "민주화에 선행하는 제도화" 모델이 "민주화 우선" 모델보다 특정한 상황과 조건하에서는 경제발전과 사회안정 유지 등에서 더 큰 성과를 거둘 수 있음을 보여준다.

한편 각 국가가 민주주의에 이르는 과정은 다르지만, 이들이 지향하는 민주주의의 핵심내용은 점차 수렴하는 경향이 있다. 이는 민주주의가 특정국가와 지역을 초월하는 보편적 가치가 되었음을 의미한다. 그래서 민주화 과정의 다양성을 근거로 민주주의 내용의 보편성을 부정해서는 안 된다. 단적으로 유럽국가들과 아시아 국가들 간에 민주화가 이루어지는 시기와 조건, 이행방식에 차이가 있다고 해서 민주주의의 핵심내용이 다른 "아시아 민주주의"나 "중국식 민주주의"를 주장하는 것은 설득력이 떨어진다.

또한 중국의 정치개혁과 중국 특색의 민주주의를 이해하는 데는 동아시아 발전국가의 경험을 검토할 필요가 있다. 중국은 경제발전뿐만 아니라 정치발전에서도 동아시아 발전국가의 경로를 따랐고, 그 결과 현재 권위주의 정치체제가 수립되었다고 판단되기 때문이다. 우선 동아시아 발전국가는 경제발전을 최우선 과제로 삼았다. 그 과정에서 다양한 형태의 민족주의는 발전국가의 권위주의적 통치를 정당화하고 국민을 경제발전에 동원하는 이데올로기로서 중요한 역할을 담당했다. 또한 이들 국가에서는 경제발전에 필요한 권위주의 정치체제(특히 지대한 권한과 자율성을 갖는 관료주도의 강성국가)와 협력적 국가-사회관계가 형성 및 유지되었다. 이를 위해 이들 국가는 자유선거나 국민의 정치참여 확대 같은 민주화가 아니라 국가체제 정비와 통치능력 제고 등과 같은 제도화에 더 많은 노력을 기울였다.

한편 중국 특색의 민주주의와 정치발전 구상에는 "중국 특색"의 요소가 많지 않다. 우선 중국 특색의 민주주의는 기존 사회주의 정치제도에 선거와 협상 등 일부 민주적 제도를 가미한 것일 뿐이다. 또한 "사회주의적 민주"나 "점진적 민주발전" 구상 등 중국의 정치발전에 대한 주류견해도 사회주의 정치제도 중에서 민주적 요소를 강조하거나 동아시아 발전국가의 정치발전 경험을 정리한 것이다. 따라서 중국 특색의 민주주의나 정치발전 구상에서 말하는 중국식 민주정치는 기존 민주주의나 권위주의와 다른 그 무엇이 아니라, 전체주의는 벗어났지만 아직 민주주의에는 도달하지 못한 권위주의 정치체제를 의미한다.

중국이 지난 30년 동안 실제로 추진한 정치개혁도 "중국 특색"보다는 동아시아 발전국가와의 유사성이 더 크게 부각된다. 동아시아 발전국가가 그랬듯이 중국도 사회주의 이념의 수정과 민족주의 등장을 통해 경제발전 지상주의와 공산당 지배의 권위주의체제를 정당화했다. 또한 중국은 경제발전에 필요한 자율적이고 강력한 국가체제를 수립하기 위해 행정개혁, 인사개혁, 국가 규제기구 개혁 등을 적극 추진했다. 이와 동시에 정부와 기업 및 노동 간에는 국가주도의 협력적 국가-사회관계가 형성되었다. 그 결과 중국에도 동아시아 발전국가에서처럼 기술관료(technocrats)가 통치하는 발전국가가 등장할 수 있었다. 한마디로 중국도 동아시아 발전국가처럼 경제발전 최우선과 "민주화에 선행하는 제도화"라는 정치발전 모델을 추구했다.

일부 논란의 여지는 있지만, 이상에서 살펴보았듯이 중국은 경제발전뿐만 아니라 정치발전 면에서도 적지 않은 성과를 거두었다. 이는 "제도화 우선" 발전전략이 특정시기와 조건에서는 "민주화 우선" 전략보다 더 적절할 수 있다는 것을 보여준다.

그런데 제도화 우선의 전략을 추구할지라도 민주화 개혁을 한없이 미룰 수는 없다. 제도화가 민주화 과제를 해결해줄 수는 없기 때문이다. 따라서 중국은 향후 제도화와 함께 민주화를 위한 개혁에 좀더 적

96

극적으로 나서야 한다. 84)

첫째, 법치(法治, *rule of law*) 또는 입헌주의(*constitutionalism*)를 더욱 철저하고 광범위하게 추진해야 한다. 1990년대에 들어 중국은 국가권력의 남용 방지, 관료주의의 억제와 행정 효율성 제고, 공직자 부정부패의 척결 등을 목적으로 "의법치국"(依法治國, 법에 의한 통치)을 국가통치의 기본정책(國策)으로 결정했다. 1997년 제15차 당대회에서의 결정과 1999년 제9기 전국인민대표대회(전국인대) 제2차 회의에서의 헌법개정을 통한 명시, 즉 "중국은 의법치국을 실시하여 사회주의 법치국가를 건설한다"는 규정은 이를 잘 보여준다. 실제로 지난 10여 년 동안 중국은 법치실현과 관련하여 실제로 적지 않은 성과를 거두었다. 의법행정(依法行政: 법에 의한 행정)의 추진, 의회의 입법 자율성과 입법산출 증가는 대표적 예이다.

그런데 지금까지 법치가 주로 국가 통치행위의 규범화와 제도화에 초점이 맞추어졌다면, 앞으로는 국가권력의 제한(감독)과 국민의 권익보호에 더욱 많은 주의를 기울여야 한다. 이를 위해서는 세 가지 분야의 개혁, 즉 의회의 자율성과 대정부 감독기능 강화, 사법독립과 사법공정 강화, 언론자유 확대가 필수적이다.

구체적으로 지난 30년 동안의 정치개혁을 통해 중국의 의회, 즉 전국인대와 각급 지방인민대표대회(지방인대)는 "고무도장"(象皮圖章)에서 "철도장"(鐵圖章)으로 점진적으로 바뀌었다. 특히 전국인대와 성급(省級) 지방인대의 입법권은 크게 신장했고, 지방인대의 감독권도 강화되었다. 그러나 전체적으로 보면 의회의 대정부 감독(특히 인사임면과 정부 예결산 심의)은 입법에 비해 매우 미약하다. 의회의 감독권이 강화되지 않으면 정부권력을 제한하고 국민권익을 보호하는 데 한계

84) 중국의 입헌주의 수립을 위한 제안으로는 다음을 참조할 수 있다. Andrew J. Nathan, "China's Constitutionalist Option", Diamond, Plattner, Chu, and Tien(eds.) (1997a), pp. 228~249.

가 있기 때문에 의회의 감독권 강화는 매우 중요하다.

중국의 사법부 문제는 더욱 심각하여, 현 정치체제하에서 법원의 공정한 판결은 사실상 불가능하다. 법원의 인사권은 공산당에, 재정권은 정부에, 중대사안 결정권은 공산당 정법위원회(政法委員會)에 있기 때문이다. 이로 인해 법원의 "지방보호주의"(地方主義), "부서이기주의"(部門主義), 법원 소송신청의 어려움(訴訟難)과 법원판결의 미집행(執行難) 등 여러 가지 심각한 문제가 발생한다. 이를 개혁하지 않으면 사법독립은 불가능하고, 사법독립 없이는 사법공정과 국민기본권 보장도 기대할 수 없다.

마지막으로 국가의 언론관리와 통제는 매우 심각한 상황이고, 권력감독과 국민기본권 보호를 위해서는 언론자유가 반드시 확대되어야 한다.

둘째, 국민의 정치참여를 확대하기 위한 적극적 개혁조치가 필요하다. 현재 유권자가 비교적 자유롭게 참여할 수 있는 직접경쟁선거는 촌민위원회 선거와 현급(縣級)·향급(鄕級) 지방인대 대표 선거뿐이다. 1990년대 후반부터 향진정부 수장(鄕長·鎭長) 직선제가 시험 실시되고 있지만, 이는 소수지역에 한정된다. 그런데 5인 이상이 참여하는 집단소요사건(群體性案件)이 2004년에는 7만 4천 건, 2005년에는 8만 7천 건이나 급증한 것이 보여주듯이, 국민의 정치참여 욕구는 증가하는 데 비해 이것을 체제 내로 수렴할 수 있는 제도적 장치는 매우 미흡하다. 국민의 정치참여를 보장하고 확대하는 조치가 필요한 것은 이 때문이다. 구체적으로 향진정부 직선제를 전국으로 확대하고, 의원선거도 성급 지방인대나 전국인대까지 확대해야 한다. 이런 조치들은 이전 소련과 동구 사회주의국가에서 실시되었던 것으로, 이것을 실시한다고 해서 공산당 지배체제가 위협받는 것은 아니다.

셋째, 시민사회의 발전을 위한 적극적 개혁조치가 필요하다. 지금까지 중국정부와 공산당은 사회단체 수와 활동의 증가에 대해 주로 통제 및 관리강화라는 차원에서 대응했다. 예를 들어 1989년 톈안먼 (天安門) 사건 이후 제정된 "사회단체 등록관리 조례"는 사회단체에 대한 이중등록 및 관리를 의무화하고 있다. 이에 따르면 사회단체가 합법적으로 활동하기 위해서는 업무주관 단위(業務主管單位)의 사전동의와 정부 등기관리기관(登記管理機關)의 승인을 거쳐야 하고, 이후 활동에 대한 감독도 이들 기관으로부터 이중으로 받아야 한다. 이 같은 관리체제는 사회단체의 성장을 막는 대표적인 제도적 장치이다. 국가권력의 제한, 국민의 정치적·시민적 자유의 보장, 환경운동이나 인권·빈곤·여성운동을 위해서는 시민사회의 발전이 필수적인데, 이를 위해서는 통제위주의 정책을 수정해야 한다.

이상에서 말한 세 분야의 개혁은 필자가 보기에 현행 공산당 지배 체제에 위협을 가하지 않으면서 실행할 수 있는 민주화 개혁이다. 또한 이것은 중국의 민주화를 위해서는 꼭 필요한 최소한의 개혁조치이다. 동아시아 발전국가의 역사적 경험이 보여주듯이 중국에게 그렇게 많은 시간이 남아 있는 것은 아니다. 따라서 지금부터라도 중국은 민주화 개혁에 좀더 적극적으로 나서야 한다.

# 중국공산당 제17차 전국대표대회의
# 정치개혁과 엘리트 정치

　중국공산당 전국대표대회(이하 당대회)는 매 5년마다 개최되는 중국
의 최대 정치행사이다. 당대회에서는 우선 향후 5년 동안 공산당이
추진할 당노선과 주요정책이 결정된다. 또한 당대회에서는 공산당 최
고 권력기구, 즉 총서기, 중앙위원회, 정치국과 정치국 상무위원회,
서기처, 중앙군사위원회의 구성원이 새롭게 구성된다. 2007년 10월
베이징(北京)에서 개최된 제17차 당대회에서도 이 같은 사항들이 결
정되었다.

　그런데 제17차 당대회는 이상에서 말한 일반적 사실 이외에 다음과
같은 세 가지 이유 때문에 큰 의의가 있었다. 먼저 이번 당대회를 통
해 집권 2기를 맞는 후진타오(胡錦濤) 체제(regime)의 권력기반이 어느
정도로 공고화되었는지가 결정되었다. 후진타오의 권력기반 공고화
정도는 향후 5년 동안 후진타오가 이전 시기와 구별되는 자신의 국정
이념을 얼마나 힘 있게 추진할 수 있는가를 결정하는 핵심요소이다.

　기존연구가 지적했듯이 공산당 지도부의 인적 구성 면에서 제1기
후진타오 체제는 매우 취약한 권력기반에서 출발했다.[1] 중앙군사위

---

　1) 조영남, 《후진타오 시대의 중국정치》(파주: 나남, 2006), pp. 165~169; 김

원회는 물론 공산당 정치국과 정치국 상무위원회 등에서 "후진타오 세력"은 "장쩌민(江澤民)·쩡칭홍(曾慶紅) 세력"에 비해 수적 열세에 있었다.[2] 따라서 제17차 당대회의 인사교체를 통해 후진타오가 이전의 열세를 어느 정도 극복할 수 있는가가 중요한 관심사였다.

그밖에 이번 당대회를 통해 후(後) 후진타오(post-Hu Jintao) 시대를 이끌어갈 이른바 "제5세대" 지도자의 윤곽이 드러났다. 이런 후계구

---

태호, "중국의 제16차 당대회: 신지도부 인사내용과 함의", 〈신아세아〉 10권 제1호(2003년 봄), pp. 25~41; Cheng Li and Lynn White, "The Sixteenth Central Committee of the Chinese Communist Party", Lowell Dittmer and Guoli Liu(eds.), *China's Deep Reform: Domestic Politics in Transition* (Lanham, Maryland: Rowman & Littlefield, 2006), pp. 81~118.

2) 여기서 "후진타오 세력"(共青團派, 團派)은 주로 공청단 출신의 지도자를 말한다. 구체적으로 이들은 1982~1985년 사이에 중앙 혹은 성급 행정단위의 공청단 조직에서 서기·부서기·중앙위원을 역임하면서 같은 시기에 공청단 간수성(甘肅省) 서기와 공청단 중앙 제1서기를 역임한 후진타오와 직간접으로 관계를 형성한 인물들이다. 한 언론보도에 의하면 후진타오가 공청단 중앙 제1서기를 역임할 당시 공청단 중앙위원이었던 22인 중에서 21인이 현재 부성장급(副省長級) 이상의 고위직에 있다. 聞劍, "團派下的中國", 〈多維新聞〉 2006. 12. 21(www.chinesenewsnet.com: 이하 동일한 사이트). 이에 비해 "장쩌민 세력"은 주로 "상하이방"(上海幫)을 가리키며, "쩡칭홍(曾慶紅) 세력"은 고위간부 자제(太子黨), 정부 석유(石油) 관련 부서 출신, 공산당 조직부서 출신 등 세 가지 집단으로 구성된다. 참고로 쩡칭홍은 1981년부터 1983년까지 정부 에너지위원회 판공실(能委辦)과 석유부(石油部) 등 정부 석유계통 부서에서, 1984년부터 1989년까지는 장쩌민과 함께 상하이시에서, 그리고 1999년부터 2002년까지는 장쩌민을 보좌하면서 공산당 중앙 조직부에서 근무했다. "쩡칭홍 세력"과 "장쩌민 세력"은 상당히 중복되기 때문에 하나로 볼 수도 있다. 한편 공산당 내의 파벌은 편의상 공청단파, 상하이방, 태자당으로 나누는 것이 보통인데, Willy Lam은 여기에 원자바오(溫家寶)를 중심으로 한 기술관료를 더해 네 개의 파벌로 구분한다. Willy Lam, "Striving for Balance: Assessing Recent Municipal and Provincial Leadership Changes", *China Brief* 7-8(April 2007), pp. 2~3.

도 결정은 2012년에 예정된 제 18차 당대회 이후 중국정치의 변화를
예측할 수 있는 중요한 단서이지만, 이와 함께 후진타오의 당내지위
와 영향력 정도를 가늠할 수 있는 중요한 지표이기도 하다. 역대 권력
승계 정치를 보면 최고지도자가 후계자 인선과정에서 중요한 영향력
을 행사했기 때문이다.

다음으로 제 17차 당대회에서는 향후 5년간 중국을 이끌어갈 제 2기
후진타오 체제의 당노선과 정책이 결정되었다. 제 1기 후진타오 체제
는 인적 구성뿐만 아니라 당노선과 정책 면에서도 장쩌민 시대에서 후
진타오 시대로 넘어오는 과도기였고, 후진타오 체제가 자신의 독자적
국정방침과 정책을 개발하는 탐색기였다. 지난 5년 동안 후진타오 체
제는 장쩌민의 "삼개대표"(三個代表)의 그늘 아래서 "균형발전"(五個統
籌)과 "과학적 발전(科學發展)관", "조화사회"(和諧社會), "사회주의 신
농촌 건설", "조화세계"(和諧世界), "평화발전"(和平發展) 등 새로운 통
치이념을 개발하기 위해 적극 노력했다. 이번 당대회는 이 같은 후진
타오 집권 1기의 통치이념이 공산당의 공식 지도 이데올로기 또는 정
책으로 어떻게 승격되고 조정되는가를 보여주는 중요한 장(場)이었다.

마지막으로 제 17차 당대회는 중국 엘리트 정치의 변화를 엿볼 수
있는 매우 중요한 사건이었다. 중국과 같이 공산당과 국가가 조직
적·인적으로 융합된 당-국가(party-state) 체제에서는 일반국민이 정
치에 참여하여 국가 최고지도자를 선출하고 국가정책에 영향을 미칠
수 있는 제도적 장치가 미비하다. 대신 정치권력은 소수의 통치 엘리
트(공산당 중앙)에 집중되고 이들을 중심으로 국가정책이 결정된다.
이 때문에 중국정치에서는 엘리트 정치가 매우 중요한 의미를 갖는
다. 그런데 엘리트 정치에서 가장 민감하고 중요한 사안이 바로 권력
승계와 당노선 및 정책변경이다.[3] 따라서 제 17차 당대회의 인사교체

---

3) 조영남(2006a), p. 154.

와 당노선 및 정책의 조정과정은 엘리트 정치의 변화 여부를 보여주는 중요한 사례였다.

이 장에서는 구체적으로 다음 세 가지 사항을 검토할 것이다. 먼저 이번 당대회의 인사변동에서 나타난 주요특징을 엘리트 정치에 초점을 맞추어 간략하게 검토할 것이다. 다음으로 제17차 당대회의 정치개혁 내용과 기타 정책변화를 분석할 것이다. 마지막으로 제17차 당대회에서 나타난 엘리트 정치의 특징을 살펴보고 이것이 갖는 함의를 분석할 것이다.

한편 이 글은 "중국 특색의 사회주의의 위대한 기치를 높이 들고, 전면적인 소강사회 건설의 새로운 승리를 쟁취하기 위해 분투하자"(이하 "정치보고")나 "'당헌'(수정안) 결의"와 같은 제17차 당대회 관련 주요 공식문건과 국내외 각종 보도자료를 일차자료로 사용했다. 이밖에도 필요할 경우 제16차 당대회와 제1기 후진타오 체제를 분석한 기존연구를 참고했다. 4)

---

4) 제16차 당대회와 제1기 후진타오 체제에 대한 기존연구로는 다음을 참고할 수 있다. 〈신아세아〉 10권 제1호(2003년 봄), "중국의 제16차 당대회와 지도부의 세대교체" 특집호; 조영남(2006a), pp. 109~210; Weixing Chen and Yang Zhong(eds.), *Leadership in a Changing China*(New York: Palgrave Macmillan, 2005); Yun-han Chu, Chih-cheng Lo, and Ramon H. Myers(eds.), *The New Chinese Leadership*: *Challenges and Opportunities after the 16th Party Congress*(Cambridge, London: Cambridge University Press, 2004); David M. Finkelstein and Maryanne Kivlehan (eds.), *China's Leadership in the 21st Century*: *The Rise of the Fourth Generation*(Armonk, New York: M. E. Sharpe, 2003); John Wong and Zheng Yongnian(eds.), *China's Post-Jiang Leadership Succession*: *Problems and Perspectives*(Singapore: World Scientific, 2002); Joseph Fewsmith, "The Sixteenth National Party Congress: The Succession that Didn't Happen", *The China Quarterly* 173(March 2003), pp. 1~16.

# 1. 제17차 당대회의 인사변동 특징 : 엘리트 정치의 측면

제17차 당대회는 제2기 후진타오 체제의 시작을 의미하는 행사로
서 공산당 최고 권력기구의 경우 부분적 인사교체가 예상되었다. 반
면 "제4세대" 지도자로부터 "제5세대" 지도자로의 전면적 세대교체는
2012년에 예정된 제18차 당대회에서 이루어질 것이다. 한편 제17차
당대회의 인사문제에 대해서는 김태호 교수가 다른 논문에서 체계적
이고 종합적으로 분석했기 때문에 이 장에서는 인사변동에 대한 상세
한 분석은 생략하려고 한다. 5) 대신 이번 인선에서 나타난 특징(제도
화), 그리고 앞에서 말한 이번 인선이 갖는 두 가지 의의, 즉 제2기
후진타오 체제의 권력기반 공고화 정도(파벌간 세력균형의 변화)와 "제
5세대" 통치 엘리트의 등장이라는 측면에 맞추어 의미를 간단하게 정
리할 것이다.

제17차 당대회의 인선과 관련하여 가장 먼저 지적할 것은 지도부
인선과정의 제도화가 진전되었다는 점이다. 6) 이것은 2002년 제16차
당대회에서 나타났던 현상이 더욱 발전한 것으로 볼 수 있다. 7)

---

5) 김태호, "중국의 신지도부 인사 분석: 내용, 특징 및 정책결정과정에서의
   함의", 전성홍 외, 《중국의 권력승계와 정책노선: 17차 당대회 이후 중국의
   진로》(파주: 나남, 2008), pp. 59~98.
6) 王海軍, "中央黨校副校長: 中央新領導班子具有三個特"(2007. 10. 23), 〈新
   華網〉 2007. 10. 24(http://xinhuanet.com: 이하 동일한 사이트); Jiangtao
   Shi, "Four Allies of Hu Elevated to New Politburo", *South China
   Morning Post*(Internet Edition) 2007. 10. 23(http://www.scmp.com: 이하
   동일한 사이트). 인사교체와 관련하여 중국공산당 내에 있는 공식 및 비공식
   규칙에 대해서는 Zhiyue Bo, *China's Elite Politics: Political Transition and
   Power Balancing*(Singapore: World Scientific, 2007), pp. 55~64 참조.
7) 조영남(2006a), pp. 158~159; Yongnian Zheng, "The 16th National Congress
   of the Chinese Communist Party: Institutionalization of Succession Politics",
   Chen and Zhong(eds.) (2005), pp. 15~36; Gang Lin, "Leadership Transi-

먼저 이번 공산당 정치국 상무위원회 인사에서는 "68세 연령기준"을 근거로 68세 이상의 인물이 예외 없이 모두 퇴진했다. 이 기준, 즉 "68세 이상자는 국가주석, 전국인민대표대회(전국인대) 위원장, 국무원 총리, 정치국원 및 정치국 상무위원, 중국인민정치협상회의 전국위원회(전국정협) 주석 등의 고위직을 맡을 수 없다"는 원칙은 2002년 제16차 당대회에서 장쩌민이 리루이환(李瑞環) 전국정협 주석의 퇴진을 강요할 때 세운 것이다(1997년 제15차 당대회에서는 "70세 연령기준"이 적용되어 챠오스(喬石) 전국인대 위원장이 퇴진했다).

연령기준과 관련하여 이번 인사의 핵심이슈는 당내 실질적 2인자인 쩡칭훙 국가부주석의 퇴진 여부였다. 그런데 그도 68세 연령기준에 따라 퇴진했다. 다른 퇴임자는 사망한 황쥐(黃菊) 국무원 부총리, 우관정(吳官正, 69세) 중앙기율검사위원회 서기, 뤄간(羅幹, 72세) 중앙정법위원회 서기이다.[8) ] 2012년 제18차 당대회를 지켜보아야 하겠지만, 이런 나이제한 규정(정년제)의 예외 없는 적용은 엘리트 정치가 더욱 제도화·규범화되었다는 사실을 의미한다.

또한 엄격한 연령기준 적용 이외에도 이번 정치국원 인선에서는 "민주추천제도"(民主推薦會)가 도입되었다는 특징이 있다. 이 제도는 지금까지 지방 공산당 및 국가기관 지도부 인선에 적용되었다. 이는 일정직급 이상의 공산당 간부들이 상급조직(인사) 부서가 사전에 제시한 공산당·정부·의회의 고위직 예비후보를 대상으로 투표를 실시하고, 상급조직(인사) 부서는 최종 후보명단을 결정할 때 이 투표결과를

---

tion, Intra-Party Democracy, and Institution Building in China", Chen and Zhong(eds.) (2005), pp. 37~55; Lowell Dittmer, "Leadership Change and Chinese Political Development", Chu, Lo, and Myers(eds.) (2004), pp. 10~32.

8) 참고로 2002년 제16차 당대회에서 장쩌민은 "군업무의 특수성"을 이유로 68세 연령규정을 스스로 위반하여 중앙군사위원회 주석직을 유지하다가 여러 압력에 직면하여 2004년에 직책을 사임했다.

중요한 인선근거로 삼는 제도이다. 9)

　구체적으로 2007년 6월 25일 베이징 중앙당교에서는 공산당 제 16기 중앙위원(후보위원 포함)과 일부 고위직 간부 등 400여 명이 참석하는 "당원지도간부회의"(黨員領導幹部會議)가 개최되었고, 이들은 정치국 상무위원회가 제출한 200명의 정치국원 예비후보—이 중에서 신임 정치국원 예비후보는 63세 미만의 장관급(省部級)—를 대상으로 "추천 투표"(推薦票)를 실시했다.  이때 후진타오는 인선기준으로 세 가지, 즉 당성(黨性: 당 이념 집행의 충실도와 중앙과의 일치성), 능력·경험·

〈표 3-1〉 정치국 상무위원회 (9인)

(2007년 10월 현재)

| 이 름 | 연령 | 전 직 | 현 직 | 파 벌 | 비 교 |
|---|---|---|---|---|---|
| 후진타오(胡錦濤) | 65 | 국가주석/총서기/중앙군위주석 | 좌동 | 후진타오 | 연임 |
| 우방궈(吳邦國) | 66 | 전국인대 상무위원회 위원장 | 좌동 | (장/쩡) * | 연임 |
| 원자바오(溫家寶) | 65 | 국무원 총리 | 좌동 | (후진타오) | 연임 |
| 자칭린(賈慶林) | 67 | 전국정협 주석 | 좌동 | 장/쩡 | 연임 |
| 리창춘(李長春) | 63 | 이념·선전담당 | 좌동 | 장/쩡 | 연임 |
| 시진핑(習近平) | 54 | 상하이시 당서기 | 서기처 서기 | 장/쩡 | 신임 |
| 리커창(李克强) | 52 | 랴오닝성 당서기 | 국무원 부총리 | 후진타오 | 신임 |
| 허궈창(賀國强) | 64 | 공산당 조직부장 | 기율검사위 서기 | 장/쩡 | 신임 |
| 저우융캉(周永康) | 65 | 국무원 공안부장 | 정법위원회 서기 | 장/쩡 | 신임 |

* (  )는 특정파벌에 속한다고 단정할 수는 없지만 일정한 경향을 보이고 있는 경우를 의미한다. 이하 표도 동일하다.

9) "黨政領導幹部選拔任用工作條"(2002. 7), 《中國共産黨黨內法規新編》(北京: 法律出版社, 2005), pp. 38~53.

108

## 〈표 3-2〉 정치국(25인)

(2007년 10월 현재, 〈표 3-1〉 정치국 상무위원(9인) 포함)

| 이 름 | 연 령 | 전 직 | 현 직 | 파 벌 | 비 고 |
|---|---|---|---|---|---|
| 왕자오궈(王兆國) | 66 | 전국인대 부위원장 | 좌 동 | 후진타오 | 유 임 |
| 류윈산(劉雲山) | 60 | 공산당 선전부장 | 좌동/서기처 서기 | 후진타오 | 유 임 |
| 류치(劉淇) | 65 | 베이징시 당서기 | 좌 동 | 장/쩡 | 유 임 |
| 장더장(張德江) | 61 | 광둥성 당서기 | 국무원 부총리 | 장/쩡 | 유 임 |
| 위정성(兪正聲) | 62 | 후베이성 당서기 | 상하이시 당서기 | 장/쩡 | 유 임 |
| 후이량위(回良玉) | 63 | 국무원 농업담당 부총리 | 좌 동 | (장/쩡) | 유 임 |
| 왕러촨(王樂泉) | 63 | 신장자치구 당서기 | 좌 동 |  | 유 임 |
| 궈보슝(郭伯雄) | 65 | 중앙군사위원회 부주석 | 좌 동 | (장/쩡) | 유 임 |
| 류옌둥(劉延東) | 62 | 공산당 통전부장 | 좌 동 | 후진타오 | 신 임 |
| 리위안차오 (李源潮) | 57 | 장수성 당서기 | 조직부장/ 서기처 서기 | 후진타오 | 신 임 |
| 왕양(汪洋) | 52 | 충칭시 당서기 | 광둥성 당서기 | 후진타오 | 신 임 |
| 왕강(王綱) | 65 | 중앙직속기관공작위 서기 | 좌 동 | 장/쩡 | 신 임 |
| 왕치산(王岐山) | 59 | 베이징시 시장 | 국무원 부총리 | 장/쩡 | 신 임 |
| 장가오리(張高麗) | 61 | 톈진시 당서기 | 좌 동 | 장/쩡 | 신 임 |
| 보시라이(薄熙來) | 58 | 국무원 상무부 부장 | 충칭시 당서기 | 장/쩡 | 신 임 |
| 쉬차이허우 (徐才厚) | 64 | 중앙군사위원회 부주석 | 좌 동 | (장/쩡) | 신 임 |

〈표 3-3〉 서기처(6인)

| 이 름 | 연 령 | 전 직 | 현 직 | 파 벌 | 비 고 |
|---|---|---|---|---|---|
| 시진핑 | 54 | 상하이시 당서기 | 정치국 상무위원 | 장/쩡 | 신 임 |
| 류윈산 | 60 | 공산당 선전부장 | 좌 동 | 후진타오 | 유 임 |
| 리위안차오 | 57 | 장수성 당서기 | 공산당 조직부장 | 후진타오 | 신 임 |
| 허용(何勇) | 67 | 기율검사위 부서기 | 좌 동 | | 유 임 |
| 링지화(令計劃) | 51 | 공산당 판공청 주임 | 좌 동 | 후진타오 | 신 임 |
| 왕후닝(王滬寧) | 52 | 공산당 정책연구실 주임 | 좌 동 | 장/쩡 | 신 임 |

〈표 3-4〉 중앙군사위원회(11인)

| 구 분 | 이 름 | 연 령 | 기타 직책 |
|---|---|---|---|
| 주석(1) | 후진타오 | 65 | 공산당 총서기/국가주석 |
| 부주석(2) | 궈보슝 | 65 | 정치국원 |
| | 쉬차이허우 | 64 | 정치국원 |
| 위원(8) | 량광례(梁光烈) | 67 | 국방부장 |
| | 천빙더(陳炳德) | 66 | 총참모장 |
| | 리지나이(李繼耐) | 65 | 총정치부 주임 |
| | 랴오시룽(廖錫龍) | 67 | 총후근부장 |
| | 창완취안(常萬全) | 58 | 총장비부장 |
| | 징즈위안(靖志遠) | 63 | 제2포대 사령관 |
| | 우성리(吳勝利) | 62 | 해군사령관 |
| | 쉬치량(許其亮) | 57 | 공군사령관 |

업적·군중관계, 그리고 업무태도(工作作風)와 청렴도를 제시했다.

이후 정치국 상무위원회는 투표결과를 기초로 정치국원 후보명단을 작성하여 여러 의견을 청취한 후 2007년 9월 27일 정치국 상무위원회 회의에서 "건의명단"을 작성했다. 정치국은 2007년 10월 8일에 회의를 개최하여 이를 심의 및 확정하여 중앙위원회에 제출했다. 이때 정치국원 명단이 사실상 확정되었다. 10)

이밖에도 이번 중앙위원회 위원인선에서는 전보다 50% 정도가 늘어난 지방 및 중앙의 고위간부(16차 당대회의 약 3만 명에서 4만 3천 명으로 증가)가 후보 추천·평가·고찰 등에 참여했고, 중앙위원 예비인선 과정에서는 다양한 방식의 투표가 이루어짐으로써 중앙위원 인선의 객관성·공정성·민주성을 높였다고 한다. 11) 특히 중앙위원회 위원들이 비밀투표를 통해 정치국원을 선출한 것은 이번이 처음이었다고 한다. 12) 이처럼 다양한 인선제도의 도입은 공산당이 최고지도부 인선과정의 제도화를 위해 많은 노력을 기울이고 있음을 보여준다.

다음으로 제17차 당대회에서 이루어진 공산당 최고지도부 인사만을 놓고 본다면 집권 2기를 맞는 후진타오의 권력기반은 그렇게 공고화되지 않았다고 평가할 수 있다. 이는 두 가지 측면에서 그렇다.

첫째는 9인의 정치국 상무위원회 제도가 유지된 점이다. 잘 알려졌듯이 2002년 제16차 당대회에서 9인제 정치국 상무위원제도(이전에는 7인제)가 도입된 이유는 장쩌민이 당권을 후진타오에게 넘겨주면서 정치국 상무위원회에 상하이방을 다수 포진시키기 위한 것이었다. 그래서 후진타오는 제17차 당대회를 준비하면서 정책결정의 효율성과

---

10) 劉思揚·孫乘斌·劉剛, "肩負起黨和人民的重托", 〈人民網〉 2007. 10. 22 (http://people. com. cn: 이하 동일한 사이트).

11) 劉思揚·孫乘斌·劉剛, "爲了黨和國家興旺發達長治久安: 黨的新一屆中央領導機構産生紀實", 〈新華網〉 2007. 10. 24.

12) 王海軍(2007).

업무분담의 타당성, 즉 총서기 1인 외에 나머지 6인이 각 중요 업무영역 — 공산당(黨務), 정부(政務), 의회(人大), 정협(政協), 당규율(紀委), 정법(政法) — 을 맡는 구도를 근거로 7인제로의 복귀를 주장했던 것으로 알려졌다. 그러나 반대세력이 당내 민주주의 확대(실제로는 후진타오 총서기로의 권력집중 우려)를 근거로 이에 반대했고, 그 결과 최종적으로 9인제가 유지되면서 총서기의 권한이 여전히 제한받는 체제가 수립되었다. 13)

둘째는 정치국 상무위원회에서 "후진타오 세력"이 소수파라는 점이다. 즉, 후진타오 본인을 제외한 8인의 상무위원 중에서 최소 5인이 "장쩌민·쩡칭홍 세력"이고, 이에 비해 분명한 "후진타오 세력"은 1인(리커창, 李克强) 뿐이며, 후진타오에 우호적인 원자바오 총리를 합해도 후진타오 세력은 열세이다. 이는 최소한 정치국 상무위원회를 놓고 볼 때, 집권 2기 후진타오의 권력기반이 제 1기 때보다 크게 강화되지 않았음을 의미한다. 향후 5년 동안 정치국 상무위원회에서 중대사안을 결정할 때, 후진타오는 소수파로 "장쩌민·쩡칭홍 세력"이 반대하는 사안을 추진하기 쉽지 않을 것이다.

물론 후진타오 체제의 권력기반이 제 1기 때보다 더욱 공고화된 측면도 있다. 예를 들어 지난 5년간의 경험과 개인권위의 증가로 인해 총서기로서 후진타오가 행사할 수 있는 권한이 제 1기 때보다 확대된 점은 제 2기 후진타오 체제의 최대장점이라 할 수 있다. 여기에 더해 25인으로 구성된 정치국에서 "후진타오 세력"은 일정한 규모(8명)를 확보하여 "장쩌민·쩡칭홍 세력"(12명)과 견줄 수 있는 기반을 마련했

---

13)  Wang Xiangwei, "The Limits of Hu's Influence Are Laid Bare", *South China Morning Post* (Internet Edition) 2007. 10. 23; Joseph Kahn, "Politburo in China Gets Four New Members" (2007. 10. 22), *New York Times* (Internet Edition) 2007. 10. 23 (http://www.nytimes.com: 이하 동일한 사이트).

다. 그밖에도 "후진타오 세력"은 공산당 중앙의 주요부서, 즉 판공청 주임(令計劃), 조직부(李源潮), 선전부(劉雲山)에 자파인물을 임명함으로써 당에 대한 장악력을 높일 수 있었다[단, 당무를 총괄하는 업무는 시진핑(習近平)이 담당한다].

마지막으로 "제5세대"로의 권력승계와 관련하여 복수 후계구도가 형성된 점은 매우 중요한 의미를 갖는다. 역대 권력승계에서는 차세대 최고지도자가 단수로 선정되는 것이 관례였다. 예를 들어 덩샤오핑(鄧小平) 시기에는 후야오방(胡耀邦)·자오즈양(趙紫陽)·장쩌민이, 그리고 장쩌민 시기에는 후진타오가 그러했다. 후진타오도 이런 관례와 권력승계의 안정화를 명분으로 리커창 1인의 후계구도를 선호했던 것으로 언론에 보도되었는데, 결과는 리커창과 시진핑이 후계자로 지명되는 2인 경쟁구도가 형성되었다. 당내서열에서는 시진핑이 6위, 리커창이 7위를 차지함으로써 현재상황에서 보면 리커창보다 시진핑이 공산당 총서기직을 승계할 가능성이 높다. 이 경우 리커창은 국무원 총리직을 승계하게 된다. 이런 점에서 보면 후진타오의 권력승계 구도는 좌절되었고, 이는 총서기로서 후진타오가 행사할 수 있는 인사권이 매우 제한적임을 보여준다.

한편 이번 당대회에서 복수 후계구도가 왜, 어떤 과정을 통해 형성되었는지는 앞으로 연구해야 할 중요한 과제이다. 단적으로 만약 공산당 중앙이 처음부터 시진핑·리커창의 복수 후계구도로 갈 예정이었다면 17차 당대회 개최 7개월 전인 2007년 3월에 시진핑을 상하이시 당서기로 임명하지 않았을 것이다.

이와 관련하여 일부 저명한 중국학자와 퇴임 고위관료의 이야기는 매우 설득력이 있다. 이에 따르면 시진핑이 차세대 지도자로 결정된 시점은 2007년 6월 25일 중앙당교에서 있었던 "당원지도간부회의"에서였다고 한다. 즉, 이때 있었던 정치국 예비후보에 대한 투표에서 시진핑이 일등을 했고, 이를 기반으로 공산당 원로(장쩌민 포함)와 군

인사들이 시진핑을 차세대 지도자로 적극 추천했다는 것이다.

또한 복수 후계구도를 정당화하는 논리로 변화된 중국의 정치현실이 제기되었다고 한다. 즉, 이전과는 달리 중국정치가 매우 복잡하게 변하고 전문화되면서 한 사람의 후계자가 모든 문제를 책임지는 체제는 더 이상 타당하지 않고, 대신 복수의 후계자가 업무를 분담하는 방식이 타당하다는 것이다. 이에 따라 후진타오도 자신이 선호했던 리커창 일인 후계구도를 철회했다고 한다.14) 이런 설명이 얼마나 정확한 것인가는 좀더 조사해보아야 하고, 또한 이런 복수 후계구도가 향후에도 지속될 것인가는 앞으로 두고 보아야 할 것이다.

이 같은 복수경쟁 후계구도가 엘리트 정치에 어떤 영향을 미칠지는 앞으로 두고 봐야 한다. 이와 관련하여 두 가지 시나리오를 예상할 수 있다. 첫째는 긍정적인 것이다. 즉, 2인으로 권력이 분산됨으로써 주요문제를 협의와 타협을 통해 해결하는 엘리트 민주주의가 확대되고, 2인이 선의의 정책경쟁을 벌임으로써 정치개혁 등에서 새로운 돌파구가 마련되는 경우이다. 둘째는 부정적인 것이다. 즉, 2인의 경쟁이 격화되고 파벌투쟁이 심화되어 당의 단합이 깨지고, 두 사람 모두 보신주의 태도를 취함으로써 좀더 급진적인 개혁정책 추진에 소극적으로 나서는 경우이다. 현재로서는 어느 시나리오가 우세할지 단언할 수 없지만, 두 가지 모두 나타날 가능성이 있다.

이상에서 공산당 최고지도부 인선을 중심으로 제2기 후진타오 체제의 권력기반 공고화 정도와 "5세대" 지도자의 등장을 분석했다. 그런데 여기서 주의할 점은, 제2기 후진타오 체제의 권력기반이 현저하게 강화되지 않았다는 것, 또한 복수의 후계구도가 형성되었다는 것이 "후진타오 세력"이 인선을 둘러싸고 "장쩌민·쩡칭훙 세력"과 벌인 권력투쟁에서 패했다는 사실을 의미하지는 않는다는 점이다. 뒤에서

---

14) 2008년 1월 중국에서의 필자 인터뷰.

다시 검토하겠지만, 제17차 당대회의 인선은 두 세력이 협의와 타협
을 통해 일정한 합의(consensus)에 도달하고 그것에 기초하여 주요직
책을 배분한 결과라고 할 수 있다. 다시 말해 두 세력간의 대립과 투
쟁을 강조하는 파벌투쟁의 시각에서 이번 인선을 분석하는 것은 문제
가 있다는 것이다. 이런 면에서 제17차 당대회의 인선은 "과학적 발
전관"(科學發展觀)의 "당헌" 삽입과 함께 후진타오 시대에 변화된 엘리
트 정치의 특징을 잘 보여주는 사례라고 할 수 있다.

## 2. 제17차 당대회와 정책변화

여기서는 먼저 제1기 후진타오 체제의 정치개혁과 제17차 당대회
를 앞두고 중국 내에서 전개되었던 정치개혁 논의를 간략히 살펴볼
것이다. 이후 제17차 당대회에서 결정된 정치개혁 관련 주요방침과
정책을 검토할 것이다.

### 1) 제1기 후진타오 체제의 정치개혁

2002년 제16차 당대회에서 제1기 후진타오 체제가 등장할 무렵 일
부에서는 좀더 민주적인 정치개혁이 가능할지도 모른다는 기대가 있
었다. 예를 들어 한 연구자는 1998년 일부 지역에서 실시되었던 향장
(鄕長)·진장(鎭長) 직선제 개혁이 후진타오 시대에 들어 확대될 가능
성을 조심스럽게 예측했다.15)

그러나 대부분의 연구자는 후진타오 체제가 민주적 정치개혁을 추
진하지 않을 것으로 예측했다. 이는 후진타오의 권력기반이 취약하기

---

15) Lianjiang Li, "The Politics of Introducing Direct Township Elections in
China", *The China Quarterly* 171(September 2002), pp. 704~723.

때문에 본인의 의지와는 상관없이 민주개혁을 추진할 수 없는 이유도 있겠지만, 그보다는 기술관료(technocrats) 출신의 통치 엘리트가 갖는 특성이 주요원인이다. 즉, "제 4세대" 지도자 개개인은 몰라도 전체를 놓고 볼 때, 후진타오 시대의 통치 엘리트나 장쩌민 시대의 통치 엘리트는 모두 기술관료라는 면에서 동일한 특성을 갖고 있고, 장쩌민 시대의 통치 엘리트가 민주적 정치개혁에 소극적이었던 것처럼 후진타오 시대에도 그럴 것이라는 점이 지적되었다. 16)

실제로 지난 5년 동안 후진타오 체제가 보여준 모습은 이런 예상에서 크게 벗어나지 않았다. 예를 들어 집권 후 후진타오 체제는 국민의 지지를 획득하고 이를 통해 자신의 부족한 권력기반을 강화하기 위해 "이미지 정치"를 우선적으로 실시했다. 즉, 후진타오와 원자바오는 "친민"(親民: 국민에게 다가감)과 "이인위본"(以人爲本: 국민을 근본으로 함)과 같은 슬로건을 내걸고 국민 중심·서민 중심의 이미지를 만들기 위해 전국의 오지를 방문했다. 또한 당정간부들의 헌신적 태도를 고취하기 위해 마오쩌둥(毛澤東) 시대의 혁명정신을 강조했다. 17) 실제 정책 면에서도 이전과 크게 다른 점이 없었다. 그 결과 제 1기 후진타오 체제의 정치개혁은 행정개혁 위주의 실무적 개혁, 공산당 주도의 점진적 개혁, 지방 하급단위 중심의 시험적 개혁이라는 특징이 나타났다.

구체적으로 제 1기 후진타오 체제에서는 두 가지, 즉 의법치국(依法治國/法治: 법에 의한 통치)과 공산당 통치능력(執政能力) 강화를 핵심 내용으로 하는 정치개혁이 추진되었다.

의법치국은 1997년 제 15차 당대회에서 당의 공식방침으로 결정되

---

16) 조영남(2006a), pp. 149~153: Yu-Shan Wu, "Jiang and After: Technocratic Rule, Generational Replacement and Mentor Politics", Chu, Lo, and Myers(eds.)(2004), pp. 74~79.

17) 조영남(2006a), pp. 170~173.

116

고 1999년 헌법개정을 통해 서문에 명시되었다. 세부내용으로는 입법
기관의 역할강화, 의법행정(依法行政: 법에 의한 행정), 공정성과 효율
성 제고를 목표로 한 사법개혁 등이 추진되었다. 의법치국은 장쩌민
시기부터 추진된 것으로서 행정 효율성 제고, 국가 통치체제 정비,
국가 통치능력 및 사회관리 능력 향상 등 중국이 당면한 과제를 해결
하기 위해 필요한 것이었다. 또한 제1기 후진타오 체제에서는 의법치
국이 취약한 후진타오의 권력기반을 강화하는 데도 도움을 줄 수 있
었다. 법과 제도를 강조할 경우 국가주석과 당 총서기(후진타오), 국
무원 총리(원자바오)라는 공식직위를 가진 두 사람에게 유리하기 때문
이다.[18]

공산당 통치능력 강화는 2004년 9월에 개최된 공산당 제16기 중앙
위원회 제4차 전체회의(16기 4중전회)의 핵심의제였다.[19] 지난 5년을
돌아볼 때, 공산당 통치능력 강화는 크게 두 가지 내용을 중심으로 추
진되었다. 하나는 당내민주 확대이다. 여기에는 당대회의 연례개최
(현재 5년에 1회 개최), 일반 당대표 활동의 일상화(현재는 5년에 1회 개
최되는 당대회 참석이 전부), 지방 및 기관 당위원회의 권한강화와 민주
적 운영(현재는 당서기 1인의 독점적 권력행사), 당지도부(당서기와 당위
원회 위원)에 대한 당원 직접선거 확대(현재는 상급 당조직에서 사실상
임명), 당내표결(票決)을 통한 중요사안 결정, 당간부 인사제도 개혁
등이 속한다.[20]

---

18) 조영남(2006a), p. 161.

19) "中共中央關於加强黨的執政能力建設的決定"(2004. 9. 19), 本書編寫組 編,
《〈中共中央關於加强黨的執政能力建設的決定〉輔導讀本》(北京: 人民出版
社, 2004), pp. 1~39.

20) 조영남(2006a), pp. 176~177, 190~193; Gang Lin, "Ideology and Political
Institutions for a New Era", Gang Lin and Xiaobo Hu(eds.), China after
Jiang(Washington, D.C.: Woodrow Wilson Center Press, 2003), pp. 39~
68: Lin(2005), pp. 37~55.

다른 하나는 반부패 정책이다. 이를 위해 2003년 12월에는 "중국공산당 당내감독조례"(시행)가, 2005년 1월에는 "교육·제도·감독 동시 중시의 처벌 및 부패방지체제 건립 실시 강요(綱要)"가 제정되었다. 또한 2003년 8월부터 중앙 및 성급 행정단위에서 하급 행정단위로 특별감독조를 파견하여 상시 감독하는 순시(巡視) 제도가 상설화되었다. 참고로 2007년 중앙에서는 11개의 순시조가, 성급단위에서는 121개의 순시조가 전국에 파견되어 감독을 진행했다. 21)

이밖에도 2003년에 기율검사위원회(紀律檢查委員會)와 감찰부(監察部)의 기능을 강화하기 위해 이전의 이중지도체제(雙重領導), 즉 상급의 감독기관과 동급 행정단위의 공산당 위원회가 동시에 지도하는 체제에서 단일지도체제(垂直領導), 즉 상급의 감독기관만이 지도하는 체제로 바뀌었다. 2007년 9월에는 부패문제를 전담하는 "국가부패예방국"(國家豫防腐敗局)이 신설되어 중앙기율검사위원회 부서기 겸 감찰부 부장이 국장에 취임했다. 22)

한편 중국 내에서는 2006년 상반기부터 좌·우파간에 개혁정책 전반에 대한 평가와 향후 정책방향을 놓고 치열한 논쟁이 전개되었다. 23) 이 논쟁에서는 자유주의적이고 민주적인 정치개혁을 요구하는 목소리와 이에 반대하는 목소리가 팽팽하게 대립했다. 예를 들어 일부 퇴직관료와 학자들은 언론자유 확대, 국민기본권 보장, 국민 정치

---

21) 李亞傑, "永遠立於不敗之地: 16大以來權力監督工作成效顯著"(2007. 9. 28), 〈新華網〉2007. 9. 29.

22) 姜洁, "國家豫防腐敗局揭牌", 〈人民網〉2007. 9. 14.

23) 2006년 상반기에 전개된 이른바 "제 3차 사상논쟁"에 대해서는 조영남, "중국의 개혁은 어디로?: '제 3차 사상논쟁' 분석", 미래전략연구원 개인칼럼(2006. 5. 29) ; Melissa Murphy, "Decoding Chinese Politics: Intellectual Debates and Why They Matter", A Report of the CSIS Freeman Chair in Chinese Studies, Center for Strategic & International Studies, January 2008 참조 바람.

118

참여 확대, 사회민주주의적 정치제도와 복지제도 도입 등을 주장했
다. 보수파는 이를 공산당 지배체제 해체와 자유민주주의 체제의 도
입으로 간주하고 비판했다.24)

이런 와중에서 아주 이례적으로 2007년 2월 원자바오 총리는 자신
의 명의로 대외정책과 국내정책을 포괄하는 정책문건을 발표했다.25)
이 문건에는 정치개혁에 대한 내용도 들어 있는데, 그것이 이전보다
전향적인 모습― 예를 들어 "사회주의제도와 민주정치는 서로 배리되
지 않는데, 고도의 민주와 완비된 법제는 바로 사회주의제도의 내재
적 요구이며 성숙된 사회주의제도의 중요한 표지이다"― 을 담고 있어
제17차 당대회에서는 정치개혁과 관련하여 새로운 정책이 제시될지
도 모른다는 기대를 낳았다.

그러나 제1기 후진타오 체제가 보여준 모습과 2005년 10월에 발표
된 중국정부의 정치백서, 즉 《중국적 민주정치 건설》(中國的民主政治
建設)의 내용을 놓고 볼 때, 제17차 당대회에서 직접선거 확대실시나
언론자유 확대 같은 민주적 정치개혁이 이루어질 것이라고 기대하는
사람은 많지 않았다.26)

24) 이런 논쟁에 대한 구체적 소개는 다음을 참조. Joseph Kahn, "In China,
Talk of Democracy Is Simply That"(2007.4.20), *New York Times*(In-
ternet Edition) 2007.4.23; "Veteran Communist's Call for Democracy
Stirs Quiet Party Countermove", *South China Morning Post*(Internet
Edition) 2007.5.7; 郭立青, "中共智囊建立合法性新論述背後", 〈多維新
聞〉 2007.1.5(검색일: 2007.1.5); 朱建陵, "呼民主未受懲處「炎黃春
秋」越來越大膽", 〈多維新聞〉 2007.5.7(검색일: 2007.5.7). 각기 다른
주요주장에 대해서는 다음을 참조할 수 있다. 민주개혁 주장: 兪可平, "民
主是個好東西", 〈多維新聞〉 2007.1.5; 皇甫平, "黨權過于集中就制度弊
端", 〈多維新聞〉 2007.2.9; 謝韜, "民主社會主義模式與中國前途", 〈炎
黃春秋〉 2007년 제2기(2007.2), pp.1~8.
25) 溫家寶, "關於社會主義初級階段的歷史任務和我國對外政策的幾個問題"
(2007.2.26), 〈人民網〉 2007.2.26.

## 2) 제 17차 당대회의 정치개혁 방침과 내용

전체적으로 볼 때 이번 당대회는 앞에서 말한 예측을 벗어나지 않았다. 즉, 제 17차 당대회의 정치개혁 방침과 내용은 장쩌민 시기와 제 1기 후진타오 시기의 것을 그대로 답습했다는 것이다. 이런 면에서 제 17차 당대회도 제 16차 당대회와 마찬가지로 정치개혁 면에서는 큰 진전이 없는 대회였다고 평가할 수 있다.

우선 "정치보고"와 수정된 "당헌"에 따르면, "사회주의 민주정치"는 "사회주의 시장경제", "사회주의 선진문화", "사회주의 조화사회(和諧社會)"와 함께 "중국 특색의 사회주의 길"을 가는 공산당이 추구하는 중요목표이다. 이를 위해 "정치보고"는 "공산당 영도, 인민의 정치적 주인화(當家作主), 의법치국의 유기적 통일" 유지라는 방침과 중국의 기본 정치제도, 즉 인민대표대회제도, 다당합작(多黨合作) 및 정치협상제도(政治協商制度/政協), 민족구역자치제도, 기층군중자치제도의 견지와 발전이라는 방침을 계속 유지한다고 천명했다.

이런 방침하에 구체적 정치개혁 내용이 제시되었는데, 그것은 16차 당대회에서 제기된 것과 큰 차이가 없었다. 예를 들어 인민민주의 확대와 인민의 정치적 주인화 항목에서는 의회제도, 정협, 소수민족자치제도 강화와 정책결정의 민주화 및 과학화가 제기되었다. 기층민주 발전과 인민의 민주권력 보장에서는 촌민위원회 등이 언급되었고, 의법치국의 전면적 실시와 사회주의 법치국가 건설에서는 입법강화, 의법행정 강화, 사법체제 개혁심화, 인권존중과 보장이 주요과제로 제시되

---

26) 國務院新聞辦公室,《中國的民主政治建設》(2005. 10) ; Willy Lam, "Limited Reforms: Status Quo at the 17th Party Congress", *China Brief* 7-17(September 19, 2007), pp. 6~7; Edward Cody, "Hu Set for Second Term at China's Helm"(2007. 10. 14), *Washington Post* (Internet Edition) 2007. 10. 16(http://www.washingtonpost.com).

120

었다. 그밖에 애국통일전선 강화, 정부관리체제 개혁 가속화와 서비스형(服務型) 정부 건설, 그리고 정부감독체제 개선이 제기되었다.

한편 공산당과 관련된 정책에서는 제1기 후진타오 시기의 주요과제였던 공산당 통치능력(執政能力) 강화에 더해 "선진성(先進性) 강화"가 새로 추가되었다. 선진성 강화는 2005년 1월부터 2006년 6월까지 1년 반 동안 "삼개대표론"을 주요내용으로 전 공산당원을 대상으로 실시했던 "공산당원 선진성 교육활동"의 성과를 계승한다는 취지로 추가된 것이다. 그런데 공산당 통치능력 및 선진성 강화의 구체적 정책내용은 제1기 후진타오 시기에 추진되었던 두 가지, 즉 당내민주 확대와 반부패 정책 실시를 그대로 반복한다.

예를 들어 "정치보고"에서는 구체적 정책으로 중국 특색의 사회주의 이념학습 강화, 공산당 간부소질 제고, 당내민주 적극 추진, 간부인사제도 개혁, 공산당 기층조직 건설강화, 반부패 투쟁강화 등을 들고 있다. 다만 "당헌"수정을 통해 지방에서 진행된 공산당 개혁실험 중에서 검증된 세 가지 제도, 즉 당대표 활동의 일상화(代表常任制), 순시제도(巡視制度),[27] 공산당 위원회의 상무위원회에 대한 감독이 당의 공식제도로 확정되었다. 이에 비해 당대회의 연례화, 당위원회의 권한강화와 민주적 운영, 당지도부 선거확대, 중요사항 표결제도 등은 시기상조를 이유로 "당헌"에는 포함되지 않았다.[28]

참고로 과학적 발전관과 위에서 살펴본 몇 가지 당내민주 관련내용 이외에 이번 "당헌"개정을 통해 새롭게 추가된 것은 다음과 같다. 먼

27) 2009년 7월에는 공산당 순시제도를 구체화한 관련규정이 제정 및 시행되었다. "中國共産黨巡視工作條例(實行)"(2009.7), 〈光明網〉2009.7.13(http://www.gmw.cn).
28) 李源潮, "推進黨內民主建設 增强黨的團結統一", 〈人民網〉2007.11.1; 兪錚, "中共開啓政治體制改革新局"(2008.10.17), 〈新華網〉2007.10.18; 傅旭, "堅定不移發展社會主義民主政治", 〈人民網〉2007.10.19.

저 개혁·개방 이후 중국이 이룩한 성과의 근본원인은 "중국 특색의 사회주의 길을 개척하고, 중국 특색의 사회주의 이론체계를 형성했기 때문이다"라는 표현이 삽입되었다. 또한 중국이 추구하는 목표로 "부강하고 민주적이며 조화로운 사회주의 현대화 국가" 건설이 추가되고, 중국 특색 사회주의 사업의 네 가지 내용, 즉 "경제건설, 정치건설, 문화건설, 사회건설"이 명기되었다. 그밖에도 제 1기 후진타오 시기에 제기되었던 외교방침인 조화세계 건설과 평화발전론이 새롭게 "당헌"에 삽입되었다.

### 3) 기타 주요정책 내용

#### (1) 경제정책

제 17차 당대회의 경제정책은 기본적으로 2006년 3월 제 10기 전국인민대표대회(전국인대) 제 4차 회의에서 통과된 "제 11차 5개년(2006~2010) 사회경제 발전계획(規劃)"의 주요내용을 거의 그대로 반복한다. 다만 "정치보고"의 경제관련 부분의 언급에서 "발전"(發展, development) (총 389회 사용)이라는 말이 "성장"(成長, growth) (단 1회 사용)이라는 말을 대신한 것은 현재 중국이 추구하는 경제정책 방향이 무엇인가를 잘 보여준다.

이번 경제정책에서는 "좋으면서도 빠른 발전"(又好又快發展)이라는 구호 아래 과학적 발전관에 입각한 "경제발전 방식의 전환"이 핵심과제로 제기되었다. 여기서는 "세 가지 전환", 즉 투자 및 수출의존의 경제성장에서 소비, 투자, 수출의 조화에 의존한 성장, 제 2차 산업 의존의 성장에서 제 1·2·3차 산업의 협동에 의존한 성장, 마지막으로 물자 및 자원의존의 성장에서 과학기술, 노동소질 제고, 관리혁신(創新, innovation)에 의존한 성장으로의 전환이 당면목표로 제기되었다.[29]

동시에 경제성장 목표의 표기방식이 국내총생산(GDP)에서 "1인당" 국내총생산으로 변경되었다. 즉, 2020년에는 2000년의 1인당 국내총생산(856＄)을 4배 증가(약 3,500＄)한다는 목표가 제시되었다(참고로 2008년 중국인 1인당 국내총생산은 3,266＄로, 3,500＄ 목표는 2009년이면 달성될 것이다). 이를 위해서는 연간 6~7% 정도의 경제성장률을 유지하면 되는데, 지난 5년간의 경제성장률이 10% 이상임을 감안할 때 이런 목표는 경제성장 억제정책에 가깝다고 할 수 있다.

구체적 세부정책으로는 혁신능력 제고와 혁신형 국가수립, 경제발전 방식전환 가속화와 산업구조 고도화, 도시와 농촌 동시발전과 사회주의 신농촌 건설추진, 에너지 절약 및 환경보호 강화와 지속 가능한 발전추진, 지역 균형발전, 기본 경제제도 개선과 현대적 시장체제 건전화, 재정금융개혁과 거시관리체제 개선, 대외개방의 폭과 깊이 확대와 개방형 경제수준 제고 등이 제기되었다.

### (2) 사회·문화정책

이전까지 공산당은 핵심사업을 정치·경제·문화의 세 영역으로 나누어 각각 "사회주의 시장경제, 사회주의 민주, 사회주의 선진문화 건설"을 추진한다는 "삼위일체"(三位一體) 방침을 주장했다. 그런데 제17차 당대회의 "정치보고"와 "당헌"개정을 통해 여기에 사회영역의 "사회주의 조화사회 건설"이 주요목표로 추가되면서 "사위일체"(四位一體) 방침이 제기되었다.

"정치보고"에서는 이를 "민생(民生) 개선을 중점으로 하는 사회건설"로 표현했는데, 이는 후진타오 시대의 "친민", "이인위본" 등의 슬로건에 맞게 새롭게 만든 개념이다. 최근 몇 년 동안 중국에서는 3대 민생현안으로 교육·의료·주택문제가 제기되고 이 문제 해결의 필요성이

---

29) 曾培炎, "促進國民經濟又好又快發展", 〈人民網〉 2007.10.30.

강조되었는데, 제 17차 당대회의 사회정책은 이것을 반영한 것으로 볼 수 있다. 주요 정책내용으로는 교육개선, 취업확대, 수입분배제도 개선과 도농주민 소득증대, 사회보장제도 개선, 의료체제 개선, 사회관리 개선 등이 제기되었다.

문화정책은 제 17차 당대회의 "정치보고"에서 매우 강조되었다. 특히 이번 당대회에서는 "국가문화의 소프트 파워(軟實力, soft power) 제고"라는 목표가 최초로 명시된 점이 특징이라고 할 수 있다. 이는 후진타오 시대에 들어 중국이 소프트 파워를 하드 파워와 함께 종합국력(綜合國力)의 핵심요소로 간주하고 소프트 파워 강화에 매우 노력한 현실을 반영한 것이다. 중국은 앞으로도 소프트 파워 강화를 통한 국제적 지위향상과 국민통합에 더욱 노력할 것이고, 이를 위해 중국 전통문화의 부흥과 유교(儒敎) 등 전통사상의 확대에 더욱 매진할 것이다.[30]

"정치보고"에서는 문화정책의 주요내용으로 사회주의 가치체계 수립, 애국주의, 집단주의(集體主義), 사회주의 가치관 등으로 구성되는 "조화(和諧) 문화" 건설, 중화(中華) 문화 함양, 문화혁신 추진 등이 제기되었다.

### (3) 대만(臺灣)정책

제 17차 당대회의 대만정책은 내용상 이전과 다른 점이 없다. 사실 개혁기에 공산당 지도자간에는 대만정책에 대한 일정한 합의가 형성되었다. 대만과의 평화적 통일의 가능성이 존재하는 한, 중국이 부강

---

30) 劉雲山, "更加自覺更加主動地推動社會主義文化大發展大繁榮", 〈人民網〉 2007. 10. 29; 嚴昭柱, "提升軟實力的關鍵點", 〈人民論壇〉, 〈人民網〉 2007. 11. 6; 吳建民, "構建中華主流文化成當務之急", 〈人民論壇〉, 〈人民網〉 2007. 11. 6; 陳少峰, "發展文化産業的國際經驗借鑒", 〈人民論壇〉, 〈人民網〉 2007. 11. 6.

한 세계 강대국이 되기 전에 무리하게 통일을 추진할 필요가 없다는 것이다. 시간은 중국 편이기 때문이다. 그래서 대만문제와 관련된 당면과제는 통일이 아니라 미국과의 관계를 악화시키지 않고 대만과의 경제교류를 활성화시키면서 대만독립의 움직임을 저지하는 것이다. 상황이 이렇기 때문에 장쩌민이나 후진타오가 구사할 수 있는 대만정책의 폭은 그리 넓지 않았다.[31]

제1기 후진타오 체제는 기본적으로 장쩌민 시기의 대만정책, 즉 "평화통일과 일국양제(一國兩制)의 방침"하에 양안(兩岸) 간 경제교류를 증진하고 대만의 독립시도를 저지하며 불가피할 경우 무력도 사용할 수 있다는 정책을 계승했다. 이는 2005년 3월 제10기 전국정협(全國政協) 제3차 회의에서 후진타오가 발표한 "네 가지 의견"(四點意見), 즉 동요 없는 하나의 중국 원칙 견지, 평화통일 노력의 지속, 대만인민에 희망을 거는 방침의 불변, 대만 독립시도 반대에 잘 나타나 있다.

이와 동시에 제1기 후진타오 체제는 이전과는 다른 몇 가지 새로운 조치도 시도했다. 2005년 3월 제10기 전국인대 제3차 회의에서 미국의 "대만관계법"(Taiwan Relations Act)을 모방하여 "반분열국가법"을 제정하여 무력사용의 조건과 방법을 구체적으로 제시한 것과, 2005년 4월과 5월 대만 국민당(國民黨) 주석 롄잔(連戰)이 이끄는 대표단과 신민당(新民黨) 주석 숭추위(宋楚瑜)가 이끄는 대표단을 중국에 초청하여 공동성명을 발표한 것은 대표적 사례이다.[32]

---

31) Yun-han Chu, "Power Transition and the Making of Beijing's Policy towards Taiwan", Yun-han Chu, Chih-cheng Lo and Ramon H. Myers (eds.), *The New Chinese Leadership*: *Challenges and Opportunities after the 16th Party Congress*(Cambridge, London: Cambridge University Press, 2004), pp. 198~218. 역대 공산당 당대회의 대만정책은 路克利, "7大以來歷次黨代會臺灣問題的論述", 〈新華網〉 2007. 11. 10 참조.

32) 張勇, "黨的16大以來黨中央譜寫對臺工作新篇章"(2007. 9. 30), 〈新華網〉 2007. 10. 1.

그런데 제 17차 당대회 개최 직전에는 이번 당대회를 통해 전보다 더욱 강력한 대만정책이 제시될지도 모른다는 예측이 제기되었다. 이는 대만 내 일련의 움직임 — 예를 들어 2007년 9월 30일 민진당(民進黨) 대표대회에서의 "정상국가 결의문"(正常國家決議文) 채택, 10월 10일 대만 건국기념일에서의 천수이벤(陳水扁) 총통 발언과 "중화민국" 호칭을 사용하지 않은 것 등 — 에 대해 중국당국이 강력한 경고를 보내면서 제기되었다.[33] 그러나 실제 정책내용은 그렇지 않았다. 이는 베이징 올림픽(2008년)과 상하이 엑스포(2010년)를 앞둔 중국이 향후 몇 년 동안은 대만문제와 관련하여 실질적이고 효과적인 대만독립 억제정책(군비강화 포함)은 꾸준히 추진하겠지만, 대외적으로는 가급적 대만당국과 국제사회를 자극하지 않는 유연한 모습을 보일 것임을 예고했다.

구체적으로 "정치보고"에 나와 있는 대만정책은 우선 16차 당대회 때보다 훨씬 부드러운 표현방식을 사용하여 대만당국이 "하나의 중국 원칙"을 수용할 것을 촉구했다. 또한 "평화통일과 일국양제"의 방침을 반복하면서 대만독립 반대의지를 재천명했는데, 전과 다른 점은 무력사용도 불사한다는 등의 위협적 표현이 사라졌다는 것이다. 더 나아가 "정치보고"는 "하나의 중국 원칙"하에서 양안간 적대상태를 정식으로 종결하고 평화협정을 맺어 양안의 평화발전의 틀(frame)을 마련하자는 구체적 제안까지 담고 있다.

"정치보고"의 대만정책이 전보다 부드럽고 유연해졌다고 해서 제 2기 후진타오 체제가 유화정책만 사용할 것 같지는 않다. 국내외 언론보도에 의하면 량광례, 천빙더, 우성리 중앙군사위원회 위원 등 대만 관련 작전을 수립했던 인물이나 난징(南京)군구에서 대만관련 방위업

---

33) Minnie Chan, "New Taiwan Strategy Expected to Include Worst-Case Scenario", *South China Morning Post*(Internet Edition) 2007. 9. 27; *New York Times*(Internet Edition) 2007. 9. 27.

126

무에 종사한 인물들이 이번 군인사에서 대거 승진했다.[34] 이는 중국
이 대만에 대한 군사적 대비를 인적 차원에서 강화했음을 의미한다.
　한편 공산당의 대만정책에 대해 대만의 정치세력은 예상했던 대로
양분된 반응을 보였다. 즉, 민진당 천수이벤 총통은 전과 다른 내용
이 없다는 이유로 "정치보고"의 대만정책을 비판했고, 국민당의 마잉
주(馬英九) 총통후보는 이를 긍정적으로 평가했다.[35]

　(4) 외교정책
　대만정책과 마찬가지로 제17차 당대회에서 발표된 외교정책도 이
전과 큰 차이가 없다. "정치보고"의 주요방침과 정책은 국무원이 2005
년 12월에 발표한 외교백서, 즉《중국의 평화적 발전의 길》(中國的和
平發展道路)의 내용을 거의 그대로 반복한다.[36]
　우선 평화와 발전이 시대적 조류(主題)라는 이전의 정세평가를 반
복하고, 동시에 세계 다극화와 경제적 세계화가 심화될 것임을 지적
한다. 중국이 추구하는 궁극적 외교목표로 "항구적으로 평화롭고 공
동 번영하는 조화세계(和諧世界) 건설"이 제기되었다. 조화세계 건설
은 국내과제로 제시된 조화사회 건설과 한 쌍을 이루는 개념으로,

34) 김태호(2007); David Lague, "China Promotes Taiwan-Focused Military Officers"(2007. 10. 10), *New York Times*(Internet Edition) 2007. 10. 11.
35) Lawrence Chung, "Hu's Cross-Strait Policy Lacks New Meanings, Says DPP", *South China Morning Post*(Internet Edition) 2007. 10. 16; Keith Bradsher, "Taiwan Leader Dismisses Hu Overture"(2007. 10. 18), *New York Times*(Internet Edition) 2007. 10. 19.
36) 후진타오 시대 중국의 외교정책 전반에 대해서는 다음을 참고할 수 있다. 조영남(2006a), pp. 213~306; Chu Shulong, "The 16th National Congress of the Chinese Communist Party and China's Foreign Policy", Chen and Zhong(eds.)(2005), pp. 133~146; 楚樹龍, "中國和平發展戰略", '중국공산당의 경쟁력과 지속 가능성'(중앙일보 중국연구소 창립기념 심포지엄 발표논문), 2007년 10월 9일, 한국프레스센터.

2005년 9월 후진타오가 국제연합(UN) 연설에서 언급한 후 후진타오 시대 중국 외교정책의 궁극적 목표로 공식화되었다.[37] 이런 목표의 달성을 위해 중국은 "평화・발전・협력"의 기치하에 "독립자주의 평화 외교 정책"을 추진할 것임을 천명했다.

또한 "정치보고"는 중국이 현재도 그렇고 앞으로도 "평화발전(和平發展)의 길"을 추구할 것임을 주장했다. 평화발전은 "화평굴기"(和平崛起: 평화적 부상)를 대신한 것으로 조화세계론과 함께 후진타오 시대의 외교정책을 설명하는 핵심개념이다.[38] 그런데 앞에서 언급했듯이 조화사회 건설과 평화발전론이 "정치보고"에서 언급되었을 뿐만 아니라 "당헌"에도 포함됨으로써 그 위상이 훨씬 높아졌고, 동시에 후진타오 체제의 외교개념에서 중국의 외교개념으로 승격되었다.

평화발전론의 구체적 정책으로는 상호 내정불간섭, 평화적 국제분쟁 해소와 지역안보협력(地域安全合作) 추진, 테러리즘 반대, 방어성 국방정책 추진, 군비경쟁 불참, 패권주의와 강권정치(强權政治) 반대, 그리고 중국은 영원히 패권을 추구하지 않고 (군사적) 확장을 꾀하지 않는다는 천명 등이 포함된다.

그밖에도 "정치보고"는 경제적 대외정책으로 중국이 "상호에 이익이 되고 모두가 이기는 개방전략"(互利共赢的開放戰略)을 추진할 것이라고 주장했다. 분야별 외교정책에서는 중국이 평화공존의 5원칙하에 모든

---

37) 林利民, "'和諧世界'的理論超越"(2007. 9. 30), 〈環球〉, 〈新華網〉 2007. 10. 17; 劉延棠, "新階段的中國外交"(2007. 10. 22), 〈瞭望新聞週刊〉, 〈新華網〉 2007. 10. 24; 李詩佳, "推動建設和諧世界: 中國外交的新理念"(2007. 9. 30), 〈新華網〉 2007. 10. 1.

38) "화평굴기론"과 "화평발전론"에 대한 가장 최근의 깊이 있는 연구로는 Bonnie S. Glaster and Evan S. Medeiros, "The Changing Ecology of Foreign Policy-Making in China: The Ascension and Demise of the Theory of 'Peaceful Rise'", *The China Quarterly* 190(June 2007), pp. 291~310을 참고할 수 있다.

국가와 우호협력을 발전시킬 것이라고 주장했다. 구체적으로 전략대화(strategic dialogue)의 지속과 상호신뢰 증진 및 협력심화 등을 통해 장기적이고 안정적인 관계의 발전을 추구하는 강대국 외교, 선린우호의 방침하에 아시아 국가 및 지역과 협력을 강화하는 주변국 외교, 국제적 의무를 다하고 건설적 역할을 담당하여 국제질서가 더욱 공정하고 합리적인 방향으로 발전할 수 있도록 노력하는 다자외교 등이 포함되었다.


## 3. 제17차 당대회와 엘리트 정치의 변화

### 1) 제17차 당대회와 엘리트 정치

중국의 엘리트 정치는 장쩌민 시대를 과도기로 후진타오 시대에 들어 매우 안정화되는 추세를 보였다. 특히 2002년 제16차 당대회에서 "제3세대"에서 "제4세대" 지도자로 권력이 평화적이고 안정적으로 이양된 사실은 엘리트 정치의 안정성을 보여주는 대표적 사례로 지적되었다. 그래서 제17차 당대회의 지도부 교체와 노선 및 정책변경에서도 이런 특징이 지속될 것인지 여부가 학자들의 중요한 관심사였다. 결론적으로 말하면 제17차 당대회에서도 엘리트 정치의 안정화라는 이전의 특징이 지속됨을 보여주었다.

기존연구에 의하면 후진타오 집권 1기의 엘리트 정치는 두 가지 특징을 보여주었다.[39] 첫째는 집단지도체제(collective leadership)의 형성

---

39) 조영남(2006a), pp. 154~161; Cheng Li, "The New Bipartisanship within the Chinese Communist Party", *Orbis* 49-3(Summer 2005), pp. 387~400; Cheng Li, *China's Leaders: The New Generation*(Lanham, Maryland: Rowman & Littlefield, 2001), p. 17; Suisheng Zhao, "The New

이다. 즉, 공산당 내에서 통치 엘리트간의 권력분점이 이루어짐으로써 어느 특정개인이나 세력(파벌)이 정치권력을 독점하는 일이 불가능해졌다는 것이다. 둘째는 당내 민주주의 또는 엘리트 민주주의의 확대이다. 이것은 첫째 요인으로 인해 가능해진 것으로, 제 1기 후진타오 체제에서는 주요세력(파벌)이 협의와 타협을 통해 합의를 도출하고 이에 기초하여 인사문제나 중요정책을 결정하는 관행이 형성되었다.

이번 제 17차 당대회의 인선과 노선 및 정책조정 과정에서도 이런 엘리트 정치의 두 가지 특징이 더욱 뚜렷하게 나타났다. 먼저 공산당 지도부 내에 "후진타오 세력"과 "장쩌민·쩡칭훙 세력"이 권력을 공유하는 집단지도체제가 지속되었다. 앞에서 언급했듯이 공산당 지도부 교체에서는 능력과 경력, 정치적 신뢰(당성) 등의 요소가 기본적 인선 기준이었지만 자리분배는 철저하게 계파별 균형에 맞추어 이루어졌다. 이는 공산당 중앙 정치국과 정치국 상무위원회, 지방 성급 지도자(당서기와 성장) 인선 모두에 해당된다.

한편 이번 주요 지도부 인선과정과 공산당 노선 및 정책결정 과정은 엘리트 정치가 협의와 타협을 통해 합의를 도출하는 방식으로 운영되고 있음을, 즉 엘리트 민주주의가 확대되고 있음을 보여주었다. 이런 모습은 후진타오가 제 17차 당대회의 인선 및 정책결정 과정에서 제한적으로만 권력을 행사할 수 있었다는 사실을 통해 명확하게 나타났다. 이는 장쩌민과 비교하여 후진타오 개인의 권력기반이 취약하다는 사실을 보여주는 것이지만, 동시에 집단지도체제가 형성되면서 당 총서기, 중앙군사위원회 주석, 국가주석을 겸임하는 최고지도자가 행사할 수 있는 권한이 전보다 많이 축소되었다는 사실, 다시 말해 최고

Generation of Leadership and the Direction of Political Reform after the 16th Party Congress", Chu, Lo, and Myers(eds.) (2004), pp. 33~68.

지도자는 집단지도체제 속에서 "동급자 중의 일인자"(first among equals)에 불과하다는 사실을 보여주는 것이다.

우선 앞에서 말했듯이 후진타오는 공산당 정치국 상무위원회의 규모변경(9인제에서 7인제), 자파(공청단) 세력 확대, 그리고 차세대 후계자 선정과 관련하여 자신의 의도를 관철시키지 못했다. 여기에 더해 그동안 부패연루 혐의와 무능함, 그리고 자신과의 정책대립 등으로 인해 후진타오가 지속적으로 퇴진을 요구했다는 두 인물, 즉 자칭린(賈慶林) 전국정협 주석과 리창춘(李長春)이 상무위원직을 유지할 수 있었다. 이 모든 사실은 후진타오의 권력행사가 매우 제한적임을 보여준다. 다른 각도에서 말하면 이는 "후진타오 세력"이 인사권 행사와 관련하여 "장쩌민·쩡칭홍 세력"과 일정 선에서 타협할 수밖에 없었음을 의미한다.

이것과 관련하여 홍콩의 한 언론보도에 의하면, 제17차 당대회를 준비하면서 쩡칭홍 부주석의 제안으로 현직 최고지도자뿐만 아니라 전직 최고지도자(예를 들어 장쩌민, 리펑, 주룽지 등 전직 정치국 상무위원)도 지도자 인선 및 "당헌" 수정 등 중요 정책결정에 참여하는 새로운 형태의 집단결정 방식이 도입되었다고 한다. 이는 구체적으로 앞에서 살펴본 2007년 6월 25일 중앙당교 회의에서 이루어졌는데, 이를 통해 시진핑·리커창의 복수 후계자 지명과 "과학적 발전관"의 "당헌" 삽입 등의 문제가 결정되었다고 한다.40) 이는 후진타오 시대에 들어 공산당의 인선 및 정책결정 과정에 더 많은 인원이 참여하고 이에 따라 당내 민주주의가 더욱 확대됨을, 반대로 최고지도자 1인의 권한행사가 더욱 축소되었음을 보여준다.

여기에 더해 과학적 발전관과 조화사회론이 "당헌"에 삽입되는 과정

---

40) "Retired State Leaders Keep Their Grip on Key Decisions," *South China Morning Post* (Internet Edition) 2008. 2. 5.

은 주요세력이 타협과 절충을 통해 합의를 도출하고 이를 통해 문제를 해결하는 엘리트 정치의 모습을 보여준다.

먼저 "조화사회 건설"은 2002년 제 16차 당대회에서 2020년까지 공산당이 달성해야 하는 목표로 결정된 "전면적 소강사회 건설"과는 분명히 다른 새로운 개념이고, 이런 면에서 우리는 이를 "후진타오의 통치이념"이라고 부를 수 있다. 그래서 후진타오의 입장에서 보면 조화사회론이 공산당 지도 이데올로기로 공식화되고, 과학적 발전관은 그것의 한 구성요소로 편입되는 것이 바람직스러울 수 있다. 왜냐하면 조화사회론은 중국이 추구하는 목표(조화사회)와 그것을 달성하는 방법(과학적 발전관에 입각한 경제발전, 의법치국에 의한 정치발전, 선진문화 건설에 의한 문화발전, 인간과 자연의 조화를 통한 환경보존 등)을 모두 포괄하기 때문이다. 이렇게 되면 국내적으로는 조화사회론과 과학적 발전관이, 대외적으로는 조화세계론과 평화발전론이 서로 조화를 이루는 "후진타오 이론"이 탄생할 수 있다.

제 1기 후진타오 시기에 과학적 발전관과 조화사회론이 제기되는 과정을 보면 후진타오는 조화사회론을 중심으로 한 자신의 이론을 만들 의도가 있었다고 추측할 수 있다. "조화"(和諧)라는 말이 공산당의 공식문건에 처음 등장한 것은 2002년 제 16차 당대회에서 장쩌민이 발표한 "정치보고"에서였다. 그러나 그것이 "사회주의 조화사회 건설"이라는 명칭하에 내용을 갖춘 개념으로 등장한 것은 2004년 9월 공산당 16기 4중전회의 문건, 즉 "당 통치능력 건설강화에 대한 중공중앙의 결정"을 통해서였다. 이 문건에는 이와 함께 과학적 발전관이라는 명칭이 공식 등장했다.[41] 그런데 주의할 것은 조화사회론이 독립된 하

---

41) 후진타오가 "과학적 발전관"이란 용어를 처음 사용한 것은 2003년 8월 말에서 9월 초까지 장시(江西)성을 시찰할 때였다. 또한 2003년 10월 공산당 16기 3중전회에서 통과된 문건《'사회주의 시장경제체제의 완전화를 위한 약간 문제'에 대한 중공중앙의 결정》에는 경제체제 개혁의 지도사상 및 원칙

나의 항목(제7장)으로 제시된 것에 비해 과학적 발전관은 사회주의 시장경제론(제4장)의 세부항목으로만 제시되었다는 점이다. 이는 비록 시기상으로는 과학적 발전관의 내용이 조화사회론보다 먼저 제기되었지만, 그 중요도 면에서는 조화사회론이 과학적 발전관보다 더 중시되었음을 의미한다.[42]

이후 조화사회론이 더욱 체계화된 모습으로 등장한 것은 2005년 2월 중앙당교에서 개최된 "장관급(省部級) 주요 지도간부의 사회주의 조화사회 건설능력 제고를 위한 연수반"에서 행한 후진타오의 연설을 통해서이다. 여기서 후진타오는 사회주의 조화사회 건설이 "중대임무"(重大任務)로서 중앙 및 지방의 각급 공산당이 이를 당면임무로 간주하고 추진할 것을 지시했다. 또한 이때에 처음으로 조화사회 건설의 여섯 가지 지도사상, 즉 "민주와 법치, 공평과 정의, 성심과 우애, 충만과 활력, 안정과 질서, 인간과 자연의 조화"가 제시되었다.[43]

한편 2005년 3월 베이징에서는 "조화사회 학술회의"가 개최되어 조화사회의 위상과 성격, 조화사회 건설과 전면적 소강사회 건설의 관계 등에 대한 토론이 진행되었다. 이 회의에서는 주요쟁점에 대해 다양한 의견이 제시됨으로써 조화사회론이 아직도 이론적으로 명확하게

---

으로 "사람을 근본으로 하고 전면적이고 협조적이며 지속 가능한 발전관"이 "균형발전론"(五個統籌)과 함께 제시되었다. 그러나 이 문건은 아직 공식적으로 과학적 발전관이라는 용어를 사용하지 않았다. Bo에 따르면 "과학적"이란 말이 빠진 것은 공산당 지도부 내에 이를 반대하는 세력의 저항 때문이라고 한다. 이런 이유로 16기 3중전회를 평가하는 〈인민일보〉 사설도 과학적 발전관을 아예 언급하지 않았다고 한다. Bo(2007), p. 268.

42) 中共中央, "中共中央關於加强黨的執政能力建設的決定"(2004. 9. 9), 本書編寫組 編,《〈中共中央關於加强黨的執政能力建設的決定〉輔導讀本》(北京: 人民出版社, 2004), pp. 1~39.

43) 胡錦濤, "胡錦濤强調扎實做好工作大力促進社會和諧團結"(2005. 2. 19), 〈新華網〉 2006. 10. 8.

정리되지 않았음을 보여주었다.44)

이를 이어 2005년 10월 공산당 16기 5중전회에서 채택된 문건, 즉 "국민경제 및 사회발전 제 11차 5개년계획 제정에 대한 중공중앙의 건의"에서는 과학적 발전관(제 2장)과 조화사회론(제 9장)이 각각 독립된 항목으로 언급되었다. 여기서 과학적 발전관은 주로 경제발전 문제를 다루었고, 조화사회론은 사회모순 및 사회문제 해결에 집중되었다. 또한 양자관계에서 조화사회 건설이 과학적 발전의 "원칙" 중의 하나로 제시되었다.45) 이는 조화사회론이 여전히 과학적 발전관보다 상위에 있는 개념임을 보여준다.

이후 2006년 10월에 개최된 공산당 16기 6중전회에서 사회주의 조화사회 건설이 단독의제로 상정되어 토의되었다. 이때 채택된 문건, 즉 "사회주의 조화사회 건설의 몇 가지 중대문제에 대한 중공중앙의 결정"에서는 조화사회의 성격("중국 특색 사회주의의 속성"), 여섯 가지 지도사상, 2020년까지 달성해야 하는 아홉 가지 주요임무, 그리고 조화사회 건설의 여섯 가지 원칙이 제시되었다.

그런데 주목할 점은 조화사회의 위상이 변했다는 사실이다. 즉, 2005년 2월의 후진타오 연설에서는 조화사회가 당장 추진해야 하는 "중대문제"로 제기되었는데, 이때에는 공산당이 장기간에 걸쳐 이룩해야 하는 "중대전략 임무"(重大戰略任務)로 변화한 것이다. 여기에 더해 조화사회론과 과학적 발전관의 관계에서 과학적 발전관이 "이인위본", "개혁·개방", "민주·법치" 등과 함께 조화사회 건설을 추진하는 데 준수해야 하는 여섯 가지 원칙 중의 하나로 제시되었다.46) 이는

---

44)  靑連斌, "和諧社會 中國新主題"(2005. 3. 7), 〈人民網〉 2007. 7. 15.

45)  中共中央, "中共中央關於制定國民經濟和社會發展第15個5年規劃的建議"(2005. 10. 11), 本書編寫組 編, 《〈中共中央關於制定國民經濟和社會發展第15個5年規劃的建議〉輔導讀本》(北京: 人民出版社, 2005), pp. 1~36.

46)  中共中央, "關於構建社會主義和諧社會若干重大問題的決議"(2006. 10. 11),

134

양자관계에 변화가 발생했음을 보여준다. 즉, 과학적 발전관이 조화
사회론보다 상위의 개념으로 변화한 것이다.

마지막으로 2007년 6월 중앙당교에서 후진타오가 행한 연설(이른바
"6·25 講話")에서는 과학적 발전관이 주로 논의되고 조화사회론은 약
간 언급되는 정도, 즉 과학적 발전관이 조화사회론보다 훨씬 중시되
는 모습을 보여주었다.[47]

공산당의 내부토론 및 조정과정이 아직 밝혀지지 않아 확신 있게
말할 수 없지만, 이상의 검토를 통해 우리는 과학적 발전관이 지난 3
년의 당내토론과 조정을 거치면서 조화사회론보다 상위의 개념으로
변화되었음을, 다시 말해 조화사회론이 "후진타오 이론"으로서 공산
당의 공식 지도 이데올로기가 되는 것이 사실상 좌절되었음을 알 수
있다.

그 결과 제17차 당대회의 "당헌"수정에서는 조화사회론이 아니라
과학적 발전관이 공산당의 지도 이데올로기로 공식 인정되었다. 즉,
수정된 "당헌"에서는 과학적 발전관이 "맑스·레닌주의, 마오쩌둥 사
상, 덩샤오핑 이론 및 '삼개대표' 중요사상과 일맥상통하고 시대와 함
께 발전한 과학이론(科學理論)이며, 우리나라 경제사회 발전의 중요한
지도방침(指導方針)이고, 중국 특색의 사회주의 발전에서 반드시 견지
하고 관철해야 하는 중대전략사상(重大戰略思想)"으로 규정되었다.

반면 조화사회 건설은 사회주의 시장경제, 사회주의 민주정치, 사
회주의 선진문화 건설과 함께 공산당이 추구하는 네 가지 과제 중의
하나로만 언급되었다. 더 나아가 조화사회론의 내용도 이전에 제기되
었던 많은 주장이 삭제되어 매우 빈약하게 서술되고, 그 성격도 사회
문제(예를 들어 인민 내부모순) 처리를 위한 방침 정도로 간주되었다.

〈人民網〉 2006. 10. 19.
47) 胡錦濤, "胡錦濤在中央黨校發表重要講話", 〈人民網〉 2007. 6. 25.

이렇게 되면서 조화사회 건설이 아니라 전면적 소강사회 건설이 2020
년까지 공산당이 추구해야 하는 목표로 유지될 수 있었다.[48]

　이처럼 조화사회론이 아니라 과학적 발전관이 공산당 지도 이데올
로기로 확정된 배경으로는 두 가지를 들 수 있다.  하나는 조화사회론
자체가 안고 있는 문제이고,  다른 하나는 "장쩌민・쩡칭홍 세력"의 반
대이다.  조화사회론이 공산당의 지도 이데올로기가 되기에는 애매모
호한 점이 있다.  예를 들어 조화사회 건설의 여섯 가지 지도사상 중에
서 "민주와 법치"를 제외하고는 모두 추상적 윤리규범에 가깝기 때문
에 그것을 현실정치에서 구체적 정책으로 만들어 집행하기가 쉽지 않
다.  또한 조화사회가 사회주의의 목표인 계급 없는 평등사회 구현 등
과 어떤 연관이 있는지도 분명하지 않다.  그밖에도 조화사회 건설이
전면적 소강사회 건설,  그리고 과학적 발전관과 어떻게 논리적으로
연관되는지 불분명하다.

　한편 "장쩌민・쩡칭홍 세력"의 입장에서 보면 과학적 발전관이나 조
화사회론이 "당헌"에 삽입되는 것이 결코 바람직스런 일이 아니다.  중
국이 사회주의 정치체제를 유지하는 한,  이데올로기는 여전히 중요한
의미를 갖기 때문이다.  그런데 "장쩌민・쩡칭홍 세력"의 입장에서 보
면 과학적 발전관이 아니라 조화사회론이 덩샤오핑 이론이나 삼개대
표론과 같은 반열에 드는 것은 더욱 찬성할 수 없다.  왜냐하면 후진타
오의 통치이념인 조화사회론을 공산당 지도 이데올로기로 인정한다는
것은 후진타오를 새로운 이론 창시자로 승격시키는 것이고,  이렇게
되면 그의 권위는 확고부동하게 되기 때문이다.

---

48) Cary Huang, "Congress Secures Hu Legacy", *South China Morning Post*
　　(Internet Edition) 2007. 10. 22; Ting Shi, "Hu up with Party Greats after
　　It Adopts His Scientific Theory", *South China Morning Post* (Internet
　　Edition) 2007. 10. 22; Laurence Braham, "Scientific Harmony", *South
　　China Morning Post* (Internet Edition) 2007. 11. 6.

좀더 구체적으로 살펴보자. 조화사회론과 비교했을 때, 균형발전과 지속 가능한 발전(*sustainable development*)을 핵심내용으로 하는 과학적 발전관은 "장쩌민·쩡칭훙 세력"도 어느 정도 수용할 수 있는 개념이다.

우선 과학적 발전관은 장쩌민 시대의 사회경제 방침과 깊은 연관성이 있다. 지역 균형발전 전략인 서부대개발(西部大開發) 정책이 1999년에 시작된 것이나, 2003년 제10기 전국인대 제1차 회의에서 행한 주룽지(朱鎔基) 총리의 "정부업무보고"(工作報告)에서 "삼농(三農) 문제" 해결을 매우 강조한 것은 이를 잘 보여준다. 2006년 농업세 전면폐지를 포함해 제1기 후진타오 체제가 적극 추진한 농업진흥 정책("사회주의 신농촌 건설")도 사실은 2000년 안후이성(安徽省)에서 시험 실시한 것을 전국적으로 확대한 것에 불과하다. 따라서 과학적 발전관은 순수하게 후진타오 이론이라고 말할 수 없으며, 이에 대해서는 "장쩌민·쩡칭훙 세력"도 일정한 지분을 요구할 수 있다.

또한 과학적 발전관은 수식어로 "과학적"이 붙었지만 분명히 "발전"을 제1의 임무로 한다고 명시한다. 따라서 공산당 내에서 균형이나 분배보다 성장을 중시하는 경향이 있다고 알려진 "장쩌민·쩡칭훙 세력"도 이를 충분히 수용할 수 있다. 그래서 과학적 발전관은 실제 적용과정에서 "과학적"은 무시되고 "발전"만 강조될 가능성이 충분히 있다. 제1기 후진타오 체제에서 추진된 녹색 국민총생산(*Green GDP*) 산정 및 공표계획이 기술상의 문제를 제기하는 국가통계국(統計局) 등 일부 중앙부서의 반대와 지방간부의 저항으로 좌절된 것이나, 사회주의 신농촌 건설이 원래 계획과는 달리 제대로 집행되지 않는 현실은 과학적 발전관의 앞날에 시사하는 바가 크다.

이처럼 "후진타오 세력"과 "장쩌민·쩡칭훙 세력"이 타협과 협의를 통해 조화사회론이 아니라 과학적 발전관을 공산당의 공식 지도 이데올로기로 승격시켰다고 추론할 수 있다.

## 2) 중국 엘리트 정치에서 파벌주의 : 유용성과 한계

개혁기 중국의 엘리트 정치를 어떻게 볼 것인가에 대해서는 그동안 여러 논의가 있었다.[49] 그런데 앞에서 살펴보았듯이 이번 인사교체는 파벌주의(factionalism)가 중국의 엘리트 정치를 분석하는 데 여전히 유효함을 보여주었다. 황(Jing Huang)의 주장처럼 파벌주의는 중국 정치체제의 특성, 즉 권력이 개별 지도자에게 집중되고, 공산당은 다양한 사회이익을 표현하는 채널을 독점하고, 정책결정의 정식과정이 수립된 적이 없고, 군이 정치에 자주 개입하는 특성으로 인해 중국정치의 내재적 요소가 되었고, 그래서 중국이 공산당 일당체제를 벗어나지 않는 한, 파벌정치는 항상 존재하고 또한 중요한 의미를 갖는 것일지도 모른다.[50]

이런 주장은 별도로 하더라도, 현재 중국에는 최고 통치 엘리트의 선발과 관련하여 객관적 선발기준과 투명하고 공정한 제도가 갖추어져 있지 않기 때문에 파벌주의는 지속될 것이다. 지금까지 인선기준으로는 연령, 능력, 경험, 업적, 당성(충성도), 청렴도 등이 제시되었다. 그런데 이 중에서 연령을 제외한 나머지는 객관적 기준이 되기에는 한계가 있다. 또한 이런 기준을 그대로 적용할 경우에도 이를 충족시키는 최고 엘리트 후보군은 매우 많다. 결국 최고 통치 엘리트 선발과정에서는 비공식적 요소, 즉 파벌이 작용할 수밖에 없다. 이런 면에서 제 17차 당대회의 공산당 최고 권력기구 인사가 계파별 안배에 따라 이루어졌다는 것은 충분히 이해할 수 있다.

그런데 우리는 파벌주의의 유용성을 인정하면서도 동시에 그것의 변화에도 주목해야 한다. 단적인 예로 장쩌민 시대에 들어 파벌과 파

---

49) 자세한 논의는 조영남(2006a), pp. 154~156 참조.

50) Jing Huang, *Factionalism in Chinese Communist Politics*(Cambridge, London: Cambridge University Press, 2000), p. 6.

벌투쟁의 성격이 변화한 점을 들 수 있다.[51] 마오쩌둥 시대의 파벌은 주로 노선 및 이념대립으로 형성되었고, 파벌투쟁은 승자독식(winer-takes-all)의 원리에 따라 격렬하게 전개되었다. 이에 비해 덩샤오핑 시대에는 파벌이 주로 정책차이로 형성되었고, 파벌투쟁은 전보다 덜 격렬했지만 여전히 치열하게 전개되었다.

그런데 장쩌민 시대와 후진타오 시대에 들어와서 파벌은 이념대립이나 정책차이가 아니라 주로 학연(예를 들어 淸華幇), 지연(上海幇), 업무(共靑團), 혈연(太子黨) 등을 통해 형성되었다. 이에 따라 파벌의 응집력은 전처럼 그렇게 강하지 못하다. 여기에 더해 파벌 형성기제의 중복— 예를 들어 리위안차오(李源潮)나 류옌동(劉延東)처럼 공청단 출신이면서 동시에 태자당인 경우— 으로 파벌의 경계선이 불분명하고, 각 파벌간의 관계가 단순히 대립적이지만은 않은 경우도 있다.[52] 마지막으로 파벌투쟁은 노선투쟁보다는 자리안배를 둘러싼 각 세력간 경쟁이라는 성격이 강하기 때문에 협상과 타협을 통해 문제를 해결할 수 있는 여지가 많다. 그래서 파벌투쟁의 강도는 전보다 훨씬 약화되었다.

더 나아가서 우리는 "후진타오 세력" 또는 "공청단파"의 등장이 갖는 의미를 과대평가해서는 안 된다. 공청단파가 중앙과 지방의 당정 고위직에 대거 포진함으로써 후진타오의 통치이념이 전보다 더 잘 집행될 가능성이 있다. 이런 면에서 이들의 등장은 제2기 후진타오 체제의 정책집행과 관련하여 일정한 의미를 가질 수 있다.

그런데 아직까지는 이들이 "장쩌민·쩡칭훙 세력"과 이념이나 정책면에서 어떤 분명한 차이를 보인다고 단정적으로 말할 수 있는 근거가 부족하다.[53] 예를 들어 장관급(省部級) 지도자의 경우 5년 단위의

---

51) 이에 대한 자세한 검토는 조영남(2006a)의 제4장 참조.

52) Bo(2007), pp. 194~197.

53) Cheng Li는 최근 들어 "후진타오 세력"과 "장쩌민·쩡칭훙 세력"이 일정한

순환보직 원칙에 의해 중앙부서와 지방정부를, 지방정부의 경우에는 연해지역과 내륙지역을 돌아가면서 담당하는 경우가 많다. 따라서 특정부서나 지역에서 근무한 경험을 근거로 이들간의 정책적 차이를 강조하는 것은 타당하지 않다.

그래서 최소한 현재의 관점에서 본다면 "후진타오 세력" 또는 공청단파가 부서이기주의(*departmentalism*)나 지역주의(*localism*)의 굴레에서 벗어나 급진적이고 새로운 정책을 추진하기보다는 여러 파벌들이 협의와 타협을 통해 절충한 정책을 집행하는 데 만족할 가능성이 더 높다. 다시 말해 "후진타오 세력"의 등장은 통치 엘리트간의 권력분점과 엘리트 민주주의의 확대와 관련하여 의미를 가질지는 모르지만, 공산당의 노선 및 정책변화와 관련해서는 어떤 의미를 가질지 좀더 시간을 두고 지켜보아야 한다.

따라서 특정개인이나 파벌의 등장보다는 통치 엘리트 전체의 성격 변화에 주목하는 것이 중국 엘리트 정치의 변화나 공산당 노선 및 정책의 변화를 이해하는 데 더 큰 도움이 될 수 있다. 단적으로 현재 중앙 및 지방의 고위직 간부는 기술관료에서 인문·사회계열 출신의 엘리트로 그 성격이 급속히 변하고 있다. 기존연구가 보여주었듯이 장쩌민 시대와 후진타오 시대는 기술관료의 시대였다.[54] 그런데 2007

---

정책차이를 보인다는 사실에 주목하여, 이들을 각각 "민중연합"(*popular coalition*)과 "엘리트 연합"(*elitist coalition*)으로 부른다. 전자는 조화사회, 균형발전, 국민 중심적 접근, 녹색 GDP 등을 강조하며 사회 소외계층(노동자·농민·유동인구)에 주목하는 반면, 후자는 경제적 효율성, 급속한 성장, 환경과 사회문제 해결 대신 발전 친화적 전략 중시, 사영기업가 및 중산층에 주목한다고 한다. Brookings Institution, "China's 17th Party Congress: Looking Ahead to Hu Jintao's 2nd Term", Washington, D.C., October 2007, p. 22. 그러나 이런 구분이 실제로 어느 정도 타당할지는 좀더 면밀한 검토가 필요하다.

54) Li(2001).

140

년 상반기에 완료된 전체 31개 성급 행정단위 수장(당서기와 성장) 총 62명의 인선에서는 인문·사회분야의 교육배경을 가진 간부가 전체의 75% 이상을 차지했다.[55]

이런 추세는 2008년 2월 완료된 31개 성급 행정단위(성·직할시·자치구)의 270명의 정부수장(성장 31명과 부성장 239명) 인선에서 더욱 강화되었다. 즉, 중국 언론보도에 따르면 총 270명 중에서 기술관료 출신은 50명으로 전체의 18.5%(인문사회분야 출신이 81.5%)에 불과하다.[56] 이는 10년 전 같은 직위의 지도자 중에서 기술관료가 75% 정도를 차지했던 것과 비교하면 매우 큰 변화이다.[57] 그래서 한 중국신문은 이를 두고 중국 통치 엘리트가 "혁명가 → 노동자 및 농민간부 → 기술관료 → 사회관리인"으로 그 성격이 변화했다고 주장한다.[58]

이번 공산당 최고지도부 인선에서도 이런 성향이 나타났다. 예를 들어 총 10인의 신임 정치국원〔정치국 후보위원에서 정치국원으로 승진한 왕깡(王綱) 포함〕 중에서 인문·사회계열 출신이 7명이며, 2인의 신임 정치국 상무위원(시진핑과 리커창)은 모두 인문·사회계열 출신이다.

이와 함께 이전에 최고 엘리트 중에는 칭화대학 출신이 많았는데, 최근에는 베이징대학(北京大學) 출신이 급증하는 현상이 나타났다. 예를 들어 장관급(省部級) 고위관료 중에서 2007년 5월 말에 베이징대학 출신으로 확인된 인물이 총 57인이나 되어 중국에서 화제가 되었다.[59] 이는 최고 통치 엘리트가 기술관료에서 인문·사회계열 출신자로 바뀌면서 나타나는 자연스런 현상이다. 이와 같은 통치 엘리트

55) "北大'崛起'中國官場: 在任副省部級以上57人", 〈多維新聞〉 2007. 6. 14; "31省·區·市黨委換屆凸顯六大亮點"(2007. 7. 17), 〈人民網〉 2007. 7. 18.
56) "近8成省級行政領導擁有高學歷", 〈新華網〉 2008. 2. 1.
57) Li(2001), p. 41.
58) 〈人民網〉 2007. 7. 18.
59) 〈多維新聞〉 2007. 6. 14.

전체의 변화가 중국정치에 어떤 영향을 미칠지 앞으로 주의 깊게 분석해야 한다.


## 4. 요약과 평가

지금까지 우리는 제 17차 당대회의 인선과정에 나타난 특징, 정치개혁의 주요방침과 내용, 그리고 이를 통해 나타난 엘리트 정치의 변화를 살펴보았다. 제 17차 당대회의 인선과정은 전에 비해 더욱 제도화되었다. 공산당 정치국과 정치국 상무위원회, 중앙군사위원회 인선에서 "68세 연령기준"이 예외 없이 적용된 점, 정치국원 인선에서 "민주추천제도"와 비밀투표가 새롭게 도입된 점은 이를 잘 보여준다. 이에 비해 제 2기 후진타오 체제의 권력기반은 전보다 그렇게 강화되지 않았다. 정치국 상무위원회 9인제가 유지되었고, "후진타오 세력"은 정치국 상무위원회에서 여전히 소수파에 머물게 되었다. 이에 더해 복수 후계구도가 형성되면서 후진타오가 구상한 1인 권력승계 구도도 관철되지 못했다.

정치개혁과 관련해서 제 17차 당대회는 제 16차 당대회와 마찬가지로 큰 진전이 없었다. 이전처럼 공산당 영도, 인민의 정치적 주인화, 의법치국의 유기적 통일 견지라는 방침과 중국의 기본 정치제도 발전이라는 방침이 유지되었다. 공산당과 관련된 내용으로는 공산당 통치능력과 선진성 강화방침하에 당내민주 확대와 반부패 정책 추진이 주요정책으로 제시되었다. 다만 "당헌"개정을 통해 지방에서 시험 실시되었던 개혁정책 중 일부, 즉 당대표 활동의 일상화, 순시제도, 공산당 위원회의 상무위원회에 대한 감독이 공식제도로 승인되었다.

엘리트 정치 면에서 이번 제 17차 당대회는 장쩌민 시기와 제 1기 후진타오 시기가 보여주었던 엘리트 정치의 특징이 확대 발전하는 모습을 보여주었다. 중앙과 지방의 당정요직에 "후진타오 세력"과 "장쩌민·쩡칭훙 세력"이 고르게 분포함으로써 집단지도체제가 지속될 수 있었다. 또한 공산당 지도부 인선과 "당헌"수정 등 공산당 노선 및 정책의 결정과정에서 두 세력이 협의와 타협을 통해 일정한 합의를 도출하는 모습을 보여주었다. 이런 면에서 당내 민주주의 또는 엘리트 민주주의가 확대되었다고 평가할 수 있다.

한편 제17차 당대회의 인선과정과 결과는 파벌주의의 유용성을 다시 한번 보여주었다. 그러나 이와 함께 중국의 파벌정치가 전과는 다르게 크게 변화하고 있음에도 주의해야 한다. 이런 면에서 특정개인이나 파벌의 등장보다는 통치 엘리트 전체의 성격변화, 즉 기술관료에서 인문·사회계열 출신자로의 변화에 좀더 주목할 필요가 있다.

전체적으로 볼 때 제17차 당대회는 안정적이고 실무적으로 정치문제를 처리한다는 후진타오 체제의 특징이 잘 드러난 정치행사였다. 향후 5년 동안 공산당은 급진적 정치개혁의 추진 없이 현재의 정치체제와 정책방침을 유지하면서 경제발전과 사회안정 유지라는 사회경제적 당면과제 해결에 주력할 것이다. 지난 30년 동안의 개혁·개방정책을 통해 급변한 사회경제체제와 이에 비해 여전히 낙후되고 모순투성이인 정치체제를 어떻게 조화시킬 것인가 하는 과제는 "제5세대" 지도자에게 넘겨졌다.

# 제 4 장

# 제 11기 전국인민대표대회 제 1차 회의
## 국가지도자 인선과 정책변화

매년 3월에 개최되는 전국인민대표대회(全國人民代表大會, 이하 전국인대) 연례회의는 공산당 정책을 국가정책으로 전환하는 역할을 담당한다. 일반적으로 공산당 당대회나 중앙위원회가 전국인대 연례회의보다 먼저 개최되어 주요의제를 심의하고 결정사항을 공산당 중앙명의로 전국인대에 상정한다. 그러면 전국인대 연례회의에서는 이를 심의 및 확정한다.

이번도 예외는 아니었다. 이 책의 제 3장에서 살펴보았듯이 2007년 10월에 개최된 제 17차 당대회에서는 공산당뿐만 아니라 국가기관의 최고지도자 인선과 향후 5년간의 국정운영 방침이 사실상 확정되었다. 여기에 더해 2007년 12월의 중앙 경제공작회의(經濟工作會議)에서는 2008년도 사회·경제방침과 주요정책이 논의되었다. 또한 2008년 2월에 개최된 공산당 제 11기 중앙위원회 제 2차 전체회의(17기 2중전회)에서는 이번 전국인대 연례회의의 핵심의제인 국무원 인선안과 행정개혁안이 심의되었다.

이처럼 2008년 3월에 개최된 제 11기 전국인대 제 1차 회의는, 2007년 10월 제 17차 당대회부터 약 5개월간 진행된 제 2기 후진타오 체제의 출범준비, 즉 신지도부 구성과 새로운 국가정책 결정이 최종 완료되어 공식 출범하는 중요한 정치행사였다. 제2기 후진타오 체제와 중국정치의 변화를 이해하려고 할 때, 제11기 전국인대 제1차 회의를 반드시 분석해야 하는 이유는 이 때문이다.

구체적으로 여기서는 다음 세 가지 사항을 분석할 것이다. 먼저 국무원을 중심으로 한 국가지도자 인선결과를 살펴볼 것이다. 다음으로 2020년까지 중국이 추진할 예정인 행정개혁 방침과 국무원 기구개혁, 즉 "대부문체제"〔大部門體制, 약칭은 "대부제"(大部制)〕개혁을 집중 분석할 것이다. 마지막으로 향후 5년간의 국정운영 방침과 2008년도 주요정책을 정치개혁, 사회·경제정책, 대만·외교정책으로 나누어 검토할 것이다.

이를 위해 필자는 "정부업무보고", "2008년 국민경제 및 사회발전계획", "2008년 정부예산안" 등 이번 전국인대 회의에서 채택된 공식문건과 회의진행 관련자료를 상세하게 검토했다. 또한 전국인대 회의기간 중에 개최되었던 정부관계자의 각종 기자회견 자료, 그리고 이번 회의에 대한 중국 내외의 언론보도 자료도 포괄적으로 수집하여 분석했다.

이상의 분석을 통해 우리는 다음 사항을 알 수 있다. 우선 이번 국무원 지도부 인선을 통해 제2기 후진타오 체제는 자기세력을 국무원에 대거 발탁함으로써 제1기 체제보다 더욱 강력하게 자신들의 국정이념과 주요정책을 추진할 수 있는 인적 토대를 갖추게 되었다. 이는 후진타오 집권 2기의 정책집행과 관련하여 중요한 함의를 갖는다.

행정개혁 및 국무원 기구개혁과 관련하여 중국정부는 기존의 행정개혁과는 다른 획기적인 대부제 개혁을 의욕적으로 추진했으나 정부부서이기주의와 관료들의 저항, 그리고 공산당 지도력의 부족으로 최소한 이번 회기에는 소기의 성과를 거두지 못했다. 이는 향후 중국의 행정개혁과 정치개혁이 결코 순탄치 않을 것임을 예고한다.

마지막으로 향후 5년 동안 중국은 "민생(民生) 개선"을 최우선 국정 과제로 추진할 것이며, 특별한 일이 없는 한 민주적 정치개혁이나 외교정책 및 대만정책의 급격한 조정은 없을 것이다.

## 1. 국가지도자 인선

이번 전국인대 연례회의의 국가지도자 인선에서는 특별한 쟁점이 없었다. 지난 제17차 당대회에서 국가지도자 인선이 사실상 완료되었기 때문이다. 따라서 이번 인선의 관심은 국무원 지도부와 장관급 인사의 명단 확인 정도였다. 이번 회의에서는 예상대로 후진타오 총서기가 국가주석 및 국가중앙군사위원회 주석에, 시진핑(習近平) 정치국 상무위원이 국가부주석에 선출되었다. 리커창(李克强) 정치국 상무위원도 국무원 부총리에 선출되었다. 그밖의 구체적 인선결과는 표와 같다. 표에 나타난 제2기 후진타오 체제의 지도부 구성을 분석하면 다음과 같은 특징을 발견할 수 있다.

우선 국무원 인선에서는 대폭적 인사교체가 있었다. 국무원 지도부, 즉 총리·부총리·국무위원의 경우 원자바오(溫家寶) 총리는 유임되었지만, 총 4인의 부총리 중에서는 3인이, 총 5인의 국무위원 중에서는 5인 전원이 교체되었다. 국무원 장관급 인사(部長·主任)의 경우 부서 통폐합에 따라 신설된 부서로의 재임명을 포함한 신임장관은 12인으로 전체(27인)의 44.4%에 불과했다. 하지만 2007년 제17차 당대회를 전후로 새롭게 임명된 인사 9인을 포함하면 신임장관은 총 21인으로 전체의 77.8%에 달한다. 이에 비해 2006년 이전에 임명된 장관은 6인으로 전체의 22.2%에 불과하고, 2003년부터 연임한 장관은 겨우 3인(전체의 11%) 뿐이다. 이는 제2기 후진타오 체제가 자신의 국정이념을 좀더 충실하게 수행할 수 있도록 국무원 지도부와 장관급

인사를 전면 교체한 것으로 볼 수 있다. 1)

그밖에 이번 국무원 지도부 인사에서는 지방지도자 출신이 강세를 보였다. 리커창(랴오닝성 서기), 장더장(광둥성 서기), 왕치산(베이징시 서기), 멍젠주(장시성 서기) 등이 대표적 예이다. 2)

<표 4-1> 국가중앙군사위원회 : 주석 · 부주석 · 위원

(2008년 3월)

| 구 분 | 이 름 | 연 령 | 공산당 · 정부 · 군 직책 |
|---|---|---|---|
| 주석(1) | 후진타오(胡錦濤) | 66 | 공산당 총서기/국가주석 |
| 부주석(2) | 궈보슝(郭伯雄) | 66 | 정치국원 |
| | 쉬차이허우(徐才厚) | 65 | 정치국원 |
| 위원(8) | 량광례(梁光烈) | 68 | 국무원 국방부장 |
| | 천빙더(陳炳德) | 67 | 총참모장 |
| | 리지나이(李繼耐) | 66 | 총정치부 주임 |
| | 랴오시룽(廖錫龍) | 68 | 총후근부장 |
| | 창완취안(常萬全) | 59 | 총장비부장 |
| | 징즈위안(靖志遠) | 64 | 제2포대 사령관 |
| | 우성리(吳勝利) | 63 | 해군사령관 |
| | 쉬치량(許其亮) | 58 | 공군사령관 |

참고: 2007년 10월 제17차 당대회에서 선출된 중앙군사위원회 구성원과 동일.
자료: "中國機構及領導人資料庫", 〈人民網〉(http://people.com.cn:이하 동일한 사이트) ; "中國及地方領導人資料庫", 〈人民網〉.

---

1) 참고로 2003년 제1기 후진타오 체제가 출범할 당시 국무원 장관급 인사의 교체율은 50%였다. 이는 제1기 후진타오 체제가 국무원의 인적 구성 면에서 장쩌민(江澤民) 체제와 완전히 단절하지 못했음을 의미한다.
2) 鍾欣, "攻堅新團隊面臨新挑戰", 〈新華網〉 2008.3.18(http://xinhuanet.com: 이하 동일한 사이트).

　　파벌간 세력분포 면에서 보면 "후진타오 · 원자바오 세력", 즉 공청단(共靑團)이 "장쩌민(江澤民) · 쩡칭훙(曾慶紅) 세력", 즉 상하이방(上海幫)과 태자당(太子黨)의 연합보다 국무원 지도부(총리 · 부총리 · 국무위원)에서 수적 우위를 점하고 있다. 즉, 총 10인의 국무원 지도부 중에서 "장쩌민 · 쩡칭훙 세력"이 4인(후이량위, 장더장, 왕치산, 마카이)인 것에 비해, "후진타오 · 원자바오 세력"은 6인(원자바오, 리커창, 류옌둥, 량광례, 멍젠주, 다이빙궈)이다. 이는 지난 집권 1기에 총 10인의 국무원 지도부 중 상하이방이 최소 5인이고 "후진타오 · 원자바오 세력"은 2인에 불과했던 것과 비교할 때, 제 2기 후진타오 체제에서는 "후진타오 · 원자바오 세력"이 매우 강화된 것으로 볼 수 있다.[3]

<표 4-2> 국무원 : 총리 · 부총리 · 국무위원

(2008년 3월)

| 직 책 | 이 름 | 연 령 | 주요 경력 및 겸직사항 | 임명시기/담당 |
|---|---|---|---|---|
| 총 리 | 원자바오(溫家寶) | 66 | 국무원 총리/정치국 상무위원 | 연임/총괄 |
| 부총리 (4인) | 리커창(李克强) | 53 | 랴오닝성 당서기/정치국 상무위원 | 신임/거시경제 |
| | 후이량위(回良玉) | 64 | 국무원 부총리/정치국원 | 연임/농업 |
| | 장더장(張德江) | 62 | 광둥성 당서기/정치국원 | 신임/산업 · 에너지 |
| | 왕치산(王岐山) | 60 | 베이징시 당서기/정치국원 | 신임/금융 · 무역 |
| 국무 위원 (5인) | 류옌둥(劉延東) | 63 | 공산당 통전부장/정치국원 | 신임/교육 · 홍콩 |
| | 량광례(梁光烈) | 68 | 국방부장/중앙군사위원회 위원 | 신임/국방 |
| | 마카이(馬凱) | 62 | 국가발전개혁위원회 주임 | 신임/국무원 비서장 |
| | 멍젠주(孟建柱) | 61 | 장시성 당서기/공안부장 | 신임/공안 |
| | 다이빙궈(戴秉國) | 67 | 외교부부장/외사판공실 주임 | 신임/외교 · 대만 |

자료: "中國機構及領導人資料庫", 〈人民網〉; "中國及地方領導人資料庫", 〈人民網〉.

---

3) 조영남, 《후진타오 시대의 중국정치》(파주: 나남, 2006), p. 120.

〈표 4-3〉 국무원 : 부장·주임(部長·主任)

(2008년 3월)

| 직 책 | 이 름 | 연 령 | 주요 경력 및 겸직사항(당내) | 임명시기 |
|---|---|---|---|---|
| 외교부 | 양제츠(楊洁篪) | 58 | 외교부(副) 부장/중앙위원 | '07 |
| 국방부 | 량광례(梁光烈) | 68 | 국방부장/중앙군사위원회 위원 | '08(신임) |
| 국가발전개혁위원회 | 장핑(張平) | 62 | 국무원 부비서장/중앙위원 | '08(신임) |
| 교육부 | 저우지(周濟) | 62 | 교육부장/중앙위원 | '03(연임) |
| 과학기술부 | 완강(萬鋼) | 56 | 동지대학 총장/치공당(致公黨) 주석 | '07 |
| 공업정보화부 | 리이중(李毅中) | 63 | 안전생산감독관리총국장/중앙위원 | '08(신임) |
| 국가민족사무위원회 | 양징(楊晶) | 55 | 네이멍구 주석/중앙위원 | '08(신임) |
| 공안부 | 멍젠주(孟建柱) | 61 | 장시성 당서기/국무위원 | '08(신임) |
| 국가안전부 | 겅후이창(耿惠昌) | 57 | 국가안전부부장/중앙위원 | '07 |
| 감찰부 | 마원(馬馼) | 60 | 중앙기위 부서기/중앙위원 | '07 |
| 민정부 | 리쉐쥐(李學擧) | 53 | 민정부부장/중앙위원 | '03(연임) |
| 사법부 | 우아이잉(吳愛英) | 57 | 사법부부장/중앙위원 | '05(연임) |
| 재정부 | 세쉬런(謝旭人) | 61 | 국가세무총국장/중앙위원 | '07 |
| 인력자원 사회보장부 | 인웨이민(尹蔚民) | 55 | 인사부장/중앙위원 | '08(신임) |
| 국토자원부 | 쉬샤오스(徐紹史) | 57 | 국무원 부비서장/중앙위원 | '07 |
| 주택건설부 | 장웨이신(姜偉新) | 59 | 건설부부장/중앙위원 | '08(신임) |
| 철도부 | 류즈쥔(劉志軍) | 55 | 철도부부장/중앙위원 | '03(연임) |
| 교통운수부 | 리성린(李盛霖) | 62 | 교통부장/중앙위원 | '08(신임) |
| 수리부 | 천레이(陳雷) | 54 | 신장자치구 부주석/중앙위원 | '07 |
| 농업부 | 순정차이(孫政才) | 45 | 베이징 순이구장/중앙위원 | '06(연임) |
| 환경보호부 | 저우성셴(周生賢) | 59 | 국가환경보호총국장/중앙위원 | '08(신임) |
| 상무부 | 천더밍(陳德銘) | 59 | 국가발전개혁위 부주임/중앙위원 후보 | '07 |
| 문화부 | 차이우(蔡武) | 59 | 국무원 신문판공실 주임/중앙위원 | '08(신임) |
| 위생부 | 천주(陳竺) | 55 | 중국과학원 부원장/무당파 | '07 |
| 인구가족계획위원회 | 리빈(李斌) | 54 | 인구가족계획위 부주임/중앙위원 | '08(신임) |
| 중국인민은행 | 저우샤오촨(周小川) | 60 | 증권감독회 주임/중앙위원 | '02(연임) |
| 심계서 | 류쟈이(劉家義) | 52 | 심계서 부심계장/중앙위원 | '08(신임) |

자료: "中國機構及領導人資料庫,〈人民網〉; "中國及地方領導人資料庫,〈人民網〉.

공산당이 집단지도체제로 운영되는 것과는 달리 국무원은 총리책임
제로 운영되기 때문에 파벌간 세력분포가 정책결정에 절대적 영향을
미친다고 말할 수는 없다. 하지만 이 같은 세력분포는 향후 후진타오
체제가 농민문제 해결이나 민생개선 등의 정책을 더욱 강력하게 추진
할 수 있는 유리한 인적 조건을 갖추게 되었다고 평가할 수 있다.

그런데 제 2기 후진타오 체제의 정책집행과 관련해서는, 국무원 지
도부의 변화와 함께 주요 성급(省級) 행정단위의 지도부 구성에도 주
목해야 한다. 이미 잘 알려진 것처럼 2003년 말과 2004년 초 원자바오
총리는 경제과열을 막기 위해 긴축정책을 강력하게 추진하려고 했다.
이때 중앙뿐만 아니라 지방의 "장쩌민·쩡칭홍 세력"— 예를 들어 상
하이시 당서기 천량위(陳良宇)— 이 이에 반대했고, 그 결과 국무원의
긴축정책은 제대로 추진되지 못했다. 그런데 제 2기 후진타오 체제가
출범하면서 이들 지방의 지도부가 교체되었다.

예를 들어 위정성(兪正聲) 후베이성(湖北省) 당서기가 천량위의 축
출 이후 상하이시 당서기로 임명되었고, 왕양(汪洋) 충칭시(重慶市)
당서기가 장더장 국무원 부총리의 후임으로 광둥성(廣東省) 당서기에
임명되었다. 이렇게 되면서 그동안 "장·쩡 세력"의 지방근거지로 간
주되던 상하이시와 광둥성도 제 2기 후진타오 체제에서는 전보다 더
욱 충실하게 중앙정부의 방침을 따를 가능성이 높아졌다. 특히 광둥
성의 경우 왕양 당서기뿐만 아니라 황화화(黃華華) 성장과 그밖의 지
도부 대부분이 공청단 출신 간부들로 충원됨으로써 향후 광둥성은 후
진타오 체제의 국정방침과 정책을 충실히 집행하는 핵심지역이 될 가
능성이 높아졌다. 4)

한편 전국인대 부위원장, 전국정협 부주석, 국무원 지도부 인선에

---

4) Cheng Li, "Hu's Southern Expedition: Changing Leadership in Guangdong",
   *China Leadership Monitor* No. 24(2008).

서는 "민주추천제도"(民主推薦會)가 도입되었다. 이 제도는 원래 지방
에서만 실시되다가 2007년 제 17차 당대회를 준비하면서 정치국원 인
선에 처음으로 도입되었고, 이번에 국가기관 지도자 인선에까지 확대
되었다. 구체적으로 공산당은 2007년 12월 2일에 전국인대 부위원장
과 전국정협 부주석의 예비후보를 선출하기 위해 "공산당 예비인선 민
주추천회"를 개최했다. 여기에는 장관급(省部級) 당정간부와 대군구
(大軍區)급 장성 등 총 300명이 참석하여 예비후보 추천을 위한 투표
를 실시했다. 이후 공산당 정치국은 투표결과와 기타 의견을 종합하
여 최종 후보자 명단을 작성하여 전국인대 주석단에 제출했다.

국무원 지도부의 경우 제 17차 당대회를 준비하면서 공산당 중앙은
2007년 6월 25일에 정치국원 예비후보 선정을 위한 민주추천회 ─ 여
기에는 공산당 중앙위원 및 당정 최고위급 간부 약 400명이 참석했다
─ 를 개최했는데, 이때 정치국원 예비후보와 함께 국무원 지도부 예
비후보에 대한 투표도 함께 실시되었다.[5]

이처럼 정치국원에 이어 전국인대 부위원장, 전국정협 부주석, 국
무원 지도부를 대상으로 민주추천제도가 도입되었다는 사실은 공산당
이 중국 정치체제의 최대 문제점으로 간주되는 최고지도자 인선과정
의 제도화를 위해 지속적으로 노력하고 있음을 보여준다.


## 2. 행정개혁과 국무원 기구개혁

이번 전국인대 연례회의의 최대 관심사는 행정개혁과 국무원 기구
개혁이었다. 공산당은 2008년 2월에 개최된 제 17기 2중전회에서

---

5) 孫乘斌, "擔當起時代賦與的莊嚴使命", 〈人民網〉 2008. 3. 20 (http://people.
   com. cn: 이하 동일한 사이트); 主席團, "10屆全國人大一次會議主席團擧行
   第3次會議"(2008. 3. 12), 〈新華網〉 2008. 3. 13.

2020년까지 중국이 추진할 행정개혁 방침("행정관리체제 개혁에 대한 의견", 이하 "의견")과 국무원 기구개혁 방안(대부제 개혁)을 심의했다. 6) 그런데 구체적 내용과 방법이 이번 회의에서 결정되기 때문에 이 문제가 핵심쟁점으로 부각되었다.

### 1) 행정개혁 방침

"의견"에 의하면 현행 중국의 행정체제에는 많은 문제가 있다. 예를 들어 중국정부는 미시경제 운영에는 과도하게 개입하여 기업의 경제활동에 큰 지장을 초래하는 반면, 정작 정부가 해야 하는 사회관리나 공공서비스 제공에서는 제대로 된 역할을 수행하지 못한다. 또한 정부부서간 기능이 중복되고 책임과 권한이 일치하지 않아 행정 효율성이 크게 떨어지는 문제가 있다. 그밖에도 정부기구 배치의 불합리성과 행정운영 및 관리제도의 미비, 행정권력 감독의 미비와 이에 따른 권력남용과 부패 등이 문제로 지적된다.

이런 문제를 해결하기 위해 중국은 2020년까지 "비교적 완전한 중국 특색의 사회주의 행정관리체제" 수립을 목표로 2008년부터 본격적으로 행정개혁을 추진한다는 것이 "의견"의 방침이다. 7) 이 같은 행정개혁은 크게 세 가지 내용을 중심으로 추진될 예정이다.

첫째는 정부직능의 전환으로 이것이 행정개혁의 핵심이다. 구체적으로 우선 정부-기업 분리나 정부-자본 분리를 좀더 철저하게 추진하

---

6) 中共中央, "關于深化行政管理體制改革的意見"(2008. 3. 4), 〈人民網〉 2008. 3. 5.

7) 中共中央, "關于深化行政管理體制改革的意見"; 中編班負責人, "中編班負責人就深化行政管理體制和機構改革答記者問"(2008. 3. 11), 〈新華網〉 2008. 3. 20; 汪玉凱, "冷靜看待'大部制'改革"(2007. 12. 10), 〈新華網〉 2007. 12. 11; 深榮華, "積極穩安地探索實行職能有機統一的大部門體制"(2008. 2. 28), 〈新華網〉 2008. 3. 25.

152

여 정부가 담당해야 할 필수직능만 남겨두고 나머지는 기업이나 사회
단체에 이양할 예정이다. 동시에 그동안 정부가 소홀히 했던 거시경
제 조절, 시장관리와 감독, 사회관리와 공공서비스 제공 등 자신의
역할을 좀더 철저하게 수행할 방침이다.

둘째는 정부기구 개혁이다. 여기서 핵심이 바로 대부제 개혁, 즉
중복되는 정부부서를 통폐합하여 "대규모 부서"(大部門)를 설치하고,
동시에 정부의 권한을 정책결정, 정책집행, 감독의 세 영역으로 나누
어 각기 다른 부서가 행사하게 함으로써 각 부서가 상호 제약하고 협
력하는 새로운 행정체제를 수립하는 것이다.

셋째는 의법행정(依法行政: 법에 근거한 행정)이다. 여기서는 법률에
입각한 행정처리와 법치(法治)정부 수립, 과학적이고 합리적인 정부
업적 평가제도와 행정책임제도의 수립, 행정권력 감독제도의 개선 등
이 중요과제로 제시되었다. [8]

### 2) 국무원 기구개혁 : 대부제 개혁

중국학자들에 따르면 대부제는 유사직능의 정부부서를 통폐합하여
대규모 부서(大部門)를 설치함으로써 정부부서의 권한중복과 교차관
리의 문제를 개선하고, 이를 통해 행정 효율성을 제고하고 행정비용
을 절감하려는 개혁정책이다. [9]

그런데 공산당 중앙이 발표한 "의견"과 일부 지방정부가 시험 실시
한 내용을 보면, 대부제 개혁은 단순히 정부기구를 통폐합하여 대규
모 부서를 설치하는 것이 아니다. 다시 말해 기구 통폐합과 대규모 부

---

8) 中共中央, "關于深化行政管理體制改革的意見"; 中編班負責人, "中編班負責
人就深化行政管理體制和機構改革答記者問".
9) 林雙川, "前瞻國務院'大部制'改革"(2008. 1. 8), 〈新華網〉2008. 1. 28; 汪玉
凱, "冷靜看待'大部制'改革".

서 설치는 대부제 개혁의 제 1단계일 뿐이다. 이것이 완료되면 대부제 개혁은 제 2단계, 즉 각 대규모 부서의 업무를 정책결정, 정책집행, 감독의 세 영역으로 나누고, 각 영역을 담당하는 하위부서가 상호 견제하고 협력하면서 업무를 추진하는 행정체제를 수립하는 단계로 넘어간다. 10)

국무원의 대부제 개혁을 알기 위해서는 일부 지방에서 시험 실시된 사례를 검토할 필요가 있다. 구체적으로 광둥성 선전시(深圳市)는 2001년 제 6차 행정개혁을 실시하면서 홍콩의 행정체제를 모델로 "행정삼분제"(行政三分制: 행정권한을 정책결정, 정책집행, 감독의 세 영역으로 나누는 제도)라는 명칭으로 대부제 개혁을 추진했다. 먼저 정부기구의 통폐합과 대규모 부서 설치를 목표로 하는 제 1단계 개혁은 비교적 성공적으로 완료되었다. 그 결과 선전시 정부에는 몇 개의 대규모 부서가 설치되었다. 운수·항만·항공·철도 부서를 통합한 교통국(交通局), 문화·언론·출판·방송 부서를 통합한 문화국(文化局), 농업·임업·수산업 부서를 통합한 농업국(農業局) 신설이 대표적 예이다.

그런데 선전시 개혁은 제 2단계, 즉 각 대규모 부서의 권한을 정책결정, 정책집행, 감독의 세 영역으로 나누고 각기 다른 하위부서가 이를 담당하게 함으로써 상호 견제 및 협력토록 하는 행정체제 수립에는 실패했다. 이는 행정삼분제의 실시와 함께 정부 자체감독의 강화로 의회의 대(對)정부 감독권한이 약화될 것을 우려한 지방의회 지도자의 반대, 정부 정책권의 강화로 공산당의 대(對)정부 영향력이 약화될 것을 우려한 공산당 지도자의 반대, 그리고 부서 통폐합 과정에서 직무와 권한을 상실한 관료집단의 반발 등이 종합적으로 작용한 결과이다. 11)

10) 中共中央, "關于深化行政管理體制改革的意見"; 中編班負責人, "中編班負責人就深化行政管理體制和機構改革答記者問".
11) 조영남, "중국 선전(深圳)의 행정개혁 실험: '행정삼분제'의 시도와 좌절",

〈표 4-4〉 국무원 기구개혁 시기 구분과 주요내용

| 구분 | 주요내용 | 국무원 기구수와 인원 감축 |
|---|---|---|
| 제1차(1982) | 정부기구 및 인원 축소* | 61(100)**/25% 감원 |
| 제2차(1988) | 정부직능 변환과 정부기구 및 인원 축소/정부·기업 분리 | 68(72)**/20% 감원 |
| 제3차(1993) | 정부직능 변환과 정부기구 및 인원 축소/정부 경제관리 기능 축소 | 59(86)**/20% 감원 |
| 제4차(1998) | 정부직능 변환과 정부기구 및 인원 축소/정부 경제관리 기능 축소 | 52(NA)/47.5% 감원 |
| 제5차(2003) | 정부직능 변환과 일부 부서 조정 | 54(NA) |

자료: 조영남, "중국 선전(深圳)의 행정개혁 실험: '행정삼분제'의 시도와 좌절", 〈중소연구〉 30권 2호(2006년 여름), p.20; 深榮華, "積極穩妥地探索實行職能有機統一的大部門體制", 〈新華網〉(http://xinhuanet.com: 이하 동일한 사이트).
* : 정부기구는 부(部)·위원회(委員會)·총국(總局)·판공실(辦公室) 등을 총칭.
**: ( ) 안의 숫자는 개혁 이전의 정부기구 규모(수).

한편 대부제 개혁은 이전의 국무원 기구개혁과는 다른 것이다. 국무원은 지난 30년 동안 모두 5차례의 기구개혁을 추진했다(〈표 4-4〉참조). 그런데 이전 개혁은 말로는 정부직능 전환을 목표로 한다고 하면서 실제로는 기구 통폐합과 인원감축을 중심으로 추진되면서 결국은 기대했던 성과를 거두지 못했다. 즉, 기구 통폐합과 인원감축 이후에도 정부직능은 크게 바뀐 것이 없기 때문에 시간이 가면서 부서가 다시 설치되고 인원이 증가하는 "팽창 - 축소 - 재팽창 - 재축소"의 악순환이 지속되었던 것이다.

예를 들어 이번 기구개혁 직전의 국무원을 보면 국무원 구성부서(내각에 해당) 28개, 특별기구 1개, 직속기구 18개, 사무기구 4개, 국가총국(總局) 10개, 직속 사업단위 14개 등 모두 75개의 부서 및 기구로 구성되었다. 이밖에도 국무원에는 100여 개의 각종 조정기구(협의회나 위원회)가 설치되었다. 이는 2003년 제5차 기구개혁을 통해 54개로 축소되었던 국무원 기구가 5년 만에 21개나 증가한 것이다.

이에 비해 대부제는 정부직능 전환과 정부운영 방식의 변화에 중점을 둔 것이다. 앞에서 말했듯이 부서 통폐합과 대규모 부서 설치는 정부부서를 정책결정, 정책집행, 감독의 세 영역으로 나누어 서로 견제하고 협력하는 행정체제를 수립하기 위한 준비일 뿐이다. 그래서 대부제 개혁이 성공한다면 이는 중국 행정개혁에서 매우 중요한 사건이될 것이다.

그런데 최종 발표된 국무원 기구개혁 결과는 원래 계획에서 많이 후퇴한 것으로, 국무원이 선쩐시의 실패한 전철을 밟고 있지 않나 하는 우려를 낳고 있다. 중국정부가 2008년 3월 이전에 대부제 계획을 공식적으로 발표한 적이 없기 때문에 대부제 개혁의 최초내용이 무엇인지는 정확하게 알 수 없다. 다만 우리는 계획작성에 참여했던 학자들이나 관료들의 말을 통해 그 내용을 엿볼 수 있을 뿐이다. 이에 따르면 중국은 국무원 부서를 비교적 대규모로 통폐합하고 선쩐시에서 실행했던 행정삼분제를 도입하려고 했다.

구체적으로 국무원 구성부서는 현행 28개에서 21개로 7개나 축소할 예정이었다. 또한 국무원 업무를 정치업무(政務), 사회업무(社務), 경제업무(經務), 감독·관리업무(監管) 등 네 가지로 구분하고 이를 기준으로 대규모 부서를 설치한 후에 각 부서의 권한을 정책결정권, 정책집행권, 감독권으로 분리하여 운영한다는 방침이었다. 이 계획에 입각하여 신설되는 대규모 부서의 사례를 정리하면 〈표 4-5〉와 같다.

그런데 〈표 4-6〉에 의하면 실제 결과는 원래 계획과는 다소 차이가 있다. 우선 국무원 구성부서가 28개에서 27개로 단 1개만 축소되었다. 또한 부서 통폐합 결과로 등장한 대규모 부서(大部門)도 "공업정보화부"를 제외하면 원래 계획과는 다르다. 먼저 "국가에너지국"이 국

156

<표 4-5> 국무원 기구개혁 방안

| 신설될 대규모 부서 | 합병될 기존부서 |
|---|---|
| 운수부(運輸部) | 교통부, 민항총국, 철도부, 우정총국(郵政總局) |
| 농림수리부(農林水利部) | 농업부, 임업부, 수리부 |
| 환경보호부(環境保護部) | 환경보호총국, 기상총국 |
| 국가금융감독관리위원회 | 인민은행, 은행·증권·보험관리감독위원회 |
| 국토건설부 | 국토부, 건설부, 지진총국(地震總局) |
| 에너지부(能源部) | 석탄·석유·원자력·수력 관련부서 |

자료: "學者透露國務院下屬28個部委將縮減至21個", 〈新華網〉; 白德華, "中共政府再造'大部制'明揭曉", 〈多維新聞〉(http://www.dwnews.com).

<표 4-6> 국무원 기구개혁 결과

(2008년 3월)

| 개혁 후의 부서명칭 | 합병된 부서 | 내부 신설부서 | 비고 |
|---|---|---|---|
| 국가발전개혁위원회(國家發展與改革委員會) | 국가발전개혁위원회 | 국가에너지국(國家能源局) | |
| 공업정보화부(工業和信息化部) | 국방과학기술공업위원회 정보산업부 국무원 정보화판공실 국가연초전매국 | 국가국방과학기술공업국 | 국가연초전매국을 공업정보화부가 관할 |
| 교통운수부(交通運輸部) | 교통부 민항총국(民航總局) 국가우정국 | 국가민용항공국 | 국가우정국을 교통운수부가 관할 |
| 인력자원사회보장부(人力資源和社會保障部) | 인사부 노동사회보장부 | 국가공무원국 | |
| 환경보호부(環境保護部) | 국가환경보호총국 | | 환경보호총국을 환경보호부로 승격 |
| 주택도시농촌건설부(住房和城鄉建設部) | 건설부 | | 건설부를 확대 개편 |
| 위생부(衛生部) | 위생부 국가식품약품감독관리국 | | 식품약품감독관리국을 위생부가 관할 |

자료: 中編班負責人, "中編班負責人就深化行政管理體制和機構改革答記者問", 〈新華網〉; "國務院機構改革方案", 〈新華網〉.

가발전개혁위원회의 산하부서로 설립되고, 에너지 유관부서간의 고위협의기구(高層次議事協調機構)인 "국가에너지위원회"가 신설될 예정이다. 그러나 에너지 관련업무를 총괄하는 독립부서로서의 에너지부는 관련부서의 반발로 신설되지 못했다. 또한 신설된 "교통운수부"에는 가장 중요한 관련부서인 철도부가 빠졌다. 향후 1~2년 이내에는 통합될 것이라고 하지만, 이번 개혁에서는 철도부가 부서내부의 복잡성을 이유로 강력하게 반대함으로써 통합에서 제외되었다.

마지막으로 은행 및 금융관련 업무를 총괄하게 될 국가금융감독관리위원회가 관련부서의 반대로 신설되지 못했다. 그밖에 그동안 "작은 국무원"의 명성하에 거시 및 미시경제 정책과 실제 경제운영에도 직접으로 관여했던 "국가발전개혁위원회"가 거시경제 정책에만 집중하도록 권한이 축소될 예정이고, "환경보호부"는 일부 반대에도 불구하고 공산당 최고지도부의 강력한 의지로 환경보호총국에서 승격되었다. 12) 한편 이번 기구개혁은 정부직능 조정이 목표이기 때문에 공무원 감축은 없었다.

앞에서 말했듯이 대부제 개혁은 2020년까지 추진되는 장기 행정개혁 프로젝트의 하나이다. 그래서 그런지 중국정부는 이번 기구개혁을 대부제의 본격 실시가 아닌 "탐색"(探索)으로 규정했다. 동시에 "시험실시(試點) 후 점진적 확대"라는 향후방침을 정했다.

구체적으로 국무원 일부 부서와 두 개의 성급 행정단위에서 대부제 개혁을 시험 실시하고, 그 성과를 바탕으로 국무원 전체 부서와 전국

---

12) "용두사미에 그친 中 정부조직 개편"(2008. 3. 11), 〈중앙일보〉(인터넷판) 2008. 3. 12(http://www. joins. com: 이하 동일한 사이트) ; Ting Shi, "After Five Attempts, This Revamp Is Expected to Last"(2008. 3. 20), *South China Morning Post* (Internet Edition) 2008. 3. 11 (http://www. scmp. com: 이하 동일한 사이트) ; 中編班負責人, "中編班負責人就深化行政管理體制和機構改革答記者問"; 文濤, "中共改革派新思惟與政府機構改革", 〈多維新聞〉 2008. 3. 18 (http://www. dwnews. com: 이하 동일한 사이트) ; "國務院機構改革方案".

의 지방정부로 개혁을 확대한다는 것이다. 또한 국무원은 각 지역이 대부제 개혁을 지역실정에 맞게 추진(因地制宜)하고 획일적 실시(一刀切)나 시간제한은 두지 말 것을 강조했다.[13] 이 같은 평가("탐색")와 방침은 이번 개혁의 실망스런 결과를 무마하기 위한 조치로 볼 수도 있지만, 동시에 대부제 개혁이 결코 쉽지 않은 개혁임을 보여주는 것이기도 하다.

이상과 같은 국무원 기구개혁 결과는 중국의 정치개혁과 관련하여 몇 가지 중요한 함의를 준다.[14] 우선 대부제 개혁은 향후 중국에서 비교적 급진적인 정치개혁을 추진하는 것이 결코 쉽지 않을 것임을 보여준다. 이번 기구개혁에서는 많은 인력과 재원을 보유한 거대부서(예를 들어 철도부)가 기득권 수호를 위해 부서 통폐합에 강력히 저항하는 부서이기주의(部門主義)가 심각한 문제로 대두되었다. 이처럼 기득권 세력의 이익을 침해하는 어떤 종류의 개혁도 앞으로 유사한 저항에 직면하여 좌절하게 될 가능성이 높다.

동시에 이번 기구개혁은 공산당 지도부의 권한행사가 전과는 다르게 매우 제한적이라는 사실도 보여준다. 이번 행정개혁은 국무원 부총리이면서 "제5세대" 지도부의 선두주자인 리커창이 후진타오 총서기와 원자바오 총리의 강력한 후원하에 추진했던 것으로 알려졌다. 그런데 앞에서 보았듯이 현재까지의 결과는 원래 계획에서 크게 후퇴한 것으로, 이는 현 공산당 지도부의 권한행사에 많은 한계가 있음을 암시한다. 공산당 지도부도 이를 잘 알기 때문에 이번 개혁을 "탐색"이라고 규정하고, 동시에 2020년까지 이를 완성하겠다고 발표했던 것

---

13) 中共中央, "關于深化行政管理體制改革的意見"; 中編班負責人, "中編班負責人就深化行政管理體制和機構改革答記者問"; 楊琳, "大部制解讀: 不要求地方與中央同步 兩省將試點", 〈人民網〉 2008. 3. 18; 李立强, "兩省將先行試點大部制改革"(2008. 3. 11), 〈新華網〉 2008. 3. 13.

14) 조영남(2006c), pp. 36~38.

인지도 모른다.

또한 이번 개혁은 행정체제의 문제점을 개선하기 위해서도 이제는 행정개혁이 아닌 정치개혁이 추진되어야 한다는 사실을 보여준다. 선전시의 행정삼분제 실패가 보여주었듯이 부서 통폐합은 행정권한의 분리와 부서간 상호견제의 체제로 가기 위한 제 1단계 개혁인데, 제 2단계 개혁을 본격적으로 추진하기 위해서는 정부부서뿐만 아니라 공산당·의회·정부 등 권력기관간의 권한조정이 필수적이다.

예를 들어 정부내부의 감독과 의회의 대정부 감독 간의 관계, 정부내부의 정책결정과 공산당의 정책결정 간의 관계에 대한 조정이 없으면 선전시에서 그랬던 것처럼 국무원의 대부제 개혁도 실패할 수밖에 없을 것이다. 이런 면에서 중국은 정치개혁을 대신하여 행정개혁을 추진하는 방식으로 당면문제를 해결하는 단계를 지나 종합적 정치개혁의 일환으로 행정개혁을 추진해야 하는 단계에 도달했다고 말할 수 있다.

마지막으로 대부제 개혁은 그동안 중국이 실시했던 전형적 개혁추진 방식을 다시 한번 보여주었다. 이번 개혁은 크게 두 가지 방식으로 추진되고 있다. 하나는 "쉬운 것 먼저 어려운 것 나중에"(先易後難) 방식이다. 이는 저항이 약한 부서나 손실이 적은 부서를 중심으로 부서 통폐합을 추진하고, 저항이 강하고 복잡한 부서는 나중에 추진하는 방식을 의미한다. 다른 하나는 "시간으로 개혁공간을 확보"(以時間換取改革空間)하는 방식이다. 이는 대부제 개혁을 장기간에 걸쳐 점진적으로 추진하면서 개혁을 통해 이익을 얻는 세력을 결집하고 이를 기반으로 개혁에 저항하는 세력을 무력화하는 방식을 의미한다. 15) 1980년대의 경제특구 설치와 개방지역의 점진적 확대, 농촌에서 도시로의 개혁범위와 내용의 확대 등이 보여주듯이 이런 추진방식은 지금까지

---

15) 文濤, "中共改革派新思惟與政府機構改革".

비교적 성공적이었다.

그러나 중국이 개혁·개방정책을 추진한 지 30년이 되는 이 시점에서 이런 공학적으로 잘 설계된 추진방식이 성공할지는 두고 보아야 한다. 다시 말해 현재 중국이 당면한 정치현실을 고려할 때, 단순한 공학적 사고로는 문제를 해결할 수 없을 가능성이 크다는 것이다.


## 3. 국정방침과 주요정책 변화

### 1) 정치개혁

정치개혁은 이번 전국인대 연례회의의 주요 관심사가 아니었다. 뒤에서 보겠지만 현재 중국의 일반국민이나 정치지도자 모두 직접선거 확대나 다당제 도입과 같은 정치개혁에는 큰 관심이 없다.

단적으로 원자바오 총리의 "정부업무보고"에서는 "정치개혁"이 "사회의 공평과 정의 촉진" 항목과 함께 편성됨으로써 정치개혁이 독자적 정책항목으로도 인정받지 못했다. 또한 여기서 언급된 정치개혁 내용 — 예를 들어 인민민주의 확대, 기층민주의 건설, 사회조직의 역할확대, 의법치국(依法治國: 법에 근거한 통치) 추진 — 도 이전 것을 단순 반복한 것에 지나지 않는다.

이에 비해 "행정관리체제 개혁"은 별도항목으로 설정되어 자세히 언급되었다. 이처럼 행정개혁이 정치개혁을 대체하는 현상은 전부터 있었지만, 이번에는 이런 현상이 더욱 두드러지게 나타났다. 이는 향후 5년 동안 중국이 국민의 정치참여 확대나 언론자유 확대 등과 같은 정치개혁을 추진하지 않을 것임을 보여준다.

그런데 중국의 정치변화는 공식문건에 표현된 정책보다 현실에서 실제로 벌어지는 일들이 더 많은 것을 말해주는 경우가 있다. 이것과 관련하여 이번 전국인대 회의에는 일정한 변화가 있었다고 평가된다. 무엇보다 이번 회의는 "개방적 회의"였다고 평가된다.[16] 구체적으로 전체회의뿐만 아니라 분임토론도 전보다 더욱 많이 개방되었고, 회의 일정과 의제, 대표관련 정보도 전보다 더욱 체계적으로 공개되었다. 또한 이번 회의에서는 민감한 문제도 비교적 자유롭게 토론되는 "민주적 회의"였다고 평가된다.[17] 이는 전국인대 회의에서보다는 전국정협 회의에서 두드러지게 나타난 현상이다.

예를 들어 2007년에 수정된 "노동계약법"을 둘러싸고 노동계를 대표하는 전국총공회(全國總工會) 부주석과 기업계를 대표하는 전국공상련(全國工商聯) 부주석이 전국정협 대표토론에서 각자의 입장을 옹호하는 논쟁을 벌이기도 했다. 즉, 전자가 노동자의 권익보호를 강조하면서 이 법률의 필요성과 엄격한 법집행을 주장한 반면, 후자는 사영기업의 경영조건 악화를 부각시키면서 이 법률의 문제점을 지적했다. 전국인대 회의에서도 자유로운 토론과 논쟁의 도입을 강조하는 대표들의 견해가 전보다 증가했다. 특히 일부 전국정협 위원은 현재 통일전선기구(자문기구)에 불과한 전국정협을 실제 권한을 행사하는 권력기구로 발전시켜야 한다고 공개적으로 주장했는데, 이런 주장은 최근에는 없었던 것이다.

이처럼 전국인대 연례회의가 전보다 더욱 개방적이고 민주적으로 운영되는 것은 일시적 현상, 더 나아가서는 중국당국이 의도적으로 조장한 결과일 수도 있다. 즉, 중국이 2008년 8월 베이징 올림픽을 앞두고 외국기자들의 취재를 전면적으로 허용해야 했기 때문에 이번 기

16) "半月談記者看兩會: 換屆之年氣像新", 〈新華網〉 2008. 3. 11.
17) 하종대, "中 새노동계약법은 시대역행 철밥통 법", 〈동아일보〉(인터넷판) 2008. 3. 4 (http://www.donga.com: 이하 동일한 사이트); 李立强, "總工會工商聯爭鋒勞合法: 促進就業不可偏廢", 〈新華網〉 2008. 3. 9; "從'爭言'到'辯論,' 見證兩會進步", 〈新華網〉 2008. 3. 18.

회를 이용하여 전국인대의 개방성과 민주성을 홍보하기 위해 일부러 그렇게 했을 가능성도 있다는 것이다.

그런데 중국에서 의회의 역할과 권한이 계속 강화된 지난 30년간의 상황을 고려할 때, 전국인대의 개방성과 민주성이 증가한 현상은 일시적이거나 당국의 조장에 의한 것이라기보다는 중국의 정치과정이 전보다 더욱 공개적이고 경쟁적으로 변해가는 추세가 반영된 결과라고 보는 것이 더 타당하다.

### 2) 사회 및 경제정책

중국언론들은 이번 전국인대 회의의 가장 중요한 특징으로 "민생정치의 도래"를 들고 있다. [18] 즉, 이번 회의에 대한 일반국민의 관심, 전국인대 대표의 발언과 활동, 회의의 주요안건과 의제 등 모든 면에서 취업, 주택, 교육, 의료, 사회보장, 물가 등 민생문제에 초점이 맞추어져 있고, 그래서 "민생이 중국 정치생활을 주도하는 시대"가 도래했다는 것이다. 이는 향후 5년간 제2기 후진타오 체제가 추진할 국정방침이 무엇인가를 가장 잘 보여주는 표현이라고 할 수 있다.

구체적으로 현재 일반국민의 관심은 민생문제에 집중되어 있다. 예를 들어 〈인민일보〉(人民日報)의 인터넷 사이트인 〈런민왕〉(人民網)의 전국인대 회의에 대한 국민 관심도 조사결과를 보면, 총 30개의 항목 중에서 국민들은 ① 취업, ② 물가, ③ 의료개혁, ④ 수입, ⑤ 사회보험, ⑥ 노동자권익, ⑦ 부패방지, ⑧ 교육기회 균등, ⑨ 사법공정(司法公正), ⑩ 주택보장 순으로 관심이 높은 것으로 나타났다. 여기서 알 수 있는 것처럼 상위 10개 항목 중에서 정치문제와 관련된 것은 ⑦ 부패방지와 ⑨ 사법공정뿐이며 그밖에 정치참여 확대 등은 후순위로

---

18) 張良, "兩會盤點: 民生領跑中國政治生活的時代正式到來"(2008. 3. 17), 〈新華網〉 2008. 3. 18.

밀렸다.[19]

동일한 문제에 대한 중국사회조사소(中國社會調査所)의 전국 주요도시 설문조사 결과도 유사하다. 이 조사에 따르면 중복선택이 가능한 10개 항목 중 물가상승(95%), 금융문제(88.6%), 주택문제(83%)가 이번 전국인대 회의를 바라보는 국민들의 가장 큰 관심사였고, 다음으로는 취업(74.5%), 의료위생(66.7%), 교육(54.6%), 재난대응(52.1%), 식품안전(45%), 빈부격차(42.3%), 올림픽(40.5%)이 그 뒤를 이었다. 즉, 이 조사에서도 정치개혁과 관련된 내용은 국민들의 주요 관심사가 아니었다.[20]

그런데 정확히 5년 전인 2003년 제10기 전국인대 제1차 회의 때, 〈런민왕〉(人民網)이 동일한 내용으로 실시한 설문조사 결과는 결코 이렇지 않았다. 당시 20개 항목 중에서 국민들이 전국인대 회의와 관련하여 가장 관심 있다고 답한 순서는 ① 부패방지, ② 사법개혁, ③ 민주제도, ④ 공산당 통치방식 개선, ⑤ 사회보장제도였다. 여기서 알 수 있는 것처럼 당시에는 정치문제가 국민의 주요한 관심사였고, 이에 비해 민생문제(사회보장)는 5위에 불과했다.[21] 이는 지난 5년 동안 중국국민들이 정치문제에는 흥미를 잃고 대신 사회·경제문제에 관심을 갖게 되었음을 보여준다.

이런 일반국민들의 의견을 반영하듯 제2기 후진타오 체제는 민생개선을 핵심 국정과제로 제기하고, 향후 5년 동안 이 문제의 해결에 집중할 것임을 천명했다. 우선 원자바오 총리는 "정부업무보고"에서 2008년도 9대 중점사업 중 "민생보장 및 개선"을 독립된 하나의 항목(제6항)으로 설정함으로써 중국정부가 이 문제를 매우 중시함을 보여

19)  白龍, "就業物價等民生問題廣收關注", 〈人民網〉 2008. 2. 27.
20)  "中주민 관심사는 물가와 재테크", 〈중앙일보〉(인터넷판) 2008. 3. 8; "兩會 10大焦點, 物價上漲居首", 〈多維新聞〉 2008. 3. 8.
21)  조영남(2006a), p. 132.

주었다. 이 항목에서는 교육, 위생, 취업, 보험, 수입 등과 관련된 세부정책이 자세히 검토되고 있다.[22]

이런 특징은 "2008년 정부예산안"에서도 나타난다. "예산안"에 따르면 중국정부는 2008년도 정부 지출항목 중에서 두 가지 항목을 "중점지출항목"으로 선정했는데, 첫째가 농업이고 둘째가 민생이다.[23]

이 같은 민생개선 우선정책은 제2기 후진타오 체제가 제1기의 국정방침을 계승 발전시키고 있음을 보여준다. 집권 초기 후진타오 체제는 장쩌민 체제로부터 독립하여 독자적 권력기반을 구축하기 위해 국민지지 획득을 일차목표로 "친민"(親民: 국민에게 다가감)과 "이인위본"(以民爲本: 국민을 근본으로 함) 방침을 천명했다. 이를 위해 후진타오와 원자바오는 산간오지를 방문하여 어려운 국민들을 직접 위로하고 격려했다. 또한 무사안일주의에 빠진 당정간부들을 비판하면서 공산당의 헌신성과 희생정신을 고취시키기 위해 마오쩌둥의 혁명정신을 강조했다.

그런데 이런 친민"방침"은 국민의 인심을 얻는 데는 유효한 수단이었고 실제로 이를 통해 후진타오 체제의 권력기반은 상당히 공고해졌지만, 아직 추상적 원칙과 도덕적 방침의 수준을 벗어나지 못했다. 다시 말해 권력기반 공고화와 함께 국민이 당면한 실제적 문제를 해결하기 위해서는 구체적이고 실행 가능한 친민"정책"이 필요했던 것이다. 그래서 집권 1기 중반 이후 후진타오 체제는 농민문제 해결을 최우선 국정과제로 삼고 관련정책을 추진했다. 2004년 이후 5년 연속 농민문제와 관련된 중앙 1호 문건의 발표, 2006년 농업세 완전폐지, 농업기반시설 확충을 위한 예산확대, "사회주의 신농촌 건설운동" 전개 등은 이를 보여주는 사례이다.

---

22) 溫家寶, "政府工作報告"(2008.3.20), 〈人民網〉 2008.3.22.

23) 財政部, "關于2007年中央和地方豫算執行情況與2008年中央和地方豫算草案的報告"(2008.3.20), 〈新華網〉 2008.3.22.

여기에 더해 집권 2기를 시작한 후진타오 체제는 민생문제 해결이라는 또다른 친민정책을 제시한 것이다. 이렇게 되면서 후진타오 체제의 친민정책은 농촌지역을 대상으로 하는 "삼농(三農)문제" 해결과 도시지역을 대상으로 하는 "민생문제" 해결이라는 쌍두마차로 구성되었다.

한편 2008년의 경제정책과 관련하여 "정부업무보고"와 "2008년 국민경제 및 사회발전 계획"에서는 8%의 국내총생산(GDP) 증가, 4.8% 이내의 소비자물가(CPI) 억제, 1,000만 명의 신규 도시 일자리 창출, 4.5% 이내의 실업률 억제를 2008년도 사업목표로 제시했다. 또한 중국정부는 "민생보장 및 개선"과 함께 2008년도 경제분야 중점사업으로 다섯 가지, 즉 ① 양호한 거시경제 관리와 안정적이며 빠른 경제발전 유지, ② 농업 기초건설 강화와 농업발전 및 농민소득 증대, ③ 경제구조 조정과 경제발전 방식전환, ④ 환경보호 강화와 산업품질안전 강화, ⑤ 경제체제 개혁과 대외개방 수준 제고를 제시했다.

## 3) 대만 및 외교정책

이번 전국인대 연례회의에서는 대만과 관련된 새로운 정책이 발표되지 않았다. 우선 "정부업무보고"에서는 소수민족, 국방, 홍콩·마카오, 대만·외교문제가 모두 합해 한 페이지 정도의 분량으로 간략하게 언급되고 있다. 게다가 그 내용도 이전 것의 재탕이다. 예를 들어 대만문제와 관련해서는 "평화통일과 일국양제(一國兩制)"라는 기본방침을 재천명하고, 양안(兩岸) 간의 직접교류(三通)를 강조하며, 대만의 "분리독립" 세력에 경고하는 정도의 언급이 있을 뿐이다.

3월 4일 전국정협 소모임에서 행한 후진타오의 대만관련 발언도 유사하다. 그는 우선 대만문제가 중국의 "핵심국익"임을 강조했다. 또한 후진타오는 2003년 제10기 전국인대 제1차 회의에서 제기한 "네 가지

166

동요하지 않음", 즉 ① 하나의 중국 원칙 고수, ② 양안의 경제·문화 교류 촉진, ③ 대만인민에게 희망을 거는 방침 강화, ④ 양안동포가 단결하여 중화민족의 위대한 부흥 도모라는 방침과, "세 가지 무릇" (三個凡是), 즉 중국은 향후 ① 대만인민에게 유리한 것, ② 조국통일 에 유리한 것, ③ 중화민족의 위대한 부흥에 유리한 것을 기준으로 대 만정책을 추진할 것이라는 방침을 다시 한번 확인했다. 마지막으로 그는 대만의 "분리독립" 세력의 움직임을 결코 좌시하지 않겠다고 다 짐했다.[24]

이는 중국이 2007년 제17차 당대회에서 그랬던 것처럼 이번 전국인 대 회의에서도 대만 총통선거(3월 22일)를 앞두고 대만 유권자를 자극 하지 않으려고 노력한 결과라고 할 수 있다. 대만문제를 연구하는 중 국학자들과 정부관계자에게 총통선거를 앞두고 대만과 관련된 인터뷰 나 세미나 개최를 금지시킨 것도 같은 맥락에서이다.[25]

한편 이번 전국인대 회의에서 제기된 외교정책도 이전 것에서 벗어 난 것은 없었다. 예를 들어 "정부업무보고"에서는 평화발전과 협력의 기치하에 독립자주의 평화외교 정책을 추진한다는 중국정부의 입장이 반복된다. 또한 3월 12일에 있었던 양제츠(楊洁篪) 외교부장의 기자회 견에서도 특별히 새로운 내용은 없었다. 이 회견에서 양 부장은 중국 의 외교방침, 세계정세 인식, 한국, 북한, 일본, 미국, 러시아, 유럽 등 주요국가와 중국의 관계, 중국 인권문제와 올림픽에 대한 기존의 입장을 반복적으로 설명했다.[26]

24) 鞠鵬, "牢牢把握兩岸關係和平發展的主題, 爲兩岸同胞謀福祉, 爲臺海地區 謀和平", 〈人民網〉 2008. 3. 5.
25) Cary Huang, "Beijing Calls for Silence on Taiwan Polls", *South China Morning Post*(Internet Edition) 2008. 3. 20.
26) "楊洁篪就業中國對外政策和對外關係答中外記者問"(2008. 3. 12), 〈新華網〉 2008. 3. 13.

그런데 우다웨이(武大偉) 외교부부장은 다른 기자회견에서 향후 중국이 자국의 국력에 맞게 책임지는 대국으로서 좀더 적극적으로 국제사무에 참여하고 동시에 자국에게 주어진 책임과 의무를 다할 것임을 강조했다.[27] 이런 우 부부장의 주장도 새로운 것은 아니며, 중국이 1990년대 후반 이후 지금까지 천명한 방침을 다시 한번 강조한 것에 불과하다.

한편 이번에도 작년에 그랬던 것처럼 중국의 국방예산 증액문제를 둘러싸고 약간의 논쟁이 있었다.[28] 중국의 2008년도 국방예산(defense budget)은 2007년도 예산(약 495억 달러)보다 17.6%가 증가한 약 590억 달러이다. 그런데 중국정부가 발표한 국방예산에는 외국무기 구입비, 국방과학기술 연구비, 인민무장경찰 관련비용이 포함되지 않기 때문에 만약 국제표준 방식으로 산정할 경우 중국의 국방비(defense expenditure)는 정부발표보다 약 1.5~2배 정도 많고, 그 결과 중국의 국방비는 미국(2008년 5,150억 달러)에 이어 세계 2위를 차지한다.

미국과 일본은 이번에도 지속적인 중국의 국방예산 증가에 대해 우려를 표명했다. 특히 전국인대 연례회의 개최 직전에 발표된 미 국방부의 "중국 군사력 연례보고"는 중국의 군사력 증강과 군사비 투명성 부족에 대해 심각한 우려를 표명했다.[29] 이에 대해 중국정부는 중국

27) Chung-yan Chow, "Beijing Heeds Call to Play Big Role on World Stage", *South China Morning Post*(Internet Edition) 2008. 3. 11.

28) Andrew Moravcsik, "Washington Cries Wolf"(2008. 3. 31 issue), *Newsweek*(Internet Edition) 2008. 3. 22 (http://www. newsweek. com); David Lague, "Amid U. S. Worries, China Plans Steep Increase in Military Spending", *New York Times*(Internet Edition) 2008. 3. 5 (http://www. nytimes. com: 이하 동일한 사이트); Jill Drew, "China Reports Military Budget of $ 59 Billion", *Washington Post*(Internet Edition) 2008. 3. 5 (http://www. washingtonpost. com).

29) Office of the Secretary of Defense, *Annual Report to Congress: Military*

의 국방예산이 미국 국방예산의 9분의 1 수준임을 강조하면서, 미국
이 "중국위협론"을 의도적으로 조장한다고 비판했다. 30)

한편 이번 전국인대 연례회의 기간에는 베이징 올림픽과 인권문제
를 둘러싸고 예상하지 못했던 여러 가지 사건이 발생함으로써 회의
그 자체보다 이런 사건이 더 큰 주목을 받는 현상이 나타났다. 사실
중국에게 2008년도에 베이징 올림픽을 성공적으로 개최하는 것만큼
중요한 국가대사는 없었다. 중국은 올림픽 개최를 이용해 그동안 자
국이 이룩한 경제발전과 중국문화를 세계에 소개하고, 이를 통해 중
국의 이미지를 개선하고 국제적 지위를 제고한다는 목표를 적극 추진
했다. 31) 그런데 2007년 하반기부터 수단(Sudan) 다르푸르(Darfur) 지
역의 인권상황 악화와 중국의 수단정부 지원이 문제로 제기되면서 일
부 유명인사들이 베이징 올림픽 불참운동을 전개하기 시작했다. 스필
버그(Steven Spielberg) 감독의 베이징 올림픽 예술고문직 사퇴는 대표
적 예이다.

중국정부는 이런 상황에서 전국인대 연례회의를 활용하여 이 문제
에 적극 대응하려고 했다. 예를 들어 전국인대 회의기간인 3월 7일에
류꿰진(劉貴今) 수단특사가 별도의 기자회견을 열어, 수단 다르푸르
문제의 해결을 위해 중국정부가 적극 나서고 있고 수단정부가 유엔
평화유지군 주둔을 허용하는 등 실제로 큰 성과를 거두었음을 강조했
다. 32) 또한 양제츠 외교부장도 3월 12일의 기자회견에서 베이징 올림

  *Power of the People's Republic of China* 2008.

30) "美'中國軍力報告'嚴重歪曲事實 中方提出嚴正交涉", 〈人民網〉 2008. 3. 8.

31) Frank Ching, "Image Problems", *South China Morning Post*(Internet Edi-
   tion) 2008. 2. 13; Joseph Cheng, "Olympics Are Mainland's Global Show-
   case", *South China Morning Post*(Internet Edition) 2008. 2. 18; 張頤武,
   "2008年關北京奧運和中國形象"(2007. 8. 14), 〈新華網〉 2008. 3. 14; 何亮亮,
   "奧運會考驗中國公關館技巧"(2008. 2. 26), 〈新華網〉 2008. 3. 14.

32) Jim Yardley, "China Offers Detailed Defense of Its Sudan Policy", *New*

픽과 인권문제를 연계시키려는 일부 움직임을 비판하고, 그간 중국정
부가 수단 다르푸르 문제를 포함해 국제문제 해결에 적극 나서고 있
음을 강조했다.

　수단 다르푸르 문제에 더해 전국인대 회의기간 중에 발생한 티베트
(西藏) 독립요구 시위와 중국정부의 무력진압, 그리고 국제적으로 확
산된 베이징 올림픽 개막식 불참 움직임은 중국정부를 매우 곤혹스럽
게 만들었다. 언론에 보도된 것처럼 1959년 3월 10일의 티베트 독립
요구 시위를 기념하기 위한 티베트인들의 시위가 3월 14일 티베트 수
도 라싸에서 시작하여 쓰촨성(四川省) 등 인근지역으로 확산되었고,
중국정부가 이를 무력으로 진압하고 시위자를 무리하게 체포하는 과
정에서 수많은 사상자가 발생했다.

　이에 대해 국제여론의 비난이 쏟아지면서 베이징 올림픽 개막식 참
석을 거부하는 운동이 시작되었다. 독일 메르켈 총리의 불참선언과
프랑스 사르코지 대통령의 불참 가능성 언급은 대표적 예이다. 이에
대해 중국정부는 대대적 선전전을 전개하면서 티베트 문제가 국제문
제로 비화되어 베이징 올림픽에 악영향을 끼치는 것을 차단하려고 시
도했다. 이 같은 수단 다르푸르 문제와 티베트 문제는 제2기 후진타
오 체제의 외교정책과 관련하여 매우 커다란 과제를 안겨준다고 할
수 있다.


### 4. 요약과 평가

　원자바오 총리는 여러 차례에 걸쳐 2008년도가 중국에게는 매우 어
렵고도 중요한 한 해가 될 것이라고 말했다. 중국은 지난 30년간의 개

---

*York Times*(Internet Edition) 2008. 3. 8.

혁·개방정책을 통해 많은 성과를 이룩했지만 동시에 여러 가지 심각한 문제를 야기하기도 했다. 지역간·도농간 격차의 확대, 계층간 빈부격차의 심화, 사회안전망 미비와 사회불안 증대, 거대한 농촌 유휴노동력과 유동인구의 증가, 환경파괴와 에너지 부족, 급격한 인구 노령화와 유효노동력 감소는 현재 중국이 당면한 대표적 문제이다. 여기에 더해 2008년도에는 베이징 올림픽 개최, 대만 총통선거와 신정부 등장, 미국 경기침체에 의한 세계경제의 불안정성 증가 등 새로운 과제와 문제가 지속적으로 제기되었다. 제2기 후진타오 체제가 이런 문제를 해결하는 것은 결코 쉬운 일이 아니다.

이런 배경 속에서 개최된 제11기 전국인대 제1차 회의에서는 향후 5년 동안 중국을 이끌어갈 제2기 후진타오 체제의 국정방침과 주요정책이 최종 확정되었다. 우선 중국은 취업, 주택, 교육, 의료, 사회보장 등 민생문제 해결을 최우선 국정과제로 추진할 것이다. 이는 "친민", "이인위본"이라는 집권 1기의 국정방침을 계승 발전시킨 것이다. 이에 따라 중국은 농촌지역을 대상으로 하는 "삼농문제" 해결과 도시지역을 주 대상으로 하는 "민생문제" 해결이라는 두 가지 친민(親民)정책을 기본축으로 중국이 당면한 각종 사회·경제문제를 해결하려고 시도할 것이다.

이에 비해 민생문제 해결과 직접 관련이 없는 국민의 정치참여 확대나 다당제 도입, 국민의 정치적·시민적 자유확대 같은 정치개혁은 향후 5년 동안 추진되지 않을 것이다. 또한 중국의 대만·외교정책도 향후 5년간 크게 바뀌지 않을 것이다. 중국은 전처럼 국내 경제발전에 유리한 평화롭고 안정적인 국제환경 조성을 가장 중요한 외교목표로 설정하고, 이를 달성하기 위해 강대국 외교, 주변국 외교, 다자외교를 적극 전개할 것이다. 동시에 중국은 국제사회에서 자국의 영향력을 확대하기 위해 좀더 적극적으로 국제사무에 참여할 것이다.

한편 제2기 후진타오 체제는 이번 국무원 인사를 통해 민생개선 우선정책을 적극 추진하고 기존의 대만·외교정책을 고수할 수 있는 인적 토대를 구축할 수 있었다. 국무원의 대규모 인사교체를 통해 집권 1기와는 달리 "후진타오·원자바오 세력"이 국무원 지도부 구성에서 다수를 점함으로써 향후 5년 동안 후진타오 체제는 자신의 국정이념과 정책을 좀더 강력하게 추진할 수 있게 된 것이다.

그런데 다른 한편으로 중국이 야심차게 계획했던 국무원 기구개혁 (대부제)은 실제 추진과정에서 정부의 부서이기주의와 당지도력의 부족으로 원래 계획과는 다른 실망스런 결과를 낳았다. 이는 후진타오 집권 2기의 5년 동안에 비교적 급진적인 개혁정책의 추진이 결코 쉽지 않을 것임을 예고한다. 비록 대부제 개혁이 2020년까지 추진되는 장기적 행정개혁의 일환이기 때문에 현단계에서 그것의 성패를 속단할 수 없지만, 선쩐시의 행정삼분제 실패와 지금까지 진행된 국무원 기구개혁의 결과를 놓고 볼 때 대부제 개혁의 미래는 결코 밝다고 할 수 없다.

# 제 5 장

# 21세기 중국의 "소프트 파워" 전략

　최근 들어 외국의 주요 중국 연구자들은 아시아 지역에서 중국의 영향력이 크게 확대되었고, 그 배경에는 중국의 경제력 및 군사력 증강과 함께 소프트 파워(*soft power*) 강화가 놓여 있다고 주장한다.[1] 급속한 경제성장과 함께 중국은 중국적 가치를 선전하고 자국의 문화와 제도를 홍보함으로써 아시아 지역에서 미국의 잠재적 경쟁자로 부상했다는 것이다. 동남아시아 지역을 대상으로 한 24시간 방송실시,

---

1) Joshua Kurlantzick, *Charm Offensive*: *How China's Soft Power Is Transforming the World*(New Heaven: Yale University Press, 2007), pp. xi, 5; David Shambaugh, "Return to the Middle Kingdom? China and Asia in the Early Twenty-First Century", David Shambaugh(ed.), *Power Shift*: *China and Asia's New Dynamics*(Berkeley: University of California Press, 2005), p. 25; David Lampton, "China's Rise in Asia Not Be at America's Expense", Shambaugh(ed.)(2005), pp. 317~319; Robert G. Sutter, *China's Rise in Asia*: *Promises and Perils*(Lanham: Rowman & Littlefield. Sutter, 2005), p. 201. 참고로 소프트 파워는 일반적으로 "연성권력"(軟性權力)으로 번역된다. 그런데 최근 들어 "연성권력"보다 "소프트 파워"가 더 많이 사용되기 때문에 이 글에서 필자도 "연성권력" 대신 "소프트 파워"를 사용하려고 한다.

아시아 국가에 대한 원조강화, 대규모 아시아 유학생의 유치, 지역 다자기구에의 적극 참여는 이런 중국의 노력을 보여주는 사례라는 것이다.[2]

특히 소프트 파워 이론의 제창자인 하버드대학의 나이(Joseph S. Nye) 교수는 2005년 12월 29일 〈월스트리트 저널(아시아판)〉(Wall Street Journal)에 기고한 글에서 아시아 지역에서 중국의 소프트 파워가 급속히 증가하고 있다는 사실을 지적하고 이에 대한 미국의 적극적 대응을 건의했다. 이는 중국의 소프트 파워에 대한 나이의 평가가 바뀌었음을 보여준다. 나이는 2004년에 발간된 자신의 책 《소프트 파워》(Soft Power)에서 중국의 소프트 파워 강화는 미래의 일이라고 평가 절하한 바 있다. 미국에 비해 중국의 소프트 파워 자원은 아직 빈약하고, 문화적 매력에도 불구하고 부패와 자유부족 등으로 인해 중국의 국내정책과 정치적 이념은 큰 매력이 없다는 것이다. 또한 그는 대만문제 등으로 인해 중국의 외교정책도 문제가 많다고 주장했다.[3]

상기한 학자들의 주장을 뒷받침하는 실제 근거도 우리는 쉽게 발견할 수 있다. 중국에 대한 국제적 호감도가 증가되었다는 각종 설문조사 결과는 그 중의 하나이다. 예를 들어 미국의 퓨리서치 센터(Pew

---

2) Joshua Kurlantzick, "The Decline of American Soft Power", *Current History* (December 2005), pp. 419~424; Jean A. Garrison, "China's Prudent Cultivation of "Soft" Power and Implications for U. S. Policy in East Asia", *Asian Affairs: An American Review* Vol. 32, No. 1 (2005), pp 25~30; Ester Pan, "China's Soft Power Initiative", Backgrounder (May 18, 2006), http://www.cfr.org/publications/10715; Thomas Lum, Wayne M. Morrison, and Bruce Vaughn, "China's 'Soft Power' in Southeast Asia" (CRS Report for Congress), Congressional Research Service (January 4, 2008).

3) Joseph Nye, *Soft Power: The Means to Success in World Politics* (New York: Public Affairs, 2004), pp. 88~89.

Research Center)가 2005년 6월 23일 배포한 조사결과에 따르면, 유럽인들은 미국보다 중국에 대해 더 우호적으로 느끼는 것으로 나타났다. 구체적으로 미국과 중국에 대해 우호적으로 느낀다고 답한 비율이 영국(55% 대 65%), 프랑스(43% 대 58%), 독일(41% 대 46%), 스페인(41% 대 57%), 네덜란드(45% 대 56%)로 나타났다. 또한 아시아 지역(터키, 파키스탄, 인도네시아, 레바논, 요르단, 인도)을 대상으로 한 조사에 의하면, 중국의 부상에 대해 대부분의 아시아인들은 매우 긍정적으로 평가하고 있으며 중국의 경제성장이 자국에 유리하다는 견해가 지배적이었다.[4]

이처럼 아시아 지역에서 중국의 이미지가 호전되고 영향력이 증대된 데에는 여러 가지 요인이 작용했다. 일차적 요인은 중국의 급속한 경제성장이다. 중국은 1980년부터 2008년까지 연평균 9.7%의 경제성장률을 기록했고, 그 결과 2008년 말에는 경제규모(GDP) 세계 3위(4조 2천억 달러), 교역규모 세계 3위(약 2조 6천억 달러), 외환보유고 세계 1위(약 2조 달러)의 경제대국이 되었다. 경제총량뿐만 아니라 국민생활수준도 전에 비해 매우 향상되었다. 단적으로 2008년 중국의 1인당 국민소득은 3,266달러를 기록함으로써 중국은 경제발전 30년 만에 이른바 "중진 개발도상국" 수준에 도달했다. 이 때문에 중국은 경제발전을 추진하는 제3세계 국가들에게 선망의 대상, 본받고 따라야 할 모범국가가 되었다.

급속한 경제성장 못지않게 중요한 요인은 중국의 아시아 지역정책이 주효했다는 점이다. 1990년대 이후 중국은 아시아 지역을 세계 강대국으로의 부상을 위한 핵심 전략지역으로 간주하고 비교적 체계적인 지역정책을 수립하고 추진했다. 여기에 더해 중국은 "책임대국"(責

---

4) Pew Research Center, "American Character Gets Mixed Reviews: U. S. Image up Slightly, but Still Negative", 16-Nation Pew Global Attitudes Survey(2005), pp. 2, 33~34.

任大國), "신안보관"(新安全觀), "화평굴기", "화평발전"(和平發展, 평화
적 발전), "조화세계"(和諧世界, 조화로운 세계) 등 다양한 이론과 개념
을 개발하여 선전함으로써 자국의 급속한 부상을 정당화하기 위해 많
은 노력을 기울였다. 그 결과 중국에 대한 아시아 국가들의 우려는 상
당히 해소되었고, 중국의 영향력은 더욱 확대될 수 있었다.5)

   그런데 필자는 지난 시기 아시아 지역에서 중국의 영향력이 확대되
고 이미지가 호전될 수 있었던 데에는 급속한 경제성장과 함께 소프
트 파워에 대한 중국의 인식과 정책화가 놓여 있다고 생각한다. 위에
서 말한 중국의 아시아 지역정책과 새로운 외교이론 개발은 이를 잘
보여주는 사례이다. 또한 향후에도 중국은 아시아 지역에서 자국의
지위를 공고히 하고 세계 강대국으로 부상하기 위해 소프트 파워 강
화에 더욱 매진할 것으로 필자는 판단한다.

   실제로 뒤에서 보겠지만 나이의 소프트 파워 이론에 대해 미국의
주류학계가 비교적 소극적으로 반응한 것과는 대조적으로 중국은 일
찍부터 이에 큰 관심을 보였고, 후진타오(胡錦濤) 시대에 들어서는 어
떻게 중국의 소프트 파워를 강화할 것인가가 학계와 언론의 주요 관
심사가 되었다. 따라서 21세기 중국의 외교전략을 이해하기 위해서는
중국의 소프트 파워 논의와 정책화를 살펴보는 것이 필요하다.

   이 장에서는 구체적으로 다음 두 가지를 검토할 것이다. 첫째는 중
국에서 소프트 파워가 논의되고 정책화되는 과정에 대한 분석이다.
이를 통해 우리는 중국이 나이의 소프트 파워 이론을 어떻게 수용하

---

5) 김재철, "중국의 동아시아 정책", 〈국가전략〉 9권 4호(2003), pp. 7~32; 조
    영남, 《후진타오 시대의 중국정치》(파주: 나남, 2006), pp. 265~306;
    Shambaugh(2005a); Jianwei Wang, "China's Multilateral Diplomacy in
    the New Millennium", Yong Deng and Fei-Ling Wang(eds.), *China
    Rising: Power and Motivation in Chinese Foreign Policy*(Lanham: Rowman
    & Littlefield, 2005), pp. 159~200; Yunling Zhang and Shiping Tang,
    "China's Regional Strategy", Shambaugh(ed.) (2005), pp. 48~68.

고 이를 어떻게 국가전략으로 발전시키려고 노력했는지를 이해할 수 있을 것이다.

둘째는 화평굴기론, "베이징 콘센서스"(Beijing Consensus, 北京共識), 그리고 중화문명(中華文明)의 외교적 활용에 대한 사례분석이다. 화평굴기론은 지역 강대국으로 성장한 중국이 어떤 외교방침을 통해 세계 강대국으로 발전할 것인가를 진지하게 고민하는 과정에서 제기되었다. 또한 이것은 중국의 발전전략과 이미지를 세계에 어떻게 선전하고 설득할 것인가와 밀접히 연관되어 있다. 따라서 화평굴기론은 후진타오 시대의 소프트 파워 논의를 살펴보는 중요한 사례가 될 수 있다.

베이징 콘센서스는 라모(Joshua Cooper Ramo)가 중국의 경제발전 경험을 정리하여 워싱턴 콘센서스(Washington Consensus)와 대비되는 새로운 발전모델로 제시한 것이다. 베이징 콘센서스가 제기되고 확산된다는 것은 중국식 발전모델이 국제적으로 공인받는 것으로서, 중국의 입장에서 보면 이는 자국의 소프트 파워가 강화됨을 의미한다. 따라서 중국이 베이징 콘센서스를 어떻게 평가하고 그것의 확산에 대해 어떤 태도를 취하고 있는가는 중국의 소프트 파워 논의를 보여주는 중요한 사례가 될 수 있다.

후진타오 시대에 들어 중국은 자국의 대외 이미지 제고와 중국적 가치와 비전(vision)의 전파를 위해 중화문명, 특히 유가(儒家)사상을 외교적으로 적극 활용하고 있다. 따라서 중국의 소프트 파워 전략을 이해하기 위해서는 이에 대한 검토도 필요하다.

마지막으로 소프트 파워 개념에 대해 간단히 살펴보자. 중국학자들 사이에는 현재 소프트 파워에 대한 합의된 정의가 없다. 소프트 파워에 대한 중국어 번역도 아직 통일되지 않았는데, "軟實力", "軟權力", "軟力量", "軟國力"이 소프트 파워의 역어로 가장 많이 사용된다. 일반적으로 말해 중국학자들은 나이의 소프트 파워 개념을 수용하여 각자의 연구목적에 맞게 약간씩 변용하여 사용한다.

나이는 한 국가가 행사하는 권력을 군사력과 경제력 등의 "하드 파워"(*hard power*, 경성권력)와 소프트 파워로 구분한다. 나이에 따르면 소프트 파워는 "강제나 보상이 아니라 매력(*attraction*)을 통해 우리가 원하는 것을 얻는 능력"을 가리킨다. 소프트 파워는 한 나라가 가지고 있는 세 가지 자원(*resources*), 즉 문화, 정치이념과 가치, 정책(특히 외교정책)에서 기인한다.[6]

또한 나이에 따르면 정보화·세계화 시대에 들어 군사력의 사용이 제한을 받으면서 소프트 파워의 중요성이 전보다 더욱 증가했다. 한편 하드 파워와 소프트 파워는 서로 밀접히 연관된다. 왜냐하면 그것들은 타자의 행위에 영향을 미쳐 우리의 목적을 달성하는 능력의 두 측면을 이루기 때문이다.[7] 그래서 실제 권력행사 과정에서 양자를 엄격히 구분할 수 없는 경우가 많다.


## 1. 중국에서의 소프트 파워 이론수용과 논의전개

한 중국학자의 연구에 의하면 1990년대 이후 중국 지식인들의 소프트 파워에 대한 관심과 연구는 계속 증가했다. 그 결과 소프트 파워에

---

6) Nye(2004), pp. x, 11. 소프트 파워에 대한 나이의 정의도 조금씩 변화되었다. 예를 들어 이전에 발간한 그의 책 *Bound to Lead*(1990)와 *The Paradox of American Power*(2002)에서 나이는 소프트 파워를 "우리가 원하는 바를 남들이 원하게 하는 권력"으로 정의했다. 또한 소프트 파워의 주요 자원으로 나이는 문화적 매력, 이데올로기, 국제제도, 정책 등을 제시했다. Joseph Nye, *Bound to Lead: The Changing Nature of American Power* (New York: Basic Books, 1990), pp. 31, 188; Nye, *The Paradox of American Power: Why the World's Only Superpower Can't Go It Alone* (Oxford: Oxford University Press, 2002), pp. 8~9.

7) Nye(2004), pp. 7~8, 30~32.

대한 중국의 관심과 연구는 미국을 포함한 다른 어떤 국가에서보다도 크다고 그는 주장한다. 8) 예를 들어 1992년에는 나이의 *Bound to Lead*(1990)가 중국어로 번역 출판되었다.   1993년에는 장쩌민(江澤民) 전 공산당 총서기의 핵심참모이며 상하이(上海) 푸단(復旦) 대학의 교수였던 왕후닝(王滬寧)이 〈푸단학보(學報)〉에 "국가실력으로서의 문화: 소프트 파워"를 발표하여 나이의 소프트 파워 이론을 소개하고 중국의 소프트 파워 강화를 역설했다. 9)

현재 런민대학(人民大學) 교수인 팡중잉(龐中英)도 1997년에 〈전략과 관리〉(戰略與管理)에 나이의 소프트 파워 이론을 자세히 소개하는 논문을 발표했고, 저명한 미국 전문가인 선지루(沈驥如)도 1999년 〈주간랴오왕〉(瞭望新聞週刊)에 중국의 소프트 파워 강화를 주장하는 글을 발표했다. 10) 2002년 8월에는 중국 외교부 산하 중국국제문제연구소(中國國際問題研究所)가 "미국 대외정책에서 소프트 파워의 지위와 영향"이라는 주제로 대규모 학술대회를 개최했다. 11) 최근에는 나이의 이론이 주로 미국의 경험에 근거한 것이라고 비판하면서 중국상황에 맞는 소프트 파워 이론을 수립해야 한다는 주장이 제기되고 있다. 12)

후진타오 시대에 들어 공산당 지도자들도 중국의 소프트 파워 강화에 관심을 갖기 시작했다.   하나의 예로 2004년 5월 중국공산당 정치국 제 13차 집단학습(集體學習)을 들 수 있는데, 이 세미나의 주제는

---

8)  劉德斌, "軟實力說的由來與發展", 〈吉林大學社會科學學報〉 제 4기 (2004), p. 55.

9)  劉德斌 (2004), p. 60.

10)  龐中英, "國際關係中的軟力量及其他", 〈戰略與管理〉 제 2기 (1997), pp. 49~51; 沈驥如, "不能忽視增强我國的軟實力", 〈瞭望新聞週刊〉 제 41기 (1999. 10), pp. 12~13.

11)  永强, "軟國力在美國對外政策中的地位和影向研究會在京擧行", 〈國際問題研究〉 제 6기 (2002. 1), p. 59.

12)  龐中英, "中國軟力量的內涵", 〈瞭望新聞週刊〉 제 45기 (2005. 11), p. 62.

"중국철학 및 사회과학의 번영과 발전"이었다. 이는 라모에 의해 베이징 콘센서스가 제기되고 국제적으로 중국식 발전모델에 대한 관심이 집중된 상황에서 개최된 것으로, 제13차 집단학습은 "중앙의 새로운 지도자들이 전략적 관점에서 중국의 소프트 파워 강화를 빠르게 추진하기 시작했음"을 보여주는 것이라고 한다.[13] 이때 토론된 구체적 내용을 알 수 없어 단정적으로 말할 수 없지만, 이는 중국의 최고지도자들도 자국의 소프트 파워 강화에 매우 큰 관심을 갖고 있음을 보여주는 간접사례가 될 수 있다.

가장 최근의 예로는 2007년 10월에 개최된 공산당 제17차 전국대표대회(당대회)의 "정치보고"를 들 수 있다. 이번 "정치보고"에서는 문화정책이 매우 강조되었는데, 그 중에서도 특히 "국가문화의 소프트 파워 제고"라는 목표가 최초로 공산당의 주요정책으로 명시된 점은 매우 중요한 특징이라고 할 수 있다. 이는 후진타오 시대에 들어 중국이 소프트 파워를 하드 파워와 함께 "종합국력"(綜合國力, *comprehensive national power*)의 핵심요소로 간주하고 소프트 파워 강화에 매우 노력한 현실을 반영한 것이다. 또한 이는 중국이 앞으로도 소프트 파워 강화를 통한 국제적 지위향상과 국민통합에 더욱 노력할 것이고, 이를 위해 중국 전통문화의 부흥과 유가 등 전통사상의 확대에 더욱 매진할 것임을 보여주는 것이다.[14]

그런데 중국학자들이 소프트 파워 이론을 국가전략과 연계시킨 것은 1990년대 후반의 일이다. 이 무렵 급속한 경제성장과 함께 국력이

---

13) 楊桃源, "提升中國軟實力", 〈瞭望新聞週刊〉 제23기(2004. 6), p. 14.

14) 劉雲山, "更加自覺更加主動地推動社會主義文化大發展大繁榮", 〈人民網〉 2007. 10. 29(http://people.com.cn: 이하 동일한 사이트); 嚴昭柱, "提升軟實力的關鍵點", 〈人民論壇〉, 〈人民網〉 2007. 11. 6; 吳建民, "構建中華主流文化成當務之急", 〈人民論壇〉, 〈人民網〉 2007. 11. 6; 陳少峰, "發展文化産業的國際經驗借鑒", 〈人民論壇〉, 〈人民網〉 2007. 11. 6.

신장되면서 세계가 중국의 부상에 주목하고 중국국민들도 국제문제에 관심을 갖게 되었다. 이때부터 중국의 주요 언론매체는 전과 다르게 국제문제를 대대적으로 보도했다. 동시에 정부 차원뿐만 아니라 민간 차원에서도 국제문제와 외교정책에 대한 활발한 논의가 전개되었다.

이런 요소들이 복합적으로 작용하여 중국국민의 자기의식과 중국정부의 자국평가에 변화가 발생했다. 이 과정에서 결정적 역할을 한 것이 1997~98년 아시아 경제위기에서 중국이 보여준 태도와 국제적 평가, 즉 인민폐(人民幣)를 평가 절하하지 않고 동시에 주변국에 경제원조를 제공함으로써 국제적으로 높은 평가를 받은 사실이었다.[15]

이런 배경 속에서 중국의 부상을 진지하게 고민하고 지역 강대국에서 세계 강대국으로 발전하기 위한 국가전략을 새롭게 수립하려는 노력이 중국학자들 사이에서 진행되었다. 종합국력 개념은 이 과정에서 등장했고, 소프트 파워가 종합국력의 중요한 요소로 인정되면서 소프트 파워 강화가 국가목표에 포함되었다. 이 무렵부터 중국에서 종합국력, "대전략"(大戰略, grand strategy) 등의 명칭이 붙은 다양한 연구 결과가 발표된 것은 이를 잘 보여준다.

예를 들어 이 분야의 선구적 업적으로 평가받는 황수오펑(黃碩風)의 《종합국력론》(綜合國力論)이 1999년 중국사회과학출판사에서 출판되었다. 그는 이 책에서 종합국력은 경성권력(硬國力: 경제력, 과학기술력, 국방력, 자원력)과 함께 소프트 파워(軟國力: 정치력, 외교력, 문화력), 협동력(協同力: 정치체제, 정부지도력, 조직 결정능력과 관리능력 등)으로 구성된다고 보았다. 이후 중국의 국가전략에 대한 연구는 계속되었다. 칭화(淸華)대학 후안강(胡鞍鋼) 교수와 중앙당교(中央黨校) 먼홍화(門洪華) 교수의 연구는 대표적이다.[16] 베이징대학 예즈청(葉自

---

15) Lampton(2005), p. 307; 張劍莉, 《中國崛起: 通向大國之路的中國策》(北京: 新華出版社, 2005), pp. 126~127.

16) 胡鞍鋼, 《中國發展前景》(杭州: 浙江人民出版社, 1999); 胡鞍鋼, 《中國

成) 교수의 연구와 칭화대학 옌쉐통(閻學通) 교수의 연구도 있다. 17)

중국에서의 소프트 파워 논의는 편의상 두 가지로 나누어 살펴볼 수 있다. 하나는 국내발전 전략으로서의 소프트 파워 논의이고, 다른 하나는 대외전략으로서의 소프트 파워 논의이다. 전자가 주로 경제발전에 필요한 국내 제도개혁을 중심으로 한 논의라면 후자는 중국의 부상을 위한 외교정책 수립을 중심으로 한 논의이다. 양자는 엄격히 구분되는 것은 아니지만, 여기서는 편의상 나누어 검토하겠다.

중국의 일부 연구자들은 기존 발전전략이 양적 경제성장에만 집중함으로써 여러 가지 사회문제가 발생했다고 지적하면서 이를 해결하기 위한 방안으로 소프트 파워 강화를 제기한다. 예를 들어 예즈청 교수는 한 국가가 세계 강대국으로 발전하기 위해서는 경제력, 군사력, 과학기술에 더해 정치·경제·외교 등에서 소프트 파워를 강화해야 한다고 주장한다. 그에 따르면 소련이 세계 강대국의 지위를 상실한 것은 세계최강의 군사력을 갖고 있었지만 소프트 파워가 약화되면서 국제사회에서의 영향력을 상실했기 때문이다. 따라서 중국도 소련의 전철을 밟지 않기 위해서는 제도혁신에 매진해야 하는데, 여기서 가장 중요한 것이 정치·경제제도와 문화제도의 혁신이다. 18)

팡중잉 교수도 중국이 세계 강대국으로 도약하기 위해서는 소프트 파워가 필요하다고 주장한다. 그에 의하면 모든 국가의 소프트 파워

---

大戰略》(杭州: 浙江人民出版社, 2003); 胡鞍鋼, 《中國: 新發展觀》(杭州: 浙江人民出版社, 2004); 胡鞍鋼·楊帆 外, 《大國戰略: 中國利益與使命》(瀋陽: 遼寧人民出版社, 2000); 門洪華, 《中國: 大國崛起》(杭州: 浙江人民出版社, 2004); 門洪華 主編, 《構建中國大戰略的框架: 國家實力·戰略觀念與國際制度》(北京: 北京大學出版社, 2005).

17) 葉自成, 《中國大戰略: 中國成爲世界大國的主要問題及戰略選擇》(北京: 中國社會科學出版社, 2003); 閻學通·孫學峰 外, 《中國崛起及其戰略》(北京: 北京大學出版社, 2005).

18) 葉自成(2003), pp. 116~117.

는 "양호한 통치" (治理, *good governance*)에 기초한다. 따라서 중국도 통치체제 개선을 위해 노력해야 한다. 이를 위해서는 사회주의 민주정치를 실현하고 경제구조를 합리화하며 사회진보를 위해 불균형과 불공정 문제를 해결하고 교육과 전통문화 보전에 노력해야 한다. 19)

《2005년 중국국제지위보고》에서 처음으로 소프트 파워 강화를 국력신장 지표로 채택한 장요우원, 황런웨이 상하이 사회과학원 교수들도 2004년 중국의 강화된 문화외교와 함께 헌법수정을 통한 사유재산 보호, 공산당 통치능력 강화, 법제건설 등의 제도개선을 소프트 파워 강화의 사례로 들었다. 20)

그런데 소프트 파워 논의는 주로 중국의 새로운 대외전략 수립과 관련하여 이루어졌다. 후진타오 시대에 들어 중국이 세계 강대국으로 발전하기 위해서는 하드 파워와 함께 소프트 파워를 강화해야 한다는 주장은 이제 보편적인 것이 되었다. 앞에서 말했듯이 중국에서는 소프트 파워라는 표현이 크게 유행하고, 학술잡지뿐만 아니라 대중신문과 잡지에서도 이에 대한 논의가 홍수를 이루었다. 21) 특히 2003년에 화평굴기론, 2004년에 베이징 콘센서스가 제기된 것은 중국에서 소프트 파워 이론이 크게 유행하게 되는 데 결정적 영향을 미쳤다.

사실 후진타오 시대 이전부터 비록 소프트 파워라는 용어를 사용하지는 않았지만 중국은 이것과 관련된 다양한 노력을 기울였다. 예를 들어 미국주도의 국제질서 운영을 비판하면서 마오쩌둥(毛澤東) 시기의 평화공존 5원칙을 확대 발전시킨 "신(新)국제정치경제질서론", 유럽의 북대서양조약기구(NATO)와 미·일동맹 등 전통적 안보관을 비판하면서 제기한 신안보관, 중국은 국제체제의 파괴자가 아니라 국제

---

19) 龐中英, "發展中國軟力量", 〈瞭望新聞週刊〉 제1기 (2006. 1), p. 63.
20) 張幼文·黃仁偉 外, 《2005中國國際地位報告》(北京: 人民出版社, 2005), pp. 273~280.
21) 劉德斌 (2004), p. 60.

사회에서 정당한 책임을 지는 강대국이라는 책임대국론의 제기는 대표적 예이다. 그밖에도 중국위협론과 중국붕괴론에 대한 대응논리로서 중국은 "중국기회론"과 "중국공헌론"을 제기했다. 22) 또한 중국은 이를 현실적으로 뒷받침하기 위해 다양한 외교정책을 추진했다. 중국의 아프리카 지원정책은 대표적 사례이다. 23) 후진타오 시대의 연성권력 논의는 이런 시도를 좀더 체계화한 것이다. 화평굴기론과 조화세계론의 제기와 공공외교(*public diplomacy*) 또는 문화외교(*cultural diplomacy*)의 강화는 이를 잘 보여주는 사례이다.

대외전략 차원에서 진행된 소프트 파워 논의는 크게 두 방향에서 이루어졌다. 하나는 미국의 소프트 파워 전략에 대한 대응 차원의 논의이고, 다른 하나는 중국이 세계 강대국으로 부상하기 위한 전략수립 차원의 논의이다.

먼저 전자를 살펴보자. 중국의 일부 연구자들은 미국의 소프트 파워가 중국에 미치는 부정적 영향을 경계하면서 이에 적극 대응해야 한다고 주장한다. 이들은 나이의 소프트 파워 이론을 탈냉전 시기에도 패권적 지위를 계속 유지하기 위한 미국의 열망을 반영한 것으로 본다. 특히 이들은 소련 및 동구 사회주의국가가 붕괴하는 과정에서 미국의 소프트 파워 전략이 큰 역할을 했다는 사실에 주의한다. 세계화·정보화 시대에 강화되고 있는 미국의 문화패권주의와 인터넷과 방송매체를 통한 미국식 가치관의 확산은 대표적 위험요소라는 것이다. 이들은 이를 미국의 평화적 체제전복(和平演變, *peaceful evolution*)

---

22) 중국공헌론은 중국의 경제발전이 아시아 및 세계의 경제발전을 촉진하고 세계 분업구조를 합리적으로 개선하며 세계 빈곤문제를 해결하는 데 기여한다는 주장이다. 중국기회론은 중국은 잠재력이 매우 큰 세계시장으로서 타국에게 무역과 투자의 기회를 제공한다는 주장이다. 門洪華(2005), pp. 19～21.

23) Drew Thompson, "China's Soft Power in Africa: From the 'Beijing Consensus' to Health Diplomacy", *China Brief* Vol. 5, No. 21 (2005), pp. 1～4.

시도로 간주한다. 이를 막기 위해 이들은 청소년에 대한 사회주의적 사상교육을 강화하고, 중국의 고유한 전통문화를 보존하기 위한 정책을 마련해야 한다고 주장한다.[24]

이런 측면에서 이들은 2005년 12월 29일 〈월스트리트 저널〉에 실린 나이의 글에 대해 매우 비판적이다. 앞에서 말했듯이 이 글에서 나이는 아시아에서 중국의 소프트 파워가 급속히 증가함을 지적하고 이에 대한 미국의 대응을 건의했다. 이들이 보기에 나이의 주장은 중국의 소프트 파워를 과대평가한 것으로, 그의 주장은 "중국위협론의 소프트 파워 판본(version)"에 불과하다. 그래서 이런 주장은 미국이 중국의 발전을 더욱 강력하게 견제하여 21세기에도 패권을 유지하는 데 필요한 새로운 구실을 제공한다는 것이다.[25]

미국의 소프트 파워에 대한 대응을 강조하는 이 같은 논의는 중국이 이전부터 가졌던 피해의식, 즉 1840년 중영전쟁(아편전쟁)에서 1949년 사회주의 중국 성립까지의 역사적 경험에서 형성된 "굴욕의 일세기"(百年屈辱, century of humiliation) 의식과, 1989년 톈안먼(天安門) 사건 이후 미국을 중심으로 한 서방세계의 대중국 금수조치에서 형성된 "포위의식"(siege consciousness)을 아직도 버리지 못했음을 보여준다. 중국은 도의(道義)상 서방에 비해 못할 것이 전혀 없다는 정신상의 충만한 자신감을 가져야 하고, 미국에 대해서도 "네가 우리에게 영향을 미치려 한다면 우리도 또한 너에게 영향을 미칠 수 있다"는 기백을 가져야 한다고 일부 중국 연구자가 주장하는 데서 우리는 이런 피해의

---

24) 詹得雄, "軟實力的含意以及對我國的啓示", 〈中國政黨幹部論壇〉 제7기(2004), pp. 37~39; 章彬, "覇權主義的國軟力量和硬力量", 〈理論探索〉 제1기(2000), pp. 4~6; 趙長茂, "中國需要軟實力", 〈瞭望新聞週刊〉 제23기(2004. 6), p. 1; 董立人·寇曉宇·陳榮德, "關于中國的軟實力及其提升的思考", 〈求索〉 제1기 (2005), pp. 143~146; 黃仁偉, "論中國崛起的國內外環境制約(下)", 〈社會科學〉 제2기(2003), p. 10.

25) 張馳, "中國威脅論新版本: 美過分誇大中國軟實力", 〈人民網〉 2006. 1. 26.

식을 읽을 수 있다. 인터넷과 방송매체를 통한 미국의 선전을 경계해
야 한다는 주장에 더해, 미국에서 유학하는 중국학생들이 미국 대변
인이 되는 것을 막기 위해 이들에 대한 지도를 더욱 철저히 해야 한다
는 주장을 보면 이들의 피해의식이 매우 심각하다는 것을 알 수 있
다. 26)

한편 국제정치를 연구하는 중국학자들은 주로 세계 강대국화 전략
차원에서 소프트 파워 강화를 주장한다. 이들에 따르면 중국의 부상
은 이미 세계가 인정하는 기정사실이다. 중국의 경제성장은 이를 잘
보여준다는 것이다. 중국학자뿐만 아니라 외국학자들도 중국이 지역
강대국, 나아가 잠재적 세계 강대국으로 부상했다는 사실에 대해서는
대부분 인정한다. 예를 들어 2004년 9월 워싱턴에서 카네기 평화재단
주최로 개최된 "중국의 평화적 부상"에 대한 학술대회에서 중국의 부
상은 모든 참가자들이 인정하는 객관적 사실로 받아들여졌다. 27)

또한 중국의 일부 연구자에 따르면, 국력신장과 국제적 지위의 상
승과 함께 중국의 외교목표가 변화했다고 한다. 2001년 12월 세계무
역기구(WTO) 가입과 함께 국제사회에의 편입이라는 과거의 외교적
과제가 사실상 완수되었고, 이제는 다양한 국제조직에서 중국이 발언
권과 규칙제정권(rule-making power)을 어떻게 확보하느냐 하는 것이 문
제라는 것이다. 28)

따라서 이에 따르면 중국은 현재 새로운 두 가지 과제에 직면해 있
다. 첫째는 중국위협론을 불식시키고 중국의 부상을 세계, 특히 아시
아 국가가 자연스럽게 인정하도록 설득하는 것이다. 둘째는 국제사회
의 책임지는 강대국으로 국제업무에 참여하여 발언권을 확보하는 것

---

26) 詹得雄(2004).
27) 門洪華(2005), p. 200. 여기서 발표된 일부 논문과 토론은 *Foreign Policy*
(January/February 2005) 특집호를 통해 알 수 있다.
28) 閻學通·孫學峰(2005), p. 5.

이다. 그런데 이 두 가지는 모두 중국의 소프트 파워 강화와 연관된다. 이 때문에 이들은 중국이 세계 강대국으로 발전하기 위해서는 반드시 소프트 파워를 강화해야 한다고 주장한다.[29]

마지막으로 현재 중국학자들은 자국의 소프트 파워 수준을 어떻게 평가하는지 살펴보자. 후진타오 시대에 들어 아시아 지역에서 중국의 소프트 파워와 영향력이 전에 비해 크게 신장되었다는 사실에 대해서는 대부분의 중국 연구자들이 동의한다.[30] 또한 이것은 중국의 의식적 노력과 함께 급속한 경제성장에 따른 자연스런 결과라고 본다. 예를 들어 동아시아 지역뿐만 아니라 유럽과 미국에서도 중국어를 배우려는 열풍(漢語熱)이 불고 있는데, 이는 급속한 경제성장에 따라 중국문화에 대한 호기심이 증가한 것과 함께 중국어를 배우는 것이 이후 경제활동에도 도움이 된다는 판단 때문이다.[31]

다른 한편으로 중국 연구자들은 중국의 소프트 파워가 미국이나 유럽에 비해 아직도 매우 취약한 상태라고 평가한다.[32] 또한 일부 연구자는 중국의 하드 파워가 급속히 증가한 것과 비교할 때 소프트 파워는 크게 신장되지 않았고 이런 면에서 소프트 파워는 하락했다고 할 수 있다고 주장한다.[33]

---

29) 王雨辰, "略論北京共識對提升中國軟實力的啓迪", 〈中南財政政法大學學報〉 제1기(2005), pp. 3~8; 鄧顯超, "悄然崛起的關于中國軟實力", 〈攀登〉 제6기(2005), pp. 89~93; 黃仁偉, "論中國崛起的國內外環境制約(下)"; 阮宗澤, "實現中國外交話語權", 〈瞭望新聞週刊〉 제32기(2005. 8), pp. 26~28.

30) Zhang and Tang(2005).

31) 鞠殿明, "全球漢語熱彰顯中國軟力量", 〈思想政治課教學〉 제10기(2005), pp. 50~52.

32) Mingjiang Li, "China's Soft Power: Stuck in Transition", *RSIS Commentaries*(May 5, 2008); 張幼文・黃仁偉(2005), p. 288.

33) 門洪華(2005), pp. 210~211, 347.

## 2. 중국에서의 소프트 파워 논의사례 1 : 화평굴기론

앞에서 말했듯이 화평굴기론은 중국이 세계 강대국으로 도약하기 위한 대외전략을 진지하게 고민하는 과정에서 제기된 것으로, 중국의 부상과 이미지를 세계에 어떻게 선전하고 설득할 것인가와 밀접히 연관된다. 나이가 지적했듯이 외교정책은 소프트 파워 자원의 핵심요소이며, 타당한 외교정책의 수립과 집행은 한 국가의 소프트 파워 강화에서 매우 중요한 역할을 담당한다. 따라서 화평굴기론은 후진타오 시대의 소프트 파워 논의를 살펴보는 중요한 사례가 될 수 있다.

화평굴기론은 공산당 중앙당교의 전임 부교장이며 중국개혁개방포럼(中國改革開放論壇) 전임 이사장인 정비잰(鄭必堅)이 2003년 10월 중국이 주관하는 보아오 아시아 포럼(博鰲亞洲論壇, Boao Asia Forum)에서 최초로 제기한 것이다. 이후 2003년 12월 10일 미국 하버드대 강연에서 원자바오(溫家寶) 총리, 그리고 동년 12월 26일 마오쩌둥(毛澤東) 탄생 110주년 기념대회에서 후진타오 총서기가 이를 제기하면서 중국 내외에서 큰 주목을 받았다.

그런데 2004년 4월 무렵부터 후진타오 총서기와 원자바오 총리는 화평굴기 대신 화평발전 개념을 사용하기 시작했다. 예를 들어 2004년 4월에 개최된 보아오 포럼 강연에서 후진타오는 화평발전으로 중국의 외교정책을 설명했다. 2004년 8월 덩샤오핑(鄧小平) 탄생 100주년 기념대회에서 행한 후진타오 연설도 마찬가지이다. 이는 중국정부가 공식적으로 또는 "관방(官方) 용어"로 화평굴기를 사용하지 않기로 결정했음을 보여준다.

이에 대해서는 여러 가지 이유가 제기되었다. 우선 중국이 부상을 말하는 것 자체가 기존 강대국과 주변국가를 자극한다는 점이다. 즉, 화평"굴기"는 그렇게 겸손한 표현이 아니라는 것이다. 또한 "화평"굴기를 주장할 경우 대만문제 해결을 위해서는 무력사용도 불사하겠다는

기존정책은 어떻게 되는가 하는 점도 문제로 제기되었다.[34]

그렇다면 화평굴기론은 어떤 배경에서 제기되었는가? 직접적 배경은 중국위협론 등 중국의 부상을 저지하는 다양한 담론의 확산이다.[35] 중국위협론은 1990년대 초 미국과 일본에서 제기되었고, 1990년대 중반 남사군도(南沙群島, Spratlys) 분쟁과 대만해협 위기를 거치면서 아시아 국가들로 확산되었다. 중국에서는 중국위협론이 부정적 담론 형성을 통해 중국의 부상을 견제하려는 미국과 일본의 전략으로 간주되었다. 중국의 부상을 우려의 눈초리로 바라보던 아시아 국가들은 미국과 일본의 담론을 수용한 측면이 강하다는 것이다. 이유가 어찌되었건 중국위협론의 확산은 평화롭고 안정적인 국제환경 조성과 국제적 영향력 확대라는 자국의 외교목표를 달성하는 데 방해물로 작용한다. 중국기회론, 중국공헌론, 화평굴기론의 제기는 이에 대한 대응의 결과물이다.

그러나 화평굴기론을 단순히 중국위협론에 대한 대응논리로 이해하는 것은 단편적 해석이다. 중국위협론에 대한 대응논리 제시라면 중국기회론과 중국공헌론만으로도 충분하다. 중국과 아시아 국가 간의 경제교류 증가, 중국의 세계 경제성장에의 기여, 중국의 시장개방에 따른 세계각국의 대중국 무역과 투자증가 등 객관적 사실이 이를 뒷받침하기 때문이다.

후진타오 시대에 들어 화평굴기론이 제기된 것은, 세계 강대국으로 발전하는 중국이 국력신장과 국제적 부상을 선언하고 아시아 주변국으로부터 이를 인정받으려는 의도에서였다. 이런 면에서 중국이 부상

---

34) 김애경, "중국의 '화평굴기'론 연구: 논쟁과 함의를 중심으로", 〈국제정치논총〉 제45집 4호(2005), pp. 11~52; 조영남(2006a), pp. 23~24.

35) 김애경(2005), p. 17; 彭澎 主編, 《和平崛起論: 中國重塑大國之路》(廣州: 廣東人民出版社, 2005), p. 18; 門洪華(2005), pp. 15~21; 江西元·夏立平, 《中國和平崛起》(北京: 中國社會科學出版社, 2004), p. 1.

그 자체를 제기한 것은 중국의 외교정책과 관련하여 매우 중요한 의미를 갖는다. 일부 중국 연구자가 주장하듯이 화평굴기론의 제기는 첫째, 중국외교가 미국 중심에서 주변국가 중심으로, 둘째, 외교목표가 국제사회 편입에서 국제적 책임 수용으로, 셋째, 중국외교가 경제발전 기여에서 종합적 국익증진으로 전환했음을 보여주는 것이다.[36] 또는 다른 말로 표현하여 화평굴기론은 중국의 대외전략이 내부지향형(內向型)에서 외부지향형(外向型)으로 전환되었음을 알리는 상징이다.[37] 이런 면에서 화평굴기론은 1990년대 이후 중국의 지속적 국력신장과 국제환경 변화에 대한 중국 내 인식변화, 그리고 이를 바탕으로 새로운 대외전략을 모색하려는 중국의 노력을 보여주는 것이다.

마지막으로 화평굴기론이 등장한 데에는 엘리트 정치의 측면도 작용했다. 화평굴기론은 장쩌민 시대에서 후진타오 시대로 넘어오는 과도기에 후진타오 체제가 자신의 권력기반을 공고히 하기 위한 노력의 하나라고 할 수 있다. 후진타오는 권력기반 강화를 위해 다양한 시도를 했고, 그 중의 하나가 바로 장쩌민 시기와는 다른 새로운 국가전략을 수립하는 것이다.

예를 들어 정치사상 영역에서는 "삼개대표"(三個代表)론을 재해석하고 "이인위본"(以人爲本: 국민을 근본으로 함) 방침을 제기했다. 사회경제 영역에서는 성장일변도 정책과 "선부론"(先富論)을 폐기하고 "과학적 발전관"(科學發展觀)에 입각한 균형발전론과 "공동부유"(共同富裕)론을 제기했다. 뿐만 아니라 장쩌민의 도시적 이미지와는 다른 서민적 이미지를 창출하기 위해 "친민"(親民: 국민에게 다가감)정책 등 다양한 노력을 기울였다. 화평굴기론은 외교정책과 관련된 후진타오의 권력공고화 시도라고 볼 수 있다.[38]

---

36) 閻學通·孫學峰(2005), pp. 4~6.
37) 門洪華(2005), pp. 30, 203~204.
38) 조영남(2006a), pp. 163~184.

화평굴기론의 내용은 비교적 간단하다. 이를 최초로 제기한 정비잰의 설명에 의하면 화평굴기론은 다음 네 가지 내용으로 구성된다. 첫째, 중국이 급속한 경제성장을 이룩했지만 원래 경제발전 수준이 낮고 인구가 13억이나 되기 때문에 이를 위협적인 것으로 볼 수 없다. 중국은 여러 가지 국내문제로 인해 앞으로 최소한 3세대 동안은 자신의 발전문제에만 전념해야 한다. 둘째, 중국은 세계화와 밀접히 연관된 발전노선을 추구한다. 셋째, 중국은 제도혁신, 산업구조 조정, 국내수요 창출, 국내저축의 자본화, 국민소질 향상과 기술진보 등을 통한 경제발전, 즉 독립자주의 발전전략을 추구한다. 다시 말해 중국은 타국의 경제발전에 피해를 주는 발전전략을 추구하지 않는다. 넷째, 중국의 경제발전은 아시아 지역의 경제발전과 번영, 안정에 기여한다.[39]

그러나 앞에서 지적한 바와 같이 2004년 4월 무렵부터 화평발전 개념이 등장하기 시작했다. 화평발전론의 내용에 대해서는 여러 가지 설명이 있는데, 우리는 중국정부가 2005년 12월 12일 발표한 외교백서, 즉 《중국의 평화적 발전의 길》(中國的和平發展道路)을 통해 중국의 공식입장을 확인할 수 있다.

이에 따르면 화평발전론은 다음 네 가지로 구성된다. 첫째, 중국은 평화적 국제환경을 조성하여 자국을 발전시키고 자국의 발전으로 세계평화를 촉진한다. 둘째, 중국은 자국의 역량과 개혁 · 혁신에 의지하여 발전하고 동시에 대외개방을 견실하게 실행한다. 셋째, 중국은 세계화 추세에 순응하며 각국과의 상호이익, 공동이익 및 공동발전을 실현하기 위해 노력한다. 넷째, 중국은 평화 · 발전 · 협력(合作)의 원칙을 견지하며 세계각국과 공동으로 평화 및 공동번영의 조화세계를 건설하기 위해 노력한다.[40]

---

39)  鄭必堅, 《論中國和平崛起發展新道路》(北京: 中共中央黨校出版社, 2005),
     pp. 2~8.
40)  國務院新聞辦公室, "中國的和平發展道路"(2005. 12).

이처럼 화평굴기론과 화평발전론은 내용상 차이가 없다. 다만 화평
발전론에서는 조화세계라는 새로운 개념이 등장했고 이전의 설명보다
좀더 세련되었다는 인상을 줄 뿐이다. 이는 공식용어가 화평굴기에서
화평발전으로 바뀌었지만 내용은 크게 바뀌지 않았다는 사실, 즉 중국
은 화평굴기론을 내용상으로는 포기하지 않았다는 사실을 보여준다.

다만 우리는 화평"굴기"에서 화평"발전"으로 용어가 바뀐 것이 갖는
의미는 인정해야 한다. 굴기에서 발전으로의 용어변경은 중국이 공식
적으로 부상을 선언하기를 유보했다는 사실을 보여주기 때문이다. 한
중국학자의 설명에 따르면 굴기(rising)와 발전(development)은 국제정
치에서 매우 다른 의미를 갖고 있다고 한다. 즉, 굴기가 국가간의 권
력변동을 지칭하는 개념인 데 비해 발전은 그렇지 않다는 것이다. 41)
그래서 중국의 "굴기"는 국제사회에서 미국이나 일본 등 기존 강대국
지위의 상대적 약화를 의미하는 반면, 중국의 "발전"은 기존 강대국의
발전과 병행할 수 있다는 것이다.

후진타오 시대의 중국이 화평굴기론을 고수한다는 사실은 이것의
제창자인 정비잰의 입을 통해서도 확인할 수 있다. 42) 예를 들어 2004
년 9월 제30차 세계 고위급 지도자 연례회의 연설에서 정비잰은 "내
가 말하는 화평굴기는 화평발전과 같은 의미"라고 밝힌 바 있다. 43)
또한 2005년 4월 보아오 포럼 연설에서도 그는 "화평굴기 발전의 길은
화평발전의 길이다"라고 주장했다. 44) 그밖에도 그는 2005년 9~10월

---

41) 閻學通・孫學峰(2005), p. 212.
42) 정비잰의 주장과 중국의 공식입장은 구분할 필요가 있다. 그러나 정비잰이
   외교정책과 관련하여 후진타오의 참모역할을 수행했고 반관반민 조직인 중
   국개혁개방포럼 이사장직을 역임했다는 사실을 고려할 때, 그의 주장을 개
   인적 견해로만 치부할 수는 없다.
43) 鄭必堅(2005), p. 51.
44) 鄭必堅(2005), p. 67.

〈포린 어페어〉(Foreign Affairs) 기고문에서도 "강대국 위상 추구를 위한 중국의 화평굴기"(China's Peaceful Rise to Great-Power Status) 라는 제목을 사용했다. 45) 가장 최근의 예로 2006년 4월 10일 〈인민일보〉(人民日報) 기고문 "화평굴기 과정에서 중국이 직면한 3대 도전"에서 정비잰은 여러 번 "화평발전 또는 화평굴기"라는 표현을 사용하여 양자가 같은 개념임을 보여주었다. 46)

급속한 경제성장 및 국제적 지위상승과 함께 중국의 부상은 이미 세계가 인정하는 객관적 사실이 되었다. 이렇게 되면서 일부 중국학자들이 주장하는 것처럼 중국외교는 중국위협론을 불식시키고 자국의 부상을 아시아 국가들이 수용하도록 만들고, 국제사회에서 책임지는 강대국으로 참여하여 발언권을 확보해야 하는 새로운 과제에 직면하게 되었다. 화평굴기론은 이런 배경하에서 중국이 당면 외교목표를 달성하기 위해 제기한 것이다. 다시 말해 이것은 중국의 부상에 대한 선언이며 새로운 외교노선에 대한 천명이다.

그러나 중국이 부상을 어떻게 선언하고 어떤 외교방침을 천명할 것인가를 놓고 중국 내에서는 격렬한 논쟁이 있었다. 47) 일부는 덩샤오핑이 제기한 도광양회(韜光養晦: 실력을 감추고 때를 기다린다) 방침을 계속 고수해야 하고, 이것의 폐기는 주변국가의 중국위협론을 강화시키고 미국과의 갈등을 야기할 수 있다고 주장하면서 화평굴기 개념에 반대했다. 48) 이들은 도광양회 그 자체의 타당성보다는 전략적 필요성 차원에서 화평굴기를 반대한다고 볼 수 있다.

이에 대해 일부 연구자들은 시대상황과 중국의 주체적 조건이 변화

---

45) 鄭必堅(2005), pp. 133～154.

46) 鄭必堅, "中國和平崛起進程中面臨着三大挑戰", 〈人民網〉 2006. 4. 10.

47) 김애경(2005).

48) 吳建民, "抛棄韜光養晦會把中國引向災難", 〈瞭望東方週刊〉, 〈人民網〉 2005. 9. 20.

196

(예를 들어 국력이 크게 신장)했기 때문에 도광양회 방침은 폐기되어야 한다고 주장했다.49) 중국은 국력신장과 국제적 지위상승에 걸맞게 자신감 있고 당당한 태도로 국제적 책임과 의무를 다하는 강대국의 자세를 견지해야 하고 동시에 이에 맞는 외교방침을 천명해야 한다는 것이다(일명 '대국자세파'(大國心態派)). 일부 극단적인 학자들은, 중국의 목표는 미국과 대응할 수 있는 국제체제의 일극(一極, polarity)이 되기 위한 준비를 하는 것인데, 도광양회는 지나치게 자신을 낮추는 것이며, 당당하게 중국의 부상을 주장하는 정책을 추진해야 한다고 주장했다(일명 '전략대항파'(戰略對抗派)).50)

이러한 논쟁의 결과로 화평굴기는 제기된 지 6개월이 못 되어 화평발전으로 수정되었다. 그러나 그 수정은 내용이 아니라 이름뿐이었다. 이런 측면에서 화평발전은 중국 내 다양한 견해의 타협의 산물이라고 할 수 있다.

이처럼 화평굴기론의 제기와 변화과정은 국력신장과 국제적 지위향상에 대한 자체평가와 그것에 기초한 새로운 외교방침의 수립을 둘러싸고 중국이 고민에 빠져 있다는 사실을 보여준다. 중국은 한편에서는 자국의 부상을 당당하게 선언하고 세계로부터 인정받기를 열망한다. 그러나 다른 한편에서는 그렇게 했을 때 발생할 수 있는 부정적 결과가 무엇이고 그것에 대해 어떻게 대처해야 할지를 정확히 판단하고 있지 못하다. 이는 중국이 자국의 부상에 대해 아직 확실한 자신감이 없다는 점을 보여준다. 이런 사실은, 중국이 향후 상당 기간 내부적으로는 실력을 쌓는 데 주력하고 외부적으로는 지금과 같이 신중한 외교정책을 추진할 것임을 예고한다.

---

49) 葉自成(2003), p. 130; 張劍荊(2005), pp. 296~301; 閻學通·孫學峰(2005), pp. 7~8.
50) 張劍荊(2005), pp. 294~295.

## 3. 중국에서의 소프트 파워 논의사례 2 : 베이징 콘센서스

베이징 콘센서스라는 용어는 골드만 삭스(Goldman Sachs) 고문이며 칭화대학 겸직교수였던 라모가 2004년 5월 영국 수상 산하의 외교정책센터(The Foreign Policy Centre)에서 《베이징 콘센서스》라는 연구보고서를 출간하면서 등장했다. 이후 해외 유수 언론이 이를 보도하면서 베이징 콘센서스라는 말이 세계적으로 유행하였다.

라모가 말하는 베이징 콘센서스는 그 내용을 살펴보면 매우 실망스럽다. 사실 베이징 콘센서스는 내용보다는 용어 때문에, 즉 워싱턴 콘센서스에 대한 대응개념이라는 측면에서 또한 워싱턴 콘센서스와 연계되는 미국과 그에 대응하는 중국이라는 이미지 때문에 주목을 받았다고 할 수 있다.

워싱턴 콘센서스는 1990년 미국 국제경제연구소(Institute of International Economics)의 윌리엄슨(John Williamson)이 만든 용어이다. 그는 라틴아메리카의 경제문제를 해결하기 위해서는 세제개혁, 이자율 자유화, 경쟁적 환율제도 도입, 무역자유화, 해외 직접투자 자유화, 탈규제화 등 열 가지 정책을 추진해야 한다고 주장했다. 이후 워싱턴 콘센서스는 미국과 국제통화기금(IMF), 세계은행(World Bank) 등의 입장을 대변하는 신자유주의 정책의 대명사가 되었고, 일부 정책은 1990년대 소련 및 동구 사회주의국가의 개혁정책으로, 또한 1997~98년 아시아 경제위기 이후에는 관련국가의 개혁정책으로 실시되었다.[51]

---

51) John Williamson, "What Should the World Bank Think about the Washington Consensus", *The World Bank Research Observer* Vol. 15, No. 2(2000), pp. 251~264; Williamson, "Did the Washington Consensus Fail", Outline of Speech at the Center for Strategic & International Studies, Washington, D. C. (November 6, 2002); Williamson, "A Short

이에 비해 베이징 콘센서스는 중국의 경제발전 경험을 정리한 것으로 구체성이나 실천성 면에서 워싱턴 콘센서스에 비해 부족한 점이 많다. 라모에 의하면 자신의 연구는 중국의 새로운 권력기초 유형을 개괄하고, 종합국력의 관점에서 보았을 때 중국이 미국의 경쟁자가 되었다는 사실을 확인하는 것이라고 한다. 또한 그는 베이징 콘센서스가 현재 워싱턴 콘센서스를 대체하고 있다고 주장한다.[52]

구체적으로 라모에 의하면 베이징 콘센서스는 세 가지 정리(定理, theorem)로 구성된다. 첫째, 중국 발전모델은 혁신(創新, innovation)에 기초한다. 둘째, 중국 발전모델은 지속 가능성과 평등성을 최우선으로 고려한다. 셋째, 중국은 대외정책과 관련하여 자결주의(self-determination)를 추구한다.[53] 또한 베이징 콘센서스는 워싱턴 콘센서스가 그렇듯이 경제뿐만 아니라 정치·사회·외교의 내용을 담고 있다.

또한 그에 따르면 베이징 콘센서스는 워싱턴 콘센서스의 붕괴, 세계무역기구(WTO) 협상의 파국, 아르헨티나 경제의 붕괴 등으로 인해 발전에 대한 새로운 패러다임이 불확실한 국제적 상황에서 세계, 특히 개발도상국에 희망을 주었다고 한다.[54] 마지막으로 이에 기초하여 라모는 강대국의 바람직한 대(對)중국 정책이란 중국의 지위를 인정하고 중국과 함께 공유할 수 있는 토대 위에서 작성된 것이어야 한다고 주장한다.[55]

라모가 말하는 베이징 콘센서스의 첫 번째 정리, 즉 중국 발전모델

History of the Washington Consensus", Paper Commissioned by Fundaci CIDOB for a Conference from the Washington Consensus toward a New Global Governance, Barcelona (September 24, 2004).

52) Joshua Cooper Ramo, "The Beijing Consensus", The Foreign Policy Centre(2004), pp. 3~4.

53) Ramo(2004), pp. 11~12.

54) Ramo(2004), p. 60.

55) Ramo(2004), pp. 57, 58~59.

은 혁신에 기초한다는 주장은 중국이 소련이나 동구 사회주의국가처럼 워싱턴 콘센서스가 제시한 방법이 아니라 독자적 방식으로 개혁·개방정책을 추진한 것에 대한 지적이라면 타당하지만, 이런 지적은 이제 상식에 속한다. 우리가 아는 것처럼 소련과 동구 사회주의국가들은 "충격요법"(shock therapy)이라 불리는 급진적 경제개혁 정책, 즉 사적 소유제도, 가격자유화, 국가통제의 전면적 해체를 실시했다. 이와 달리 중국은 국가주도하에 점진적이고 단계적인 경제개혁 정책, 즉 "계획으로부터의 성장"(growing out of the plan) 정책을 실시했다. 그런데 라모의 첫 번째 정리는 이것보다는 후진타오 시대에 들어 중국이 혁신을 강조하는 사실을 그대로 인용한다고 생각된다. 56)

두 번째 정리, 즉 중국 발전모델은 지속 가능성과 평등성을 최우선으로 고려한다는 주장도 후진타오 시대에 들어 중국이 강조하는 경제 방침을 그대로 옮겨놓은 것이다. 후진타오 시대의 중국은 장쩌민 시대의 경제성장 최우선 정책을 폐기하고, 과학적 발전관에 입각하여 도시와 농촌, 연해지역과 내륙지역, 경제와 사회, 인간과 자연, 국내와 대외개방을 균형 있게 발전시킨다는 균형발전 전략을 제시했다. 이는 경제성장과 함께 균형, 성장과 함께 환경보존과 에너지 절약을 동시에 추구하는 전략이다. 57) 라모가 말하는 지속 가능한 발전과 평등한 발전은 이것을 반복한 것이다.

세 번째 정리, 즉 자결주의도 1982년 중국이 공식 선언한 독립자주 외교노선을 반복한 것에 불과하다. 이처럼 라모의 베이징 콘센서스는 새로운 내용이 없을 뿐만 아니라 중국의 입장을 그대로 대변한 것이다.

라모의 《베이징 콘센서스》가 발표되자 중국언론은 이를 대대적으로 보도했고, 이에 대한 많은 학자들의 분석과 평가가 이어졌다. 베

---

56) 조영남, "중국 제 10기 전국인민대표대회 제 4차 회의 분석", 미래전략연구원 (2006), http://www.kifs.org/new/index.html.

57) 조영남 (2006a), pp. 185~210; 조영남 (2006d).

200

이징 콘센서스에 대한 중국 내 주류의 견해는 그것을 매우 환영한다
는 것이다. 즉, 베이징 콘센서스의 제기와 확산은 중국식 발전모델이
일국 차원을 넘어 제3세계 국가에도 적용될 수 있는 보편적 발전모델
로 국제적 공인을 받은 것으로 평가되었다. 동시에 중국학자들은 이
를 중국의 소프트 파워가 강화된 하나의 징표로 간주했다.[58] 이 같은
분위기는 존슨(Chalmers Johnson)이 일본의 경제발전 경험을 정리하여
발전국가(developmental state) 모델을 제시했을 때 일본, 특히 통산성(通
産省, MITI)이 매우 높이 평가한 것과 유사하다.[59]

그러나 중국 일부에서는 베이징 콘센서스의 확산이 불러올 수 있는
부정적 결과에 대해 우려하는 목소리도 제기되었다. 한마디로 말해
베이징 콘센서스의 확산은 중국위협론에 대한 새로운 소재를 제공할
수 있다는 것이다. 지금까지 미국에게 위협이 된 것은 경제력과 군사
력 등 하드 파워의 강화였는데, 여기에 더해 중국식 발전모델이 보편
적 의미를 갖는 발전모델로 등장함으로써 미국이 추구하는 가치에 도
전하는 위협요소가 추가되었다는 것이다.

또한 베이징 콘센서스의 확산에 따라 중국이 미국의 신자유주의를
반대하는 반(反)세계화운동의 중추세력이 되는 것을 경계하는 목소리

---

58) 俞可平·黃平·謝曙光·高健 主編, 《中國模式與"北京共識": 超越"華盛頓 共
識"》(北京: 社會科學文獻出版社, 2006); 黃平·崔之元 主編, 《中國與全球
化: 華盛頓共識還是北京共識》(北京: 社會科學文獻出版社, 2005), pp. 198~
212; 張幼文·黃仁偉(2005), p. 287; 張劍荊(2005), p. 164; 張劍荊, "北京共
識與中國軟實力的提升", 〈當代世界與社會主義〉 제5기(2004), pp. 10~14;
王雨辰(2005); 田春生, "華盛頓共識與北京共識比較初探", 〈經濟社會體制比
較研究〉 제2기(2005), pp. 77~80; 周建軍·何恒遠, "中國轉型的世界意義:
從華盛頓共識到北京共識", 〈世界經濟與政治論壇〉 제1기(2005), pp. 72~75.
59) Chalmers Johnson, "The Developmental State: Odyssey of a Concept",
Meredith Woo-Cumings(ed.), The Developmental State(Ithaca: Cornell
University Press, 1999), pp. 32~60.

도 있다. 일부 반세계화 세력은 베이징 콘센서스를 통해 미국주도의
세계화와 신자유주의를 비판하려고 하는데, 이렇게 되면 중국은 자기
의 의사와는 상관없이 반(反)서방, 반세계화, 반세계질서의 중심세력
으로 오인받을 수 있다는 것이다.[60]

베이징 콘센서스의 제기와 확산은 중국정부나 학자가 아니라 외국
학자에 의해 제기되고 외국언론이 보도하면서 전 세계로 확산되었다
는 점에서 중국에게는 매우 고무적인 일이다.

우선 라모의 베이징 콘센서스는 최근 중국학자들이 주장하는 중국
발전모델의 독자성을 지지한다는 점에서 중국에게는 큰 의미가 있다.
중국은 1978년 개혁·개방정책을 시작할 때 세계각국의 발전모델을
검토했다. 이 중에서 가장 유력하게 검토했던 것이 헝가리의 시장사
회주의(market socialism) 모델과 일본, 한국, 대만을 중심으로 한 동아
시아 발전국가 모델이었다. 이 중에서 중국은 최종적으로 후자를 선
택했다. 1980년 선전(深圳)을 비롯한 네 곳의 경제특구(經濟特區) 설
치, 수출주도형 산업전략 추진, 산업정책을 입안하고 추진하는 선도
기구(pilot agency) 운영 등은 이를 보여주는 근거이다. 그래서 일부 연
구자들은 중국을 동아시아 발전국가의 한 변종으로 간주한다.[61]

---

60) 張劍莉(2005), p. 164.

61) Seoun-Wook Baek, "Does China Follow 'the East Asian Developmental
Model'?", *Journal of Contemporary Asia* Vol. 35, No. 4(2005), pp. 485~
498; Ming Xia, *The Dual Developmental State: Developmental Strategy
and Institutional Arrangements for China's Transition*(Brookfield:
Ashgate, 2000), pp. 40~99; Jonathan Unger and Anita Chan,
"Corporatism in China: Developmental State in an East Asian Context",
Barrett L. McCormick and Jonathan Unger(eds.), *China after
Socialism: In the Footsteps of Eastern Europe or East Asia*(Armonk: M. E.
Sharpe, 1996), pp. 95~129; Gordon White, "State and Market in
China's Socialist Industrialization", Gordon White(ed.), *Developmental
State in East Asia*(New York: St. Martin's Press, 1988), pp. 153~192.

그런데 중국학자들은 최근 들어 자국의 발전모델이 동아시아 발전국가 모델과는 다른 독자적인 것임을 강조하기 시작했다. 예를 들어 일본, 한국, 대만과는 달리 중국은 적극적 해외 직접투자 유치정책을 추진했고, 이에 따라 경제발전 과정에서 외국자본 또는 외자기업이 큰 역할을 했다는 것이다. 또한 자본동원 방식에서 한국과 대만이 주로 해외차관과 은행대출에 의존한 반면, 중국은 해외 직접투자 이외에 주식시장을 통한 자본동원에 주력했다는 것이다. 그밖에도 일본, 한국, 대만이 보호무역 정책을 통해 경제발전을 도모한 것에 비해, 중국은 개혁 초기부터 시장개방을 통한 중국기업의 경쟁력 강화에 주력했고, 이는 2001년 12월 세계무역기구(WTO) 가입을 통해 완성되었다고 주장한다.[62]

최근 들어 중국학자들이 자국의 발전모델이 독자적임을 강조하는 이유로는 몇 가지를 들 수 있다. 먼저 한국과 대만이 보여주듯이 경제발전 과정에서 권위주의 정치체제를 유지했던 동아시아 발전국가는 경제성장 이후 민주화의 길을 밟았다(싱가포르와 말레이시아는 예외). 이에 따르면 중국도 경제성장 이후에 민주화 과정을 경험할 가능성이 있는데, 일부 중국학자들은 중국 발전모델의 독자성을 강조함으로써 이 같은 주장이나 기대를 차단하려고 한다.

또한 1997~98년 아시아 경제위기 이후 발전국가 모델의 파산을 주장하는 세계적 추세에 대응하여, 발전모델의 독자성을 강조함으로써 중국 경제발전의 지속성과 안정성을 주장할 수 있다. 라모의 베이징 콘센서스는 이 같은 중국학자들의 주장을 지지하는 데에 일차적 의의가 있다.

그런데 중국에게 더욱 의미 있는 것은, 베이징 콘센서스가 경제뿐

---

62) 兪可平・黃平・謝曙光・高健(2006), pp. 21~33; 黃平・崔之元(2005), pp. 146~178; 清華大學國情研究中心, 《國情與發展》(北京: 清華大學出版社, 2005); 門洪華(2004), pp. 1~17, 41~60.

만 아니라 정치와 사회까지도 포함하는 중국식 발전모델 전체를 포괄한다는 사실이다. 이는 베이징 콘센서스가 확산됨으로 인해 경제발전뿐만 아니라 정치체제와 사회구조 등 "중국식 사회주의"가 국제적 공인을 받을 수 있기 때문이다. 이렇게 되면 중국은 그동안 미국을 중심으로 한 서방세계로부터 받았던 비민주국가, 인권탄압국가라는 오명을 벗고 제3세계 국가에게 새로운 발전모델을 제시한 지도국가로 행세할 수 있다.

그러나 다른 한편으로 중국의 입장에서는 베이징 콘센서스를 적극적으로 대외에 선전할 수 없는 고민도 있다. 우선 앞에서 말했듯이 라모의 베이징 콘센서스는 중국의 공식주장과 크게 다를 것이 없다. 즉, 중국이 이것을 홍보하는 것은 중국 대변인을 자처하는 외국학자의 입을 빌어 중국의 주장을 선전하는 꼴이 될 수 있다. 이 때문에 중국학자들은 최근 들어 베이징 콘센서스라는 용어보다는 "중국 특색의 발전모델"(中國特色的發展模式, *developmental model with Chinese charac-teristics*) 또는 줄여서 "중국모델"(中國模式, *Chinese model*)이라는 용어를 선호하는 경향이 있다. 후자가 전자에 비해 정직하고 직접적이기 때문이다.

또한 베이징 콘센서스를 적극 선전함으로써 미국이나 다른 강대국들로부터 불필요한 오해를 살 수 있다는 우려도 하고 있다. 정비쟨이 2006년 4월 후진타오의 미국방문을 앞두고 중국은 가전제품이나 섬유제품 같은 생산물은 몰라도 중국식 발전모델을 타국에 수출할 의도가 전혀 없다는 사실을 강조한 것도 이 때문이다. [63]

베이징 콘센서스가 실제로 국제사회에서 얼마만 한 영향력을 발휘할 수 있을지는 현재로서는 단정적으로 말할 수 없다. 다만 우리는 여

---

63) 方德豪, "鄭必堅豫告胡錦濤訪美主旋律: 中國不輸出發展模式", 〈多維新聞〉 2006. 4. 12 (http://www7. chinesenewsnet. com: 이하 동일한 사이트).

러 정황과 단편적 사실을 종합하여 베이징 콘센서스의 매력을 평가할
수 있을 뿐이다.

우선 한국이나 대만과 같이 발전국가 모델을 경험한 국가에게 베이
징 콘센서스는 큰 매력이 없다. 베이징 콘센서스는 이들 국가가 극복
해야 할 과거의 경험을 정리한 것이지, 미래의 발전모델을 제시한 것
이 아니기 때문이다.

그런데 일부 아시아, 라틴아메리카, 아프리카의 저발전국가에게 중
국의 발전경험은 의미 있는 학습대상이 될 수 있다. 특히 권위주의 정
치체제를 유지하면서 고도 경제성장을 이룩할 수 있다는 사실은 일부
비민주국가의 통치 엘리트에게 큰 매력이 아닐 수 없다. 이런 면에서
베이징 콘센서스는 중국의 소프트 파워를 증대시키는 요소가 될 수
있고, 지금처럼 중국이 제3세계 국가에 대한 경제지원과 협력을 강화
한다면 베이징 콘센서스는 라모가 주장한 것처럼 이런 국가에게는 워
싱턴 콘센서스를 대체하는 모델이 될 가능성이 있다.


## 4. 중국에서의 소프트 파워 논의사례 3 : 중화문명과 유가사상

중국은 1990년대 중반 무렵부터 지역 강대국, 더 나아기서는 잠재
적 세계 강대국으로 부상하면서 전과는 다르게 대외전략 차원에서 우
호적 국가 이미지(國家形象, national image) 제고에 많은 노력을 기울
이기 시작했다.[64] 이는 두 가지 목적을 갖고 있었다. 하나는 중국위
협론을 불식시키고 아시아 국가들이 중국의 부상을 자연스럽게 수용

---

64) 李正國, 《國家形象構建》(北京: 中國傳媒大學出版社, 2005), pp. 8~12,
226~228; 劉繼南·何輝 外, 《國家形象: 中國國家形相的國際傳播現況
和對策》(北京: 中國傳媒大學出版社, 2006), pp. 12~16, 278~295.

하도록 만드는 것이다. 다른 하나는 미국을 비롯한 기존 강대국의 우려를 해소하여 국제사회의 중요한 일원으로 당당히 등장하고, 동시에 국제질서 형성을 위한 규칙제정과 의제설정에서 강대국으로서 일정한 발언권을 확보하는 것이다.

이런 노력은 후진타오 시대에 들어 더욱 강화되었다. 중국의 노력은 구체적으로 두 가지 영역에서 진행되었다. 첫째는 사회주의 이념에서 탈피하여 중화문명의 전통, 특히 유가사상에 기초하여 국가 통치이념과 외교이념을 새롭게 정립하려는 시도이다. 이를 통해 중국은 낡고 과격한 "사회주의국가"의 이미지를 벗고 역동적인 "개발도상국"이면서 동시에 찬란한 문화유산을 보유한 "문화대국"으로 거듭나기를 소망한다.[65] 둘째는 중국의 전통문화와 언어(중국어)를 전 세계적으로 확산하기 위해 체계적 계획과 대규모 지원하에 공공외교 또는 문화외교를 적극 전개하는 것이다.[66]

먼저 중국이 중화문명의 전통(특히 유가사상)을 기초로 새로운 통치이념과 외교이념을 수립하기 위해 전개하는 노력을 살펴보자. 인도와 함께 고대 아시아 문명의 종주국으로 중화문명은 중국이 가진 최대의 소프트 파워 자산이다. 그래서 중국의 소프트 파워 제고나 문화외교

---

65) 潘忠岐·黃仁偉, "中國的地緣文化戰略", 〈現代國際關係〉 제 1기(2008), p. 47.
66) 李智, 《文化外交: 一種傳播學的讀解》(北京: 北京大學出版社, 2005), pp. 156~186; 潘忠岐·黃仁偉(2008), pp. 44~49; 羅建波, "構建中國崛起的對外文化戰略", 〈現代國際關係〉 제 3기(2006), pp. 33~37; 張淸敏, "全球化環境下的中國文化外交", 〈外交評論〉 제 87기(2006. 2), pp. 36~43; 趙磊, "理解中國軟實力的三個維度: 文化外交, 多邊外交, 對外援助政策", 〈社會科學論壇〉 제 5기(2007), pp. 150~157. 참고로 공공외교와 문화외교는 주체(정부)·대상(타국 국민)·목적(자국에 우호적인 세력형성) 면에서 큰 차이가 없고, 다만 문화외교가 주로 문화수단을 사용한다는 점에서만 차이가 있다. 최근 들어서는 공공외교가 대개 문화외교 형태로 전개되면서 양자를 같은 의미로 사용하는 경우가 많아졌다.

206

강화를 주장하는 대부분의 중국 연구자들은 전통문화의 적극적 발굴
과 활용을 주장한다.67) 화평굴기론과 함께 중화문명 부흥론을 제기
한 정비잰의 2006년 글은 이런 생각을 대외로 천명한 것이다.68) 이
중에서 유가사상은 서구와는 다른 중국적 가치와 비전을 제시할 수
있는 중화문명의 핵심요소이다.

구체적으로 장쩌민 시기부터 중국은 사회주의 이념을 대신하여 민
족주의와 함께 유가사상을 통치이념으로 발전시키기 위해 다양한 노
력을 기울였다. 법치(法治)와 함께 덕치(德治)를 강조한 것이나, 2001
년에 유교덕목과 사회주의적 집단주의를 결합한 "국민도덕실시요강"
(國民道德實施綱要)을 제정한 것은 대표적 예이다. 후진타오 시대에 들
어 이런 노력은 더욱 강화되었다. 이인위본(以人爲本)과 친민(親民)
등 민본주의(民本主義)를 국정이념으로 제시하고, 새로운 국가목표로
서 "조화사회"(和諧社會), 새로운 국가윤리로서 "사회주의 영욕관(榮辱
觀)"을 제시한 것은 대표적 사례이다. 이런 과정을 거쳐 후진타오 시
대에 들어 유가사상은 국가 통치이념의 중요한 구성요소가 되었다.

여기서 더 나아가 1990년대 이후 중국은 유가사상에 기초하여 외교
이념을 새롭게 구성하려는 노력을 기울이고 있다. 예를 들어 중국은
아시아 국가를 대상으로 "이웃과 화목하게 지내고, 이웃을 부유하게
하며, 이웃을 안전하게 한다"(睦隣, 富隣, 安隣)는 외교방침하에 "이웃
과 잘 지내고, 이웃을 동반자로 삼는다"(與隣爲善, 與隣爲伴)는 선린우
호 정책을 적극 추진한다고 주장한다. 그런데 여기서 말하는 주요개
념이나 용어는 유가사상에서 따온 것이다.

---

67) 李智(2005), pp. 143~144; 趙磊(2007), pp. 21~22; 張淸敏(2006), p.
38; 羅建波(2006), p. 36; 門洪華, "中國軟實力評估報告(上下)", 〈國際
觀察〉제 2, 3기(2007), pp. 21, 43~44; 張立文, "挖掘傳統文化中的軟實
力之源"(2007. 11. 2), 〈人民網〉2007. 11. 6.
68) 鄭必堅, "中國和平崛起進程中面臨着三大挑戰", 〈人民網〉2006. 4. 10.

후진타오가 2005년 9월 국제연합(UN) 총회연설을 통해 본격적으로 제기하고, 2007년 10월 공산당 제17차 당대회의 "당헌"(黨章) 수정을 통해 중국의 공식 외교방침으로 확정한 "조화세계"(和諧世界)와 "화평발전"(和平發展)이 모두 유가사상에 기초하고 있음은 이미 잘 알려진 사실이다.69) 이 같은 유교사상에 기초한 외교이념은 서구에서 제기된 현실주의(realism)나 자유주의(liberalism)뿐만 아니라 중국이 사회주의 혁명 성공 이후 국가 이데올로기로 삼고 있는 맑스-레닌주의나 마오쩌둥 사상과 완전히 다른 것이다.

중국이 유가사상을 기초로 외교이념을 새롭게 구성하는 과정에서 특별히 강조하는 것은 평화외교(和平外交) 사상이다.70) 중국은 지난 역사와 현재 모두에서 항상 평화유지를 핵심 외교목표로, 평화적 수단을 통한 문제해결을 주요 외교수단으로 간주했고 향후에도 그럴 것이라고 주장한다. 동시에 중국이 이렇게 평화외교를 중시하는 것은 유가사상의 영향 때문이라고 강조한다. 후진타오 시대의 외교이념이 된 화평발전론과 조화세계론은 대표적 사례라는 것이다. 이를 보여주기 위해 중국 연구자들은 유가사상에 자주 나오는 "화합"(和合), "중용"(中庸), "협력과 화합"(協和) 등의 개념을 제기한다.71) 특히 한 중국 연구자에 따르면 중국이 조화세계론을 제기한 것은 외교이념상 "투쟁철학"(鬪爭哲學)이 희석되고 대신 "화해철학"(和諧哲學)이 주창됨을 보여주는 중요한 변화라고 한다.72)

---

69)  李肇星, "我眼中的'和'是中華文明的基本精神", 〈新華網〉 2007. 11. 5 (http://news. xinhuanet. com: 이하 동일한 사이트) ; 林利民, "和諧世界的理論超越", 〈新華網〉 2007. 10. 17.

70)  李智 (2005), p. 144.

71)  羅建波 (2006), p. 36; 李杰, "軟實力建設與中國的和平發展"〈國際問題研究〉 제1기 (2007), pp. 21~22.

72)  袁鵬, "和諧世界與中國新外交", 〈現代國際關係〉 제4기 (2007), p. 3.

　이것과 관련하여 일부 중국 연구자들이 아시아 문화전략의 일환으로 유가사상의 영향을 받은 국가나 지역, 즉 한국, 일본, 베트남, 싱가포르, 대만 등을 대상으로 "대중화 유가문화권"(大中華儒家文化圈) 형성을 주장하는 것은 매우 흥미롭다. 이들이 말하는 대중화 유가문화권은 과거 중국을 정점으로 하고 주변국가들이 이에 정치적·문화적으로 복속하는 조공체제(朝貢體制)로 돌아가자고 주장하는 것은 아니다. 그러나 이들은 새롭게 형성된 대중화 유가문화권에서 중국이 핵심적 지위를 차지하는 것은 분명한 사실이라고 주장한다. 73)

　이런 구상이 실제로 어떻게 추진될지는 앞으로 두고 보아야 하겠지만, 이는 한류(韓流)의 영향권, 즉 일본, 대만, 홍콩, 베트남 등 동아시아 지역을 중심으로 한국의 아시아 지역전략을 구사해야 한다는 일부 한국 연구자의 주장과 유사한 것이다. 동시에 만약 중국이 이런 구상을 구체적으로 실천하려고 시도한다면 중화주의(中華主義)의 부상을 경계하는 한국이나 베트남 등 주변국가의 우려를 불러일으킬 수도 있을 것이다.

　한편 중화문명의 외교적 활용은 중국이 공공외교 또는 문화외교의 일환으로 2004년부터 강력하게 추진하는 공자학원(孔子學院, Confucius Institute) 설립에도 잘 나타나 있다. 공자학원은 전 세계적으로 불고 있는 중국어 학습열기에 부응하고 세계각국에 중국문화에 대한 관심을 더욱 확산시키기 위해 중국어 교육과 중국문화 전파를 주요임무로 설립된 일종의 중국문화 센터이다. 2004년 중국은 국무원 산하에 국가 대외 중국어 교학 영도소조(國家對外漢語敎學領導小組)를 설치했고, 이 조직의 주도하에 향후 5년 동안 전 세계에 100개의 공자학원을 수립한다는 계획을 수립했다.

　그런데 2004년 11월 서울에 최초의 공자학원이 수립된 이후 2007년

---

73) 潘忠岐·黃仁偉(2008), pp. 46~47.

3월까지 전 세계에 모두 140개의 공자학원이 설립됨으로써 원래의 목표를 초과 달성했다. 그래서 중국정부는 2007년 말까지 모두 200개, 2010년까지는 모두 500개의 공자학원을 전 세계에 설립한다는 목표를 재설정했다.[74] 실제 집행결과를 보면 2007년 12월까지 공자학원은 전 세계 64개 국가 및 지역에 모두 210개가 설립되었고, 61개 국가의 200여 기관이 중국에 공자학원 설립을 요청한 상태이다. 이처럼 공자학원은 2004년 11월 처음 설립된 이후 전 세계적 요구와 폭발적 호응에 힘입어 최초의 목표를 훨씬 뛰어넘는 큰 성공을 거두었다.[75]

이밖에도 중국은 전통문화를 타국에 홍보하는 문화외교도 적극 전개하고 있다. 예를 들어 2004년에는 프랑스에서, 2005년에는 미국·이탈리아·네덜란드에서 다양한 대규모 문화예술 행사를 개최했다.[76]

이처럼 중국이 유교사상에 기초하여 새로운 통치이념 및 외교이념을 수립하고 이를 전 세계적으로 적극 선전하는 것은 1990년대 초 싱가포르와 말레이시아의 정치지도자들이 서구이념과는 다른 자신들의 독자적 이념, 즉 "아시아적 가치"(*Asian values*)를 주창한 것과 매우 유사하다고 할 수 있다. 이미 잘 알려진 것처럼 싱가포르의 리콴유(李光耀)와 고촉동(吳作棟) 전 총리(현 고문장관), 그리고 말레이시아의 마

---

74) Howard French, "Another Chinese Export Is All the Rage: China's Language" (2006. 1. 11), *New York Times* 2006. 1. 12(http://www.nytimes.com: 이하 동일한 사이트); 郭扶康, "孔子學院: 中國軟實力的標志", 〈東北之窓〉 제10기 (2007), pp. 56~57; 斯維, "中國需促進眞正的民間軟權力建設", 〈多維新聞〉 2006. 3. 22; 董洪亮, "漢語加速走出去' 孔子學院今年將達200所"(2007. 3. 20), 〈人民網〉 2007. 4. 10.

75) "孔子學院正在成爲和諧世界的推動力"(2007. 12. 11), 〈新華網〉 2008. 1. 29.

76) 劉華新, "一次成功的文化外交", 〈人民網〉 2005. 10. 12; 劉永明·王小光, "2005年終報道: 文化外交彰顯魅力—文化部長"(2005. 12. 19), 〈人民網〉 2006. 3. 10; 張幼文·黃仁偉(2005), pp. 282~285.

하티르(Mahathir bin Mohamad) 총리는 지난 시기 자국이 이룩한 사회 · 경제적 성과를 기초로 유교이념에 토대를 둔 아시아적 가치 — 예를 들어 개인보다 가족과 사회 등 집단 중시, 민주와 개인적 인권보다 사회적 안정과 질서 강조, 개인적 자유보다 권위에 대한 순종 강조 등 — 를 적극 제기했다. 77)

더 나아가 이들은 서구식 자유민주주의와는 다른 아시아적 가치에 기초한 "아시아 민주주의"(*Asian-style democracy*)가 존재함을 주장하면서 각국의 권위주의 정치체제를 정당화했다. 78) 그러나 이 같은 주장

---

77) '아시아 가치' 논쟁에 대한 개괄적 정리는 Mark R. Thompson, "Whatever Happened to 'Asian Values'?", *Journal of Democracy* Vol. 12, No. 4 (October 2001), pp. 154~165 참고. 찬성 및 반대입장의 구체적 내용은 다음을 참조. Fareed Zakaria, "Culture is Destiny: A Conversation with Lee Kuan Yew", *Foreign Affairs* Vol. 73, No. 2 (March/April 1994), pp. 109~126; Chok Tong Goh, "Social Values, Singapore Style", *Current History* Vol. 93, No. 587 (December 1994), pp. 417~422; Dae Jung Kim, "Is Culture Destiny? The Myth of Asia's Anti-Democratic Values", *Foreign Affairs* Vol. 73, No. 6 (November/December 1994), pp. 189~194; Margaret Ng, "Why Asia Needs Democracy: A View from Hong Kong", Larry Diamond and Marc F. Plattner (eds.), *Democracy in East Asia* (Baltimore: Johns Hopkins University Press, 1998), pp. 3~16; Bilahari Kausikan, "The 'Asian Values' Debate: A View from Singapore", Diamond and Plattner (eds.) (1998), pp. 17~27; Joseph Chan, "Asian Values and Human Rights: An Alternative View", Diamond and Plattner (eds.), pp. 28~41.

78) 이에 대해서는 다음을 참조. Clark D. Neher, "Asian Style Democracy", *Asian Survey* Vol. 34, No. 11 (November 1994), pp. 949~961; Denny Roy, "Singapore, China, and the 'Soft Authoritarianism' Challenge", *Asian Survey* Vol. 34, No. 3 (March 1994), pp. 231~242; Yung-Myung Kim, "'Asian-Style Democracy': A Critique from East Asia", *Asian Survey* Vol. 37, No. 12 (December 1997), pp. 1119~1134; Steven J. Hood, "The Myth of Asian-Style Democracy", *Asian Survey* Vol. 38,

은 여러 이론적 반론과 현실적 부정, 즉 1997~98년 아시아 경제위기와 동아시아 경제발전 모델의 붕괴, 한국과 대만의 민주화 등에 의해 그 타당성이 심각하게 비판받았고, 그 결과 2000년도에 들어 그 영향력은 급속히 약화되었다.

현재 중국이 시도하는 유가사상에 기초한 중국적 가치의 구성과 선전도 아시아적 가치처럼 그렇게 될 가능성이 있다. 그러나 다른 한편으로 중국적 가치의 추구는 아시아적 가치보다 더 큰 영향력과 지구력을 갖게 될 가능성도 있다. 싱가포르나 말레이시아와 달리 중국은 유구한 역사와 화려한 전통문화(중화문명)를 가지고 있고, 여기에 더해 경제적·군사적 강대국이라는 국제적 지위(위상)가 중국적 가치를 뒷받침하기 때문이다.

또한 중화문명의 외교적 활용은 앞에서 살펴본 베이징 콘센서스나 중국모델의 선전보다 더욱 큰 힘을 발휘할 가능성이 있다. 베이징 콘센서스나 중국모델이 제3세계 국가를 대상으로 중국의 경제발전 경험과 성과에서 나오는 매력을 호소하는 것이라면, 중화문명은 제3세계 국가뿐만 아니라 서방 선진국을 대상으로 중국의 화려한 역사와 문화가 가진 매력을 호소하는 것이다. 비단·도자기·차(茶) 등 중국을 상징하는 문화상품들이 서구 상류사회에 적극 수용되었던 역사적 경험이 보여주듯이, 서구사회는 중화문명에 비교적 익숙하고 따라서 이를 다시 확산시키려는 중국의 노력에 대한 거부감도 그렇게 크지 않을 수 있다.

특히 중화문명은 중국모델과는 달리 탈(脫)이념적이고 탈정치적인 성격을 띠며, 실제로 중국정부가 중화문명을 외교적으로 활용할 때에는 이런 점을 강조하기 때문에 대상국가들로부터 거부감을 덜 받을

---

No. 9 (September 1998), pp. 853~866; Chong-Min Park and Doh Chull Shin, "Do Asian Values Deter Popular Support for Democracy in South Korea", *Asian Survey* Vol. 46, No. 3 (May/June 2006), pp. 341~361.

가능성이 높다. 이런 요소들을 종합할 때 중화문명의 외교적 활용은 아시아적 가치나 중국모델보다 더 큰 효과를 거둘 수 있고, 향후 발전 가능성도 매우 크다고 할 수 있다.

그렇다고 중화문명의 외교적 활용에 문제가 없는 것이 아니다. 우선 중국이 강조하는 조화(和諧), 평화(和平), 협력(合作) 등 유가사상의 이념과 실제 현실정치 간의 괴리문제가 있다. 현재 중국에는 티베트(西藏)와 신장(新疆) 위구르 자치주를 비롯한 여러 지역에 55개의 소수민족이 살고 있고, 중앙정부—소수민족에게 이는 한족(漢族)정부로 인식되는 경향이 있다—의 중앙집권적 통치와 소수민족의 확대된 자치권 요구 간에 일정한 갈등이 존재한다. 2008년 3월 14일 티베트 수도(省會) 라싸에서 발생한 티베트 독립을 주장하는 티베트인의 시위와 그것의 주변지역으로의 확산, 그리고 이에 대한 중국정부의 물리적 진압은 이런 갈등을 잘 보여준다. 2009년 7월 5일 신장 수도 우루무치에서 발생한 위구르인의 시위와 대규모 인명살상, 위구르인과 한족 간의 충돌과 대립 등도 마찬가지이다.

또한 중국은 대만과의 평화공존 및 통일문제, 인권보장과 민주주의 실천 등 여러 가지 정치적 문제를 안고 있다. 따라서 중국이 이러한 현실정치적 문제를 제대로 해결하지 못한다면 새로운 외교이념으로 강조되는 유가사상의 조화, 평화, 협력의 가치는 퇴색할 수밖에 없고, 동시에 국제사회에서 이를 주장하는 중국의 설득력과 영향력도 떨어질 것이다.

여기에 더해 아시아 지역주의(regionalism) 형성과 관련하여 만약 중국이 유가사상을 중심으로 하는 대중화 유교문화권 구상을 실천에 옮긴다면, 민주, 인권, 법치, 시장경제를 중시하고 실천하는 국가간의 연합, 즉 "가치동맹"(value coalition)을 주장하는 한국이나 일본과 충돌할 가능성이 있다. 이렇게 될 경우 이 문제는 중국적 가치와 인류 보편적 가치 간의 대립과 충돌이라는 단순한 추상적, 학술적 차원의 논

쟁에 머물지 않을 것이다. 다시 말해 이 문제는 이념적 차원에서 중국
과 일본 등 지역 강대국이 아시아 지역주의 형성을 둘러싸고 지역패
권을 잡기 위해 벌이는 주도권 경쟁이라는 성격을 띨 것이다. 따라서
중국이 제기하는 유가사상의 가치는 그 자체의 타당성을 떠나 이 같
은 지역정치의 현실에 의해 설득력이 현격히 약화될 것이다. 특히 앞
에서 말한 국내 정치문제를 처리하지 못하는 상황에서 중국이 중국적
가치를 선전할 경우, 아시아 국가들은 중국의 진의에 대해 심각한 이
의를 제기할 것이다.


## 5. 요약과 함의

지난 30년 동안의 경제성장과 군사력 증강을 통해 지역 강대국으로
발전한 중국은 세계 강대국으로 발전하기 위해 새로운 국가전략을 모
색하고 있다. 중국이 구상하는 국가전략에는 경제력과 군사력 등 하
드 파워를 강화하는 기존의 전략과 함께 문화, 이념, 정책 등 소프트
파워를 강화하는 새로운 전략이 포함된다. 일부 중국학자들은 이 과
정에서 어떻게 서구와는 다른 중국적 가치와 비전, 즉 "중국적 이념"
(中國的理念)을 수립하고 그것을 아시아와 전 세계에 널리 확산시킬
것인가를 진지하게 고민하고 있다.79) 위에서 살펴본 화평굴기론과
중국식 발전모델(베이징 콘센서스)은 중국적 가치와 비전의 중요한 구
성요소가 될 것이고, 중화문명론 또한 마찬가지이다.
화평굴기론은 직접적으로는 중국위협론에 대한 대응으로 제기되었
다. 그러나 보다 근본적으로 그것은 세계 강대국으로 발전하는 중국
이 자국의 국력신장과 국제적 부상을 선언하고 아시아 국가로부터 공

---

79) 袁鵬, "中國崛起之後將如何在世界上給自己定位", 〈人民網〉 2006. 4. 4.

인받으려는 시도로 제기된 것이다. 즉, 화평굴기론을 통해 중국은 국제사회의 책임지는 강대국으로 주어진 역할과 의무를 다할 것이고 동시에 그에 합당한 권리를 주장할 것임을 천명한 것이다. 이런 면에서 화평굴기론은 중국이 새로운 국제정치 관점으로 제시한 신안보관(新安全觀)과 지금까지 적극적으로 추진한 아시아 지역정책과 밀접히 관련된다. 다만 화평"굴기"에서 화평"발전"으로 용어가 변경된 것이 보여주듯이, 중국은 아직까지 자국의 부상을 공식 선언했을 때 발생할 수 있는 제반문제와 부상의 선언과 함께 중국이 담당해야 하는 국제사회에서의 역할과 책임에 대해 분명하고 구체적인 방침을 수립하지 못한 것으로 보인다.

베이징 콘센서스는 중국의 급속한 경제성장과 국제적 지위상승이라는 지난 성과에 근거하여 기존의 신자유주의 모델(워싱턴 콘센서스)이나 동아시아 발전국가 모델과는 다른 중국식 발전모델이 존재함을 주장한 것이다. 베이징 콘센서스의 실제 내용에 대한 평가와는 별개로, 그것의 제기와 확산은 중국에게 매우 고무적인 일이다. 베이징 콘센서스는 중국식 경제뿐만 아니라 중국식 정치와 이념을 모두 포괄하는 것으로, 이것의 제기와 확산은 중국식 사회주의가 세계적으로 공인받는다는 것을 의미하기 때문이다. 이를 통해 중국은 최소한 아시아, 아프리카, 라틴아메리카의 저발전국가에게는 미국과 함께 새로운 발전모델을 제시한 지도국가로 자임할 수 있게 되었다.

중국이 중화문명과 유가사상을 소프트 파워 강화를 위해 적극 활용하기 시작한 것은 비교적 최근의 일이다. 유구한 역사와 문명, 유가와 도가(道家) 등 다양한 전통사상은 중국이 가진 매우 중요한 소프트 파워 자원이다. 그러나 이런 자원은 마오쩌둥 시기에는 사회주의 혁명과 공산주의 이념에 의해, 개혁기에는 경제성장 지상주의와 현실주의적 안보관에 의해 크게 주목받지 못했다. 이제 부국강병의 목표를 어느 정도 달성한 중국이 소프트 파워 강화에 주목하면서 중화문명과 유가사상은 다시 그 가치를 인정받게 되었다. 중국은 이를 적극 활용하여 경제대국 및 군사대국이라는 기존 이미지에 더해 문화대국의 이미지를 수립하려고 시도하고 있다. 여기서 더 나아가 중국은 중화문명과 유가사상의 외교적 활용을 통해 서구적 가치와는 다른 중국적 가치를 제시하면서 아시아 지역의 지도국가, 궁극적으로는 세계적 지도국가의 하나로 부상하려고 노력하고 있다.

이상에서 살펴본 중국적 가치와 비전을 수립하기 위한 중국의 노력은 이제 시작단계에 불과하다. 또한 아시아 각국이 이것을 어떻게 수용할지도 아직 단정적으로 말할 수 없다. 전체적으로 보아 중국의 소프트 파워가 강화되었다고는 하지만 미국이나 유럽의 소프트 파워에 비해 아직 매우 부족한 것이 사실이다. 특히 중국이 안고 있는 많은 문제, 즉 공산당 일당제와 권위주의 정치체제, 사회주의 이데올로기와 민족주의, 정치적 부패, 언론통제, 인권탄압, 환경파괴 등 여러 가지 문제로 인해 제3세계 국가에게조차 중국의 소프트 파워는 그렇게 매력적이지 않을 수 있다.

그러나 향후 중국은 경제력이나 군사력뿐만 아니라 소프트 파워 면에서도 서양에 대비되는 아시아의 지도국가가 되기 위해 중화문명과 같은 소프트 파워 자원을 최대한 활용하여 정교한 중국적 이념을 개발하고, 동시에 이를 물질적으로 뒷받침하기 위해 많은 노력을 기울일 것이다. 신안보관의 제기와 함께 중국이 아세안(ASEAN) 외교를 강화하고 상하이협력기구(上海合作組織, SCO)를 설립한 것이나, 중국기회론과 중국공헌론을 뒷받침하기 위해 아세안에 대해 자유무역협정(FTA)을 제안하고 적극 추진한 것은 이를 잘 보여준다.

지금까지의 논의는 우리에게 중요한 시사점을 제공한다. 우선 급속한 경제성장과 군사력 강화에 초점을 맞추어 중국의 부상과 대외전략을 분석했던 기존의 시각에서 탈피하여 새로운 관점에서 중국의 부상과 전략을 이해하려는 노력이 필요하다. 중국은 기본적으로 경제성장과 군사력 강화를 통해 지역 강대국으로 부상했다. 그러나 아시아 지역의 명실상부한 지도국가, 궁극적으로는 세계 강대국으로 발돋움하려는 중국은 여기에 머물지 않는다. 즉, 중국은 하드 파워에 더해 소프트 파워를 강화하려는 전략을 적극 추진하고 있다는 것이다.

예를 들어 장쩌민 시기의 책임대국론, 신안보관, 신국제정치경제질서론 등 다양한 외교이념의 제기와 실천, 후진타오 시기의 화평굴기와 화평발전, 조화세계의 제기 등 중국은 아시아 국가들이 자국의 부상을 수용하도록 설득하고 동시에 국제사회에서 자국의 권리를 확보하기 위해 더욱 정교한 대외전략을 수립하고 실천한다. 뿐만 아니라 중국은 중화문명과 유가사상을 적극 활용하여 서구의 가치와 대비되는 중국적 가치와 비전을 개발하고 이를 전 세계에 확산시키는 데도 많은 노력을 기울이고 있다. 지난 10년의 경험과 중국의 현재위상을 놓고 볼 때, 중국의 이런 시도는 중국의 강대국화 과정에서 매우 중요한 역할을 할 것이다. 이에 대한 우리의 좀더 많은 주의가 필요하다.

다른 한편 이렇게 해서 부상한 중국은 지금까지 우리가 만났던 중국과는 다른 상대일 것이다. 단적으로 중국은 경제적으로는 세계 강대국이지만 외교적으로는 지역 강대국의 역할도 제대로 수행하지 못하는 일본과는 다를 것이다. 무엇보다 중국은 다른 아시아 국가처럼 일본 및 서구의 침략과 점령으로 고통받은 역사적 경험을 갖고 있다. 중국은 이를 바탕으로 "아시아 의식"을 강조하고 국제연합(UN)이나 다른 국제기구에서 제3세계 국가의 권리와 이익을 대변하는 "제3세계 대표"임을 자임한다.

게다가 중국이 아시아 각국에게 경제적 실익을 가져다주는 경제협력을 강화하고 주변국가의 군사적 의구심을 완화하기 위한 군사적 투명성 제고와 지역안보체제 수립에 적극 나서는 등 정교한 아시아 지역정책을 계속 추진한다면 아시아 국가들은 명시적으로나 묵시적으로 중국의 지도력을 인정할 것이다. 또한 민주주의와 인권을 앞세워 중국과 권위주의국가를 압박하는 미국과 서방 선진국에 대해 중국은 유가사상에 기초한 중국적 가치를 제시함으로써 최소한 당분간은 일부 아시아 국가의 지지를 이끌어낼 수도 있을 것이다.  한마디로 중국은 일본과는 달리 향후 명실상부한 아시아의 지도국가가 될 가능성이 있다는 것이다.

  만약 한국이 지역공동체 건설 등 아시아 지역에서 의미 있는 역할을 수행하려고 한다면 경제대국 일본과 함께 경제대국, 군사대국, 외교대국이 된 중국을 상대해야 할 것이다. 이는 한국에게 결코 쉬운 과제가 아니다.

# 제6장

# 21세기 중국의 동맹정책
변화와 지속


2008년 5월 27일 한국의 이명박 대통령이 중국을 공식 방문하는 날, 중국 외교부 진강(秦剛) 대변인은 한·미동맹에 대한 중국정부의 견해를 묻는 기자의 질문에 "한·미 군사동맹은 역사가 남긴 산물"로 "냉전시기의 군사동맹을 가지고 당면한 안보문제를 처리하는 것은 불가능하다"고 답변했다. 또한 그는 "중국은 상호신뢰, 상호이익, 평등, 협력의 신안보관(新安全觀)을 수립할 것"을 주장하며, 아시아 지역에서 "국가간 교류를 강화하고 상호간의 신뢰를 증진하며 협력을 강화하여 공동으로 지역안보를 유지하는 것이 유일하고 유효한 길"이라고 강조했다.[1] 이 같은 중국 대변인의 발언은 한국 대통령이 중국을 공식 방문하는 날에 맞추어 나왔다는 외교상 결례라는 문제와 함께, 중국이 이례적으로 한·미동맹에 대해 직설적으로 비판했다는 점에서 한국언론의 주목을 받았다.

중국이 1990년대 중반 이후 지속적으로 강화된 미·일동맹에 대해, 또한 1999년 코소보(Kosovo) 사태에 군사적으로 개입하는 등 역할을

---

[1] "秦剛就中韓關係, 六方會談, 中美人權對話等回答"(2008. 5. 27), 〈新華網〉 2008. 5. 28(http://xinhuanet.com: 이하 동일한 사이트).

계속 확대 및 강화한 북대서양조약기구(NATO)에 대해 신안보관에 근거하여 비판한 경우는 있었다. 그러나 중국정부가 한·미동맹에 대해 이처럼 한국 대통령의 방문에 맞추어 비판한 것은 전례가 없었다.

이런 비판은 2008년 2월 이명박 정부의 등장 이후 한국외교가 친미(親美)로 선회하고, 그런 정책전환의 일환으로 한·미동맹이 미·일동맹처럼 성격이 변화되어 대(對)중국 견제역할을 강화하는 것을 중국이 우려한 결과로 해석할 수 있다. 그런데 중국이 북한과 냉전시기의 유물인 북·중동맹을 여전히 유지하는 현실을 고려하면, 한·미동맹을 "역사가 남긴 산물"로 비판하는 중국정부의 입장은 타당하지 않다.

이처럼 한·미동맹을 비판하는 이유가 무엇이고 그것이 타당한지 여부와는 상관없이, 중국 대변인의 발언은 우리에게 중요한 연구과제를 제기한다. 즉, 개혁기 중국은 어떤 동맹정책을 추진했고, 향후에 그것은 어떻게 변화할 것인가가 그것이다. 예를 들어 아시아 안보질서가 한국, 일본, 태국, 필리핀, 오스트레일리아 등 5개국이 포함된 미국주도의 양자동맹체제, 즉 이른바 "바퀴 축과 살"(hub and spokes) 체제에 의해 주도되는 현실에서, 중국은 자국의 안보를 확고히 하면서 세계 강대국으로 부상하기 위해 어떤 정책을 추진했는가? 또한 중국은 북·중동맹에 대해 어떤 정책을 추진했고, 향후 그것은 어떻게 변화할 것인가? 마지막으로 중국의 변화하는 동맹정책은 한반도 및 아시아 안보질서에 어떤 영향을 미치는가? 한국은 이 같은 중국의 동맹정책에 어떻게 대응해야 하는가?

그런데 중국의 동맹정책에 대한 기존연구는 매우 미진한 것이 사실이다. 단적으로 개혁기 중국외교, 특히 탈냉전기 변화하는 중국의 강대국 외교, 주변국(아시아) 외교, 다자외교, 공공외교를 체계적으로 분석한 연구는 비교적 많지만, 중국의 동맹정책을 전문적으로 분석한 연구는 많지 않다. 중국의 동맹정책에 대한 기존연구도 주로 미·일동맹의 강화에 대한 중국의 대응이나 한·중수교 이후 변화한 북·중

관계를 분석한 것이 대부분이다. 2) 이런 중국 동맹정책에 대한 연구
부족은 국제정치학에서도 동맹연구가 매우 부족하다는 스나이더
(Glenn Snyder)의 지적을 연상시킨다. 3)

---

 2)  미ㆍ일동맹 강화에 대한 중국의 대응을 연구한 예로는 다음이 있다. Banning
    Garrett and Bonnie Glaser, "Chinese Apprehensions about Revitalization
    of the U. S. -Japanese Alliance", *Asian Survey* Vol. 37, No. 4 (April 1997),
    pp. 383~402; Thomas J. Christensen, "China, the U. S. -Japan Alliance,
    and the Security Dilemma in East Asia", G. John Ikenberry and Michael
    Mastanduno (eds. ), *International Relations Theory and the Asia-Pacific*
    (New York: Columbia University Press, 2003), pp. 25~56; Xinbo Wu,
    "The End of the Silver Lining: A Chinese View of the U. S. -Japanese
    Alliance", *Washington Quarterly* Vol. 29, No. 1 (Winter 2005-06), pp. 119
    ~130. 북ㆍ중동맹에 대한 연구의 예로는 다음을 들 수 있다. 최명해, 《중
    국ㆍ북한 동맹관계: 불편한 동거의 역사》(서울: 오름, 2009); 최명해, "1960
    년대 북한의 대중국 동맹딜레마와 '계산된 모험주의'", 〈국제정치논총〉 제 48
    권 제 3호 (2008년 가을), pp. 119~148; 이상숙, "데탕트 시기 북중관계의 비
    대칭갈등과 그 영향", 〈한국정치학회보〉 제 42권 제 3호 (2008년 가을), pp.
    439~456; 박홍서, "중국의 부상과 탈냉전기 중미 양국의 대한반도 동맹전
    략: 동맹전이 이론의 시각에서", 〈한국정치학회보〉 제 42권 제 1호 (2008년
    봄), pp. 299~317; 박홍서, "북핵위기시 중국의 대북 동맹안보 딜레마 관리
    연구: 대미관계 변화를 주요 동인으로", 〈국제정치논총〉 제 46권 제 1호 (2006
    년 봄), pp. 103~122; 박창희, "지정학적 이익변화와 북중동맹관계: 기원,
    발전, 그리고 전망", 〈중소연구〉 제 31권 제 1호 (2007년 봄), pp. 27~55; 김
    예경, "중국의 부상과 북한의 대응전략: 편승전략과 동맹, 유화 그리고 현안
    별 지지정책", 〈국제정치논총〉 제 47권 제 2호 (2007년 여름), pp. 75~95;
    Michael R. Chambers, "Dealing with a Truculent Ally: A Comparative
    Perspective on China's Handling of North Korea", *Journal of East Asian
    Studies* Vol. 5, No. 1 (Jan. /Apr. 2005), pp. 35~75; You Ji, "China and
    North Korea: A Fragile Relationship of Strategic Convenience", *Journal of
    Contemporary China* Vol. 10, No. 28 (August 2001), pp. 387~398; Chen
    Jian, "Limits of the 'Lips and Teeth' Alliance: An Historical Review of
    Chinese-North Korean Relations", *Asia Program Special Report*, No. 115
    (Woodrow Wilson International Center for Scholars, 2003), pp. 4~10.

이처럼 중국의 동맹정책에 대한 연구가 많지 않은 것은 일차적으로 개혁기 중국외교에서 동맹이 차지하는 비중이 매우 낮기 때문일 것이다. 한마디로 개혁기 중국외교의 핵심원칙은 "비동맹"(不結盟)이었고, 지금까지 중국은 이 원칙을 고수하고 있다고 주장한다. 그러나 이런 사실을 감안해도 두 가지 문제가 남는다.

첫째, 마오쩌둥(毛澤東) 시기 중국외교는 미·소를 중심으로 한 동맹 또는 준(準) 동맹정책을 중심으로 전개되었는데, 개혁기에 왜 비동맹 원칙을 천명했으며, 실제로 중국은 이 원칙을 얼마나 잘 지키는가를 진지하게 검토할 필요가 있다. 둘째, 타국과 마찬가지로 중국도 전체 외교정책의 한 분야로 또한 다른 정책과의 긴밀한 연관 속에서 동맹정책을 추진하는데, 미·일동맹의 강화에 대한 대응이라는 차원에서 중국의 동맹정책을 분석하는 것은 관점의 협소화라는 문제가 있다. 다시 말해 중국외교 전체의 관점에서 중국의 동맹정책은 어떤 내용과 의의를 갖고 있고 실제로 그것은 어떻게 추진되었는가에 대한 진지한 검토가 필요하다. 이런 관점에서 볼 때 우리는 중국이 단순히 미·일동맹의 강화에 대한 대응 차원이 아니라 자국 외교정책의 조정에 맞추어 능동적으로 동맹정책을 추진했을 가능성을 생각해볼 수 있다.

중국의 동맹정책 분석과 관련하여 필자는 폴(T. V. Paul) 등이 제기한 "연성균형"(soft balancing) 개념에 주목할 필요가 있다고 생각한다. 우선 이들은 탈냉전기 지구적 차원(global/system level)이나 지역적 (regional/subsystem) 차원 모두에서 전통적 현실주의가 주장하는 경성균형, 즉 패권국가인 미국을 겨냥한 다른 강대국들의 군비증강과 동맹형성이 나타나지 않는다고 지적한다. 동시에 이들은 탈냉전기 국제정치의 이런 현상을 분석하기 위해서는 연성균형 개념이 필요하다고

---

3) Glenn H. Snyder, "Alliance Theory: A Neorealist First Cut", *Journal of International Affairs* Vol. 44, No. 1 (Spring 1990), pp. 103~123.

주장한다. 즉, 세력균형 개념의 확장(경성균형, 연성균형, 비대칭균형)
이 필요하다는 것이다.

이에 따르면 연성균형은 부상하는 또는 잠재적인 위협세력을 무력
화시키기 위해 강대국간에 형성하는 암묵적·비공격적 연합을 가리킨
다. 연성균형을 위해 각국은 암묵적 이해 또는 공식적 동맹이 아닌 협
약(ententes)을 체결하거나, 국제제도를 이용하여 임시연합을 구성하
여 위협국가의 권력을 제한하는 등 다양한 수단을 사용한다. 이런 예
로는 러시아를 견제하기 위한 동유럽 국가와 나토(NATO)의 협력, 중
국을 견제하기 위한 미국과 인도의 협력, 미국을 견제하기 위한 1990
년대 후반기의 중·러 협력, 미국의 이라크 침공에 반대하는 러시아,
프랑스, 독일의 유엔(UN) 안보리에서의 협력 등을 들 수 있다. 4)

이처럼 연성균형 개념은 아직 몇 가지 문제 — 예를 들어 연성균형
과 단순한 국가간 제휴(alignment)의 차이, 연성균형의 구체적 내용에
대한 제시부족 등 — 가 있지만, 탈냉전기 중국의 동맹정책을 이해하
는 데에는 기존의 다른 어떤 개념이나 이론보다 적절하다는 것이 필
자의 판단이다.

그런데 연성균형 개념을 개혁기 중국의 동맹정책에 적용할 경우에
문제가 있다. 폴에 의하면 연성균형은 탈냉전기 지구적·지역적 차원
에서 나타난 몇 가지 조건, 즉 미국주도의 유사 단극체제의 형성, 증
가하는 경제적 세계화, 공동의 적으로서 초국가적 테러리즘의 대두
등의 조건이 형성될 경우에 나타날 수 있다. 5) 그런데 뒤에서 상세히

---

4) T. V. Paul, "Introduction: The Enduring Axioms of Balance of Power
Theory and Their Contemporary Relevance", T. V. Paul, James J.
Wirtz, and Michel Fortman(eds.), *Balance of Power: Theory and
Practice in the 21st Century*(Stanford, California: Stanford University
Press, 2004), pp. 3~4, 14~16; Michel Fortman, T. V. Paul, and
James J. Wirtz, "Conclusion: Balance of Power at the Turn of the New
Century", Paul, Wirtz, and Fortman(eds.)(2004), pp. 369~370.

분석하겠지만, 중국은 이 같은 지구적·지역적 차원의 조건이 형성되지 않은 1980년대 초부터 이미 비동맹 원칙하에 전통적 현실주의의 세력균형 정책, 즉 군비증강과 동맹형성 대신에 연성균형 정책을 실시했다는 것이다. 이는 연성균형 정책이 지구적·지역적 차원의 변화뿐만 아니라 국내적 차원(domestic level)의 변화에 의해서도 충분히 추진될 수 있다는 것을, 다시 말해 연성균형 정책은 지구적·지역적·국내적 차원의 다양한 요소에 의해 형성될 수 있음을 보여준다.

이와 비슷하게 덩(Yong Deng)은 탈냉전기 중국의 외교정책을 분석하면서, 그것이 과거 중국의 외교정책뿐만 아니라 현실주의에서 말하는 세력균형 정책과도 분명히 다르다고 주장한다. 한마디로 말해 중국은 동아시아의 패권국가인 미국에 대해 내적 또는 외적 균형정책을 추진하지 않았다는 것이다. 대신 중국은 산적한 국내문제의 해결, 세계화가 가져다주는 이익의 극대화, 그리고 국제사회에서 자국권력과 긍정적 인식의 확대를 위해 국제지위 제고전략을 추진했다고 주장한다.[6] 덩의 연구는 중국의 동맹정책을 전문적으로 분석한 것은 아니지만, 또한 일부 주장에 대해서는 면밀한 검토가 필요하지만, 중국이 미국에 대해 현실주의적 세력균형 정책을 추진하지 않았다고 하는 그의 주장은 타당하다고 생각된다.

한편 이상의 주장과는 달리 로스(Robert Ross)는 세력균형 정치의 관점에서 탈냉전기 중국외교를 분석한다. 그는 탈냉전기 동아시아에는 미·중 양국이 주도하는 양극체제가 형성되었고, 양국은 서로에 대해 경성균형(hard balancing) 정책을 추진한다고 주장한다. 예를 들어 미국은 동아시아 지역에서 자국의 군사적 우위를 더욱 확대하기

---

5) Paul(2004), p. 16.

6) Yong Deng, *China's Struggle for Status*: *The Realignment of International Relations*(New York: Cambridge University Press, 2008), pp. 6~7, 270, 275.

위해 군사동맹 강화, 군사력 전진배치, 국방비 증액, 전략핵 우위확
보(특히 미사일방어체제 구축) 등을 추진하고 있다. 이에 대해 중국은
국방비 증액과 군사능력 증강(전략미사일 현대화 등), 경제적 기초 강
화, 그리고 미국권력을 제한할 국제적 지원 확보 등의 정책을 추진한
다고 한다.

한편 그에 따르면 미·중 양극의 세력균형체제는 양국간 무기체제
의 전문화(미국은 해양강국이고 중국은 대륙강국)와 지역적 격리 때문에
비교적 안정적이고 동시에 이 체제는 아시아 지역안정에 기여할 것이
라고 한다.[7]

그런데 이 같은 로스의 주장에는 몇 가지 문제가 있다. 우선 탈냉
전기 동아시아 국제질서를 미국주도의 단극체제 또는 패권체제가 아
니라 미·중의 양극체제로 볼 수 있는가 하는 문제가 있다. 일부 연구
자들은 로스와는 달리 미국주도의 단극체제 또는 유사 단극체제(near-
unipolarity)를 주장한다.[8] 또한 중국의 군 현대화와 군비증강을 미국
에 대한 경성균형 정책으로 볼 수 있는가 하는 문제가 있다. 미국 국
방부는 이렇게 보지만, 많은 연구자들은 중국의 군비증강을 자국방위
(특히 대만문제 해결)에 초점을 맞춘 제한적 역량강화로 본다.[9]

---

7) Robert S. Ross, "Bipolarity and Balancing in East Asia", Paul, Wirtz,
   and Fortman(eds.)(2004), pp. 267~304.

8) 예를 들어 Avery Goldstein, "Balance-of-Power Politics: Consequences for
   Asian Security Order", Muthia Alagappa(ed.), *Asian Security Order*:
   *Instrumental and Normative Features*(Stanford, California: Stanford Uni-
   versity Press, 2003), pp. 171~209; Michael Mastanduno, "Incomplete
   Hegemony", Alagappa(ed.)(2003), pp. 141~170.

9) 최근 미 국방부의 견해는 Office of the Secretary of Defense, *Annual Re-
   port to Congress*: *Military Power of the PRC* 2008(March 2009); Depart-
   ment of Defense, *National Defense Strategy*(June 2008) 참고. 이에 대한
   비판적 견해는 M. Taylor Fravel, "China's Search for Military Power",
   *Washington Quarterly* Vol. 31, No. 3(Summer 2008), pp. 125~141;

226

마지막으로 로스가 중국의 균형정책을 분석하면서 그 정책의 한 축
인 외적 균형(*external balancing*), 즉 동맹형성 문제를 검토하지 않고
내적 균형에만 초점을 맞추어 결론을 도출한 것은 문제가 있다. 10) 특
히 미국의 세력균형 정책을 분석할 때에는 내적 균형(군비증강)과 외
적 균형(미국의 동아시아 동맹체제 강화)을 동시에 분석하면서 중국을
분석할 때에는 이를 생략한 것은 문제이다.

이 장은 개혁기 중국의 동맹정책을 이해하기 위해 다음 세 가지 사
항을 분석하려고 한다. 우선 개혁기 중국 외교정책의 조정과 그에 따
른 동맹정책의 변화를 분석할 것이다(제 1절과 제 2절). 여기에는 1990

Alastair Iain Johnston, "Beijing's Security Behavior in the Asia-Pacific:
Is China a Dissatisfied Power?", J. J. Suh, Peter Katzenstein, and
Allen Carlson (eds.), *Rethinking Security In East Asia: Identity, Power,
and Efficiency* (Stanford, California: Stanford University Press, 2004),
pp. 34~96; Independent Task Force, "U.S. China Relations: An
Affirmative Agenda, A Responsible Course", Sponsored by the Council
on Foreign Relations (April 2007); William W. Keller and Thomas G.
Rawski, "China's Peaceful Rise: Road Map or Fantasy?" William W.
Keller and Thomas G. Rawski (eds.), *China's Rise and the Balance of
Influence in Asia* (Pittsburgh: University of Pittsburgh Press, 2007),
pp. 193~207; Andrew Moravcsik, "Washington Cries Wolf", *Newsweek*,
2008. 3. 31 (http://www.newsweek.com: 이하 동일한 사이트) 참고. 2000
년대 이후 중국의 군비증강에 대한 한국학자의 최근 평가로는 다음을 참고.
김태호, "중국의 '군사적 부상': 2000년 이후 전력증강 추이 및 지역적 함
의", 〈국방정책연구〉 2006년 가을, pp. 163~203; 김태호, "중국의 '군사적
부상': 한국의 안보환경을 중심으로", 김태호 편, 《중국 외교연구의 새로운
영역》(파주: 나남, 2008), pp. 69~123; 이태환, "중국 군사력 증강의 분석
과 전망: 후진타오 시기를 중심으로", 〈세종정책연구〉 2007년 제 3권 1호,
pp. 153~179.
10) 세력균형 이론에서 동맹이 중심역할을 한다는 주장은 Jack S. Levy, "What
Do Great Powers Balance Against and When?", Paul, Wirtz, and
Fortman (eds.) (2004), pp. 34~35 참고.

년대 중반 이후 중국 외교정책의 핵심이론으로 등장한 신안보관에 대한 분석도 포함된다. 이를 통해 우리는 중국 국내적 요소의 변화, 즉 공산당 노선의 변화, 국제정세의 재인식과 새로운 외교방침의 채택, 외교정책의 새로운 이론(신안보관)의 등장 등에 의해서도 연성균형 정책이 형성될 수 있음을 알 수 있을 것이다. 동시에 중국은 임기응변식의 즉자적 대응이 아니라 일정한 외교방침과 이론에 근거하여 체계적이고 일관되게 동맹정책을 추진하고 있음을 알 수 있을 것이다.

다음으로 미·일동맹의 강화와 이에 대한 중국의 대응을 분석할 것이다(제3절). 미·일동맹은 중국 입장에서 볼 때 최대의 안보위협 요소이다. 따라서 미·일동맹의 강화에 대한 중국의 태도와 정책을 분석함으로써 우리는 중국의 동맹정책이 변화된 지역안보 환경 속에서 어떻게 전개되었는가를 이해할 수 있을 것이다.

마지막은 구체적 사례분석이다. 여기에는 두 가지가 포함된다. 첫째는 북·중동맹에 대한 분석이다(제4절). 북·중동맹은 현재 중국의 유일한 군사동맹이며, 이에 대한 검토를 통해 우리는 중국이 주도한 쌍무(양자)동맹의 변화를 이해할 수 있을 것이다.

둘째는 상하이협력기구(上海合作組織, Shanghai Cooperation Organization/SCO)에 대한 분석이다(제5절). 이 기구는 러시아와의 전략적 협력 동반자관계를 기초로 중앙아시아 지역의 안보 및 기타 현안을 해결하기 위해 중국이 주도적으로 만든 지역 다자안보기구이다. 이에 대한 분석을 통해 우리는 중국이 어떻게 다자주의적 방식을 통해 미·일동맹의 강화에 대응하고 있는가를 이해할 수 있을 것이다.

이와 관련하여 이 연구는 한·미동맹에 대한 중국의 정책을 분석대상에 포함시키지 않을 것이다. 최근까지 한·미동맹은 두 가지 이유 때문에 중국의 주요 관심사가 아니었기 때문이다. 첫째는 한·중관계의 발전으로 한·미동맹에 대해 중국이 주목할 필요성을 크게 느끼지 못했다. 둘째는 중국의 입장에서 볼 때 한·미동맹은 미·일동맹을

228

보조하는 주변적 요소일 뿐이다. 11) 향후 한·중관계의 변화와 한·
미동맹의 강화, 특히 대중국 견제역할의 강화 여부에 따라 한·미동
맹에 대한 중국의 관심과 우려는 전보다 커질 가능성이 있고, 그런 조
짐이 이미 나타나고 있다. 한·미동맹에 대한 중국의 입장은 미·일
동맹에 대한 분석을 통해 어느 정도 알 수 있을 것이다.

이상의 분석을 통해 이 글은 개혁기, 특히 탈냉전기 중국은 현실주
의적 세력균형론에서 말하는 경성균형이 아니라 폴 등이 말하는 연성
균형 정책을 추진했고, 향후 단기간 내에도 이것이 변화하지 않을 것
임을 주장할 것이다. 먼저 이론적 측면에서, 중국은 1980년대 초부터
비동맹 원칙에 기초하여 전통적 현실주의 동맹정책을 외교방침에서 배
제했고, 1990년대에 제기된 신안보관에 의해 이것이 더욱 강화되었다.

또한 실제 외교 면에서, 자국에게 가장 심각한 안보위협 요소로 인
식된 미·일동맹의 강화에 대해 중국은 제한된 범위 내에서의 군사력
증강, 미·일 양국과의 우호적 관계유지, 지역 다자안보체제의 제창
등을 통해 탄력적으로 대응했다. 그밖에도 중국은 주도적으로 북·중
동맹을 "혈맹"에서 단순한 국가간의 협력관계로 약화시켰고, 러시아
와는 전략적 동반자관계를 형성하고 상하이협력기구를 설립하는 등의
공동협력을 통해 미국의 동맹체제에 대응했다.

마지막으로 동맹과 관련된 몇 가지 주요개념에 대해 살펴보자. 스
나이더에 따르면 동맹은 세 가지 성격을 갖는다. 즉, 동맹은 첫째, 군
사 또는 안보목적의 결사이고, 둘째, 국가간에 이루어지며, 셋째, 동
맹국 밖의 국가를 겨냥한다. 이에 따라 동맹은 "국가 안보정책의 주요
수단"으로, "특정한 조건에서 동맹국 밖의 국가를 대상으로 무력의 사
용 또는 비사용에 대한 국가간의 결사"라고 정의할 수 있다. 12) 또한

11) 張威威, "'9·11以來日美同盟與韓美同盟的差異性", 〈日本學刊〉 2007년 1
기, pp. 28~41; 石源華·汪偉民, "美日韓美同盟比較硏究: 兼論美日韓安
全互動與東北亞安全", 〈國際觀察〉 2006년 제1기, pp. 61~68.

동맹을 유효하게 하는 수단으로는 합동 군사계획, 제3국과 분쟁 중인 동맹국에 대한 지지표명, 동맹맹세의 공개적 천명 등이 있다.

한편 동맹은 크기에 따라 양자동맹과 집단동맹으로, 의무관계에 따라 일방동맹(보장)·쌍무동맹·다자동맹으로, 대칭관계에 따라 평등동맹과 불평등동맹으로, 목적에 따라 공격동맹과 방어동맹으로 나눌 수 있다. 마지막으로 군사지원을 포함하지 않는 특별한 동맹유형으로는 중립협약과 불가침조약이 있다.[13] 이 책은 이 같은 스나이더의 용법에 따라 주요개념을 사용할 것이다.

## 1. 중국 외교정책의 조정과 비동맹(不結盟)

개혁기 중국외교는 크게 세 번의 조정을 거쳐 현재에 이른다. 첫 번째는 1978년에서 1980년대 중반까지의 시기이다. 이 기간에 중국은 "4개 현대화 노선"을 공식 채택하여 개혁·개방정책을 본격적으로 추진했고, 이와 함께 마오쩌둥 시기의 외교정책을 폐기하고 새로운 외교정책을 실시하기 시작했다.

구체적으로 이 기간 동안 우선 전쟁 및 평화와 관련된 국제정세 인식(時代主題)에서 새로운 명제가 제기되었다. 즉, 중국은 마오쩌둥 시기의 "전쟁과 혁명이 시대주제"라는 인식에서 벗어나 "평화와 발전이 시대주제"라는 새로운 판단을 내렸다. 이런 인식은 1978년부터 공산당 내에서 형성되다가 1984년 덩샤오핑(鄧小平)에 의해 정식 제기되었다.[14]

---

12) Glenn H. Snyder, *Alliance Politics* (Ithaca and London: Cornell University Press, 1997), pp. 4, 5.

13) Snyder (1997), pp. 12, 13.

14) 兒健民·陳子舜, 《中國國際戰略》(北京: 人民出版社, 2003), p. 5.

또한 1982년 9월 공산당 제 12차 전국대표대회 (당대회)에서 행한 후야오방(胡耀邦) 총서기의 "정치보고"와 동년 12월 제 5기 전국인민대표대회 (전국인대) 제 5차 회의에서의 "헌법"수정을 통해 "독립자주의 대외정책"과 "비동맹 원칙"이 외교방침으로 공식 결정되었다. 마지막으로 이런 국제정세 인식과 외교방침의 확정과 함께 국내 경제발전에 필요한 안정적이고 평화로운 국제환경 조성이 중국외교의 핵심목표로 설정되었다. 15)

두 번째는 1989년 톈안먼(天安門) 사건에서 1990년대 중반에 이르는 시기이다. 이 기간 동안 소련을 비롯한 사회주의권의 붕괴에 의해 냉전체제가 종식되면서 국제체제는 급변했고, 동시에 톈안먼 사건 이후 미국을 중심으로 한 서방세력의 대중국 봉쇄정책이 가시화되면서 중국은 국제적으로 고립되었다. 중국은 이런 변화된 국제정세에 대응하기 위해 외교정책을 조정해야만 했다. 이런 조정을 거쳐 현재까지 유지되는 중국외교의 기본방침, 목표, 수단이 비교적 완전한 모습을 갖추게 되었다.

구체적으로 국제정세에 대한 기본인식("평화와 발전")에는 변화가 없었고 독립자주 외교방침도 유지되었다. 다만 탈냉전기 변화된 국제체제를 "일초다강"(一超多强: 초강대국 미국과 다수의 강대국으로 구성된 국제체제)으로 규정했고, 세계화(全球化, *globalization*)와 다극화(多極化, *multipolarity*)에 대해서도 새롭게 인식했다. 즉, 세계화는 점차 확대되는 피할 수 없는 세계적 추세로 중국은 이에 적극 참여해야 한다고 판단했다. 동시에 중국은 국제체제의 "민주화"를 위해서는 다극화가 필요하지만, 미국의 월등한 경제·군사적 능력을 고려할 때 단기간 내

---

15) 이에 대해서는 當代中國叢書編輯委員會, 《當代中國外交》(北京: 中國社會科學出版社, 1990), pp. 339~340, 452; 田曾佩 主編, 《改革開放以來的中國外交》(北京: 世界知識出版社, 1993), pp. 1~10; 劉山·薛君度 主編, 《中國外交新論》(北京: 世界知識出版社, 1997), pp. 36~52 참고.

에 이것이 실현될 가능성은 희박하고, 그래서 다극화는 중국의 단기 외교목표가 될 수 없고 대신 장기간에 걸쳐 실현해야 하는 과제라는 인식에 도달했다.

외교목표로는 국내 경제발전에 필요한 안정적이고 평화로운 국제환경 조성이라는 기존목표에 더해, 미국을 중심으로 한 기존 강대국의 대(對) 중국 봉쇄 저지와 국제사회에서의 자국 영향력 확대라는 새로운 목표가 추가되었다. 마지막으로 외교영역 (수단)에서 중국은 1980년대의 미·소 중심의 강대국 외교에서 벗어나 주변국 외교와 다자외교도 함께 적극 추진하면서 다층적이고 전방위적인 외교를 전개할 수 있었다.16)

세 번째는 1990년대 후반기에 시작하여 후진타오(胡錦濤) 집권 1기 (2002~2007년)를 거쳐 현재에 이르는 시기이다. 중국은 1990년대에 미국주도의 국제체제하에서 자국의 경제·군사적 능력을 급격히 증강시킬 수 있었고 동시에 국제체제로의 편입이라는 과제도 성공적으로 달성할 수 있었다. 2001년 12월 중국의 세계무역기구(WTO) 가입은 이를 보여주는 하나의 상징적 예이다. 이렇게 되면서 중국은 지역 강대국에서 세계 강대국으로 부상하는 문제를 진지하게 고민하게 되었고, 그 일환으로 새로운 외교정책을 모색하기 시작했다. 1990년대 후

---

16) 이에 대한 정리는 조영남, 《후진타오 시대의 중국정치》(파주: 나남, 2006), pp. 221~251; Avery Goldstein, *Rising to the Challenge: China's Grand Strategy and International Security* (Stanford, California: Stanford University Press, 2005); Yong Deng and Fei-Ling Wang (eds.), *China Rising: Power and Motivation in Chinese Foreign Policy* (Lanham, Maryland: Rowman & Littlefield Publishers, 2005); Rober G. Sutter, *China's Rise in Asia: Promises and Perils* (Lanham, Maryland: Rowman & Littlefield Publishers, 2005); David Shambaugh (ed.), *Power Shift: China and Asia's New Dynamics* (Berkeley, California: University of California Press, 2005); Deng (2008) 참고.

반기부터 중국에서 외교전략을 포함한 국가대전략(grand strategy)에 대한 수많은 보고서와 연구서가 출간된 것은 이를 잘 보여준다.

그런데 이와 관련하여 중국에서는 그동안 정부 및 민간(학계) 차원에서 여러 차례 논쟁이 전개되었지만, 아직까지 전과 다른 새로운 외교정책이 제시되지는 않았다. 이런 면에서 이 기간은 아직 별도의 단계라고 할 수 없는 일종의 과도기라고 평가할 수 있다.

구체적으로 이 기간 동안 중국에서는 미국주도의 국제정세에 대한 인식논쟁(이른바 "평화와 발전" 논쟁), "화평굴기"(和平崛起: 평화적 부상)와 "화평발전"(和平發展: 평화적 발전) 논쟁, "도광양회"(韜光養晦: 실력을 감추고 때를 기다린다) 논쟁 등 다양한 논쟁이 전개되었다. 17) 후진타오 집권 1기에 들어 공공외교, 특히 소프트 파워(soft power) 전략이 중국외교의 중요한 영역(수단)으로 본격 추진된 것과, 2005년 12월 《중국의 평화적 발전의 길》(中國的和平發展道路, 외교백서) 발간을 통해 "평화발전"과 "조화세계"(和諧世界) 건설이 중국외교의 중요방침으로 새롭게 제시된 것은 이런 새로운 외교정책 모색의 결과물이다. 18)

그런데 이와 같은 세 번의 외교정책 조정 또는 모색과정에서 변하지 않은 요소가 있다. 첫째는 평화와 발전이 시대주제라는 국제정세 인식이다. 특히 1999년 평화와 발전 논쟁을 거친 이후에도 이에 대한 중국의 공식입장은 변하지 않았다.

둘째는 이 연구와 밀접히 연관된 것으로, 독립자주 외교와 그것의

---

17) 1999년 이른바 "평화발전 논쟁"에 대해서는 David M. Finkelstein, *China Reconsiders Its National Security*: *"The Great Peace and Development Debate of 1999"*(Alexandria, Virginia: The CNA Corporation, 2000) 참고. 이에 대한 중국 내 자료로는 安衛·李東燕, 《十字路口上的世界: 中國著名學者探討21世紀的國際焦點》(北京: 中國人民大學出版社, 2000) 참고. 화평굴기 논쟁에 대한 간단한 정리는 이 책의 제5장 참고.

18) 國務院 新聞辦公室, 《中國的和平發展道路》(*China's Peaceful Development Road*) (2005. 12).

핵심인 비동맹 원칙이다. 비동맹이 개혁기 중국외교의 기본방침인 독립자주 외교의 핵심이라는 점에 대해서는 중국정부와 학자들이 수차례 강조했기 때문에 이에 대해서는 더 이상의 논의가 필요 없을 것이다. 여기서 비동맹 원칙은, 중국이 어떤 강대국과도 동맹을 맺거나 전략관계를 수립하지 않으며, 어떤 한 국가와 연합하여 다른 국가를 반대하지도 않는다는 외교방침을 가리킨다. [19] 이 원칙이 제기되었을 당시 "어떤 강대국"이란 주로 미국과 소련을 지칭하는 것이었다.

1980년대 초 중국이 비동맹 원칙을 제기한 것은 몇 가지 이유 때문이었다. 가장 중요한 것으로 공산당 노선의 변화를 들 수 있다. 1978년 중국이 개혁·개방정책을 추진하면서 공산당 지배체제 유지와 경제발전이 최고의 국정목표가 되었고, 모든 국내외 정책은 이에 기여하도록 조정되었다. 외교정책도 예외는 아니었다. 그래서 주권과 영토 수호, 사회주의제도 및 가치 유지, 국제적 위상 제고, 대만(臺灣)과의 통일 등 일반적 외교목표 이외에 경제발전에 필요한 안정적이고 평화로운 국제환경 조성이 중요한 목표로 등장했고, 이에 맞추어 비동맹 원칙이 제기되었던 것이다.

이는 마오쩌둥 시기의 외교정책으로는 개혁기 국정목표(경제발전)를 달성할 수 없다는 판단에 따른 것이다. 예를 들어 1960년대 말부터 1970년대 중반까지 소련의 핵공격에 대비해 쓰촨성(四川省) 등 중국 내지에 대규모 중화학공업단지를 건설하기 위해 추진된 "제3선 건설"에는 막대한 자원이 소요되었고, 이로 인해 중국경제는 큰 타격을 입었다. 이런 일이 재발한다면 경제발전에 큰 어려움을 겪을 것이다.

뿐만 아니라 제3세계 국가의 혁명을 지원한다는 외교정책으로 인해 중국은 국제사회에서 고립되었고 주변국가와도 끊임없는 외교·군

---

19) 當代中國叢書(1990), p. 4; 田曾佩(1993), pp. 339~340; 劉山·薛君度(1997), pp. 14~15.

234

사적 갈등을 빚었다. 부족한 국내자원을 경제발전에 총동원해야 하는 중국에게는, 동시에 경제발전에 필요한 자본·기술·시장을 국제사회(특히 미국·일본 등 선진국)에 의존해야 하는 중국에게는 이런 상황이 지속되는 것이 결코 바람직스럽지 못했다.

마오쩌둥 시기 중국외교의 문제점에 대한 중국의 진지한 검토는 이런 판단을 뒷받침했다. 앞에서 말한 것처럼 마오쩌둥 시기 중국외교는 미·소 강대국을 대상으로 하는 동맹·준(準)동맹정책을 중심으로 전개되었다. 예를 들어 1949년에서 1965년까지 중국은 미·소 냉전체제하에서 소련과의 군사동맹을 통해 자국안보를 확보한다는 이른바 "소련 일변도"(向蘇聯一邊倒) 정책을 추진했다. 이 정책의 핵심내용은 소련과 연대하여 미국에 대항하는 것이다. 이런 방침에 입각하여 중국은 1950년 소련과 "중·소 우호동맹 및 상호원조 조약"(中蘇友好同盟互助條約)을 체결했다. 그러나 1960년대 중반 이후 중·소 이념논쟁이 격화되고, 1969년에는 전바오다오(珍寶島)에서 양국간에 대규모 군사충돌이 벌어지면서 소련은 중국안보의 주적(主敵)이 되었다. 이처럼 중국의 대소련 동맹정책은 참담한 실패로 끝났다. 이후 1970년부터 1978년까지 중국은 소련에 대항하기 위해 국내외 모든 역량을 결집한다는 "하나의 선 하나의 진영"(一條線 一大片) 정책을 추진했다. 이 정책의 핵심은 미국과 연대하여 소련에 대항하는 것이다.

이밖에도 중국은 1961년 북한과 "중·조 우호협력 및 상호원조 조약"(中朝友好合作互助條約)을 체결하여 군사동맹 관계를 형성했고, 베트남과는 1954년 제네바 회의에서 1975년 베트남 전쟁 종결까지 대규모 군사원조를 제공하는 등 사실상 준동맹관계를 유지했다. 그러나 이것도 1979년 중국·베트남 국경지대에서의 대규모 무력충돌로 비극적 결말을 맺었다. 알바니아 및 파키스탄과의 협력 및 준동맹관계도 마찬가지로 그렇게 성공적인 것은 아니었다.[20]

마지막으로 중국의 비동맹 원칙 제기는 1980년대 초 변화된 국제정세와 자국역량에 대한 재평가에 기초한 것이었다. 중국 지도부는 1980년 아프가니스탄 침공 이후 소련의 국력은 약화되고 반대로 미국의 국력은 강화되면서 미·소간에 세력균형이 형성되었다고 판단했다. 또한 이에 따라 미·소 양국은 상호경쟁과 대화를 병행하는 일종의 경쟁·협력의 시대에 접어들었다고 인식했다. 이런 상태에서 미국과의 연대를 통해 소련을 견제하는 정책을 계속 추진하는 것은 타당하지도 않고 국익에도 도움이 되지 않는다는 것이 당시 중국 지도부의 판단이었다.

또한 중국은 세계인구의 4분의 1을 차지하고 동시에 제3세계의 지도국가로서 국제정치에 일정한 영향력을 행사할 정도로 위상이 높아졌는데, 이런 상황에서 미·소 어느 한 국가와 동맹관계를 형성하는 것은 미·소간 세력균형에 영향을 미쳐 안정적 국제환경 유지에 불리하다는 것이 중국의 판단이었다. 21)

물론 2000년 무렵부터 중국 내에는 독립자주 외교와 비동맹 원칙을 비판하는 견해가 제기되었다. 예를 들어 탈냉전기 독립자주 외교의 타당성에 의문을 제기하는 주장이 있다. 이에 따르면 소련의 해체와 함께 동·서대립의 냉전체제가 붕괴되면서 중국외교는 더 이상 준동맹이나 군사집단에 가입하는 문제에 직면하지 않았고, 따라서 독립자주의 문제도 더 이상 존재하지 않는다는 것이다. 더 나아가서 탈냉전기 중국의 독립자주는 이미 실현되었기 때문에 외교목표가 될 수 없다. 이런 면에서 1990년대 중국외교는 독립자주가 아니라 평화로운 국제환경 조성전략을 추진하는 것이고, 21세기 중국외교는 세계 및 아시아 각국과 공동발전 및 안정을 추구하는 전략이어야 한다. 22)

---

20) Bates Gill, *Rising Star: China's New Security Diplomacy* (Washington, D. C. : Brookings Institution, 2007), pp. 21~25.
21) 當代中國叢書(1990), p. 340; 田曾佩(1993), p. 5; 劉山·薛君度(1997), pp. 14~15, 47, 263.

또다른 비판의 예로는 비동맹 원칙의 타당성에 대한 문제제기를 들수 있다. 이에 따르면 "비동맹 전략"은 군사동맹의 완화와 군비축소의 기초 위에서만 추진되는 것인데, 1990년 중후반 이후 미국주도의 서방국가가 군사동맹을 확대 강화하면서 이런 조건은 더 이상 존재하지 않게 되었다. 나토(NATO)의 동진(東進)과 미·일동맹의 서진(西進)으로 인해 군사력 균형이 심각하게 서방국가에게 유리하게 기우는 국제상황은 이를 잘 보여준다는 것이다.

이런 변화된 상황에서 중국이 계속 비동맹 전략을 고수하는 것은 자승자박일 뿐이다. 따라서 중국은 "탄력적 준동맹 전략"을 채택하여, 러시아와 제3세계 국가(특히 인도, 파키스탄, 인도네시아)와의 관계를 강화해야 한다. 이는 중·미관계가 악화되어 미국을 중심으로 한 서방국가가 대중국 봉쇄정책, 더 나아가서는 중국에 대한 군사공격을 감행하는 최악의 상황을 대비하는 것으로, 이런 상황이 출현하면 중국은 동맹전략을 강력하게 추진해야 한다.[23] 그러나 중국 내에서 이와 같은 비판은 아직 소수의 견해라고 판단된다.

이상에서 개혁기 중국외교의 조정과 동맹정책의 변화를 살펴보았다. 여기서 우리는 중국이 냉전체제가 해체되기 약 10년 전인 1982년에 이미 공식적으로 자주독립 외교방침하에 비동맹 원칙을 추진하기 시작했다는 사실을 알 수 있다. 이는 중국이 1980년대 초부터 전통적 현실주의의 세력균형론이 주장하는 것과는 달리 타국과의 동맹형성을 통해 위협국가(즉, 소련과 미국)에 대응하는 외적 균형정책을 선택지에

22) 楚樹龍, "全面建設小康時期的中國外交戰略", 牛軍 主編,《中國學者看世界4: 中國外交卷》(北京: 新世界出版社, 2007), pp. 107~118(원출처는《世界經濟與政治》2003年6期).

23) 葉自成, "中國實行大國外交戰略勢在必行", 金燦榮 主編,《中國學者看世界3: 大國戰略卷》(北京: 新世界出版社, 2007), pp. 124~146(원출처는《世界經濟與政治》2000년 제1기).

서 배제했다는 사실을 보여준다.

이는 중요한 두 가지 의미를 갖는다. 첫째는 중국이 탈냉전기 미·일동맹 강화와 같은 외부환경의 변화에 대한 단순한 대응 차원이 아니라, 가장 중요하게는 국정목표의 변화(즉, 경제발전 추구)에 따라, 동시에 국제정세에 대한 새로운 인식(즉, "평화와 발전"과 미·소 세력균형 형성)과 자국역량의 재평가(즉, 중국의 국제지위 향상)에 근거하여 능동적이고 적극적으로 새로운 동맹정책(즉, 독립자주 외교의 비동맹 원칙)을 추진했다는 점이다. 이런 중국의 동맹정책은 미·일동맹 강화에 대한 인식과 대응, 북·중동맹의 조정, 중·러관계 강화와 상하이협력기구 설립과 같은 다른 사례에서도 확인할 수 있을 것이다.

둘째는 탈냉전기 특정한 조건, 즉 미국주도의 유사 일극체제하에서의 반미(反美)동맹 형성의 어려움, 미국주도의 경제적 세계화 확대, 공동의 적으로 초국가적 테러리즘의 대두, 경제력의 군사역량으로의 신속한 전환의 어려움, 미국이 제공하는 안보 및 경제적 보호에의 무임승차 가능 등의 조건이 갖추어지면서 주요 강대국이 경성균형 대신 연성균형을 채택했다는 폴 등의 주장이 일부 수정 및 보완되어야 한다는 점이다.[24] 앞에서 보았듯이 중국은 이런 지구적·지역적 차원의 조건이 형성되지 않은 1980년대 초에 국내적 차원의 변화에 의해 이미 비동맹 원칙을 천명했고, 이에 따라 소련 또는 미국에 대한 경성균형 정책을 추진하지 않았다. 이는 연성균형이 다양한 지구적·지역적·국내적 조건에서 강대국들이 채택할 수 있는 정책임을 의미한다.

---

24) Paul(2004), p. 16; Mark R. Brawley, "The Political Economy of Balance of Power Theory", Paul, Wirtz, and Fortman(eds.)(2004), p. 94.

## 2. 중국의 신안보관 (新安全觀) 과 동맹정책

개혁기 중국의 동맹정책을 이해하기 위해서는 비동맹 원칙뿐만 아니라 탈냉전기 중국의 새로운 외교이론 또는 지도방침으로 등장한 신안보관에 대한 검토가 필요하다. 탈냉전기 중국의 동맹정책은 공식적으로 신안보관에 기초해 전개되었고, 이런 면에서 중국의 동맹정책과 신안보관은 매우 밀접히 연관되기 때문이다.

1949년 사회주의 중국의 성립 이후 지금까지 중국 외교정책을 이끈 외교이론 또는 지도방침으로는 두 가지를 들 수 있다. 첫째는 1954년 저우언라이(周恩來) 총리가 제기한 "평화공존 5원칙", 즉 영토보존과 주권, 상호불가침, 내정불간섭, 평등 및 상호이익, 평화공존이다. 한 중국학자에 따르면 이것은 냉전시대는 물론이고 탈냉전기에도 중국이 국제관계를 처리할 때 기본으로 삼는 "최고준칙"의 하나였다(다른 하나는 중국의 국익이다). [25]

둘째는 1996년 중국정부가 공식 제기하고 이후 중국 외교정책의 지침역할을 하는 신안보관이다. 중국정부의 설명에 의하면 신안보관은 평화공존 5원칙을 시대적 상황에 맞게 변화 및 발전시킨 것으로, 이것은 "이미 중국 대외정책의 중요한 구성부분"이 되었다. [26] 한 중국 연구자에 의하면 신안보관을 제출했다는 것은 중국외교가 근본적으로 변화했음을 보여준다. 즉, 중국은 과거 수동적으로 국제사회에 참여하는 것에서 벗어나 능동적으로 국제사회에 참여하고, 동시에 적극적으로 주장을 제기함으로써 국제사회에서 중요한 역할을 담당하겠다는 의지를 표명했다는 것이다. [27]

---

25) 劉山·薛君度(1997), pp. 163~164.

26) 中國外交部, "中國關于新安全觀的立場文件"(2002. 7. 31) (아세안 지역안보 포럼(ARF) 외교부장관회의에서 중국대표단이 제출한 문건), http://www.fmprc. gov. cn/chn/wjb/zzjg/gjs/gjzzyhy/1136/1138/t4549. htm.

중국학자들의 연구에 의하면 중국은 1993년 2월 네팔 카트만두에서
개최된 "아시아·태평양(아·태) 지역 국가안보 및 국가간 신뢰구축
회의"에서 중국대표단의 발언을 통해 최초로 신안보관을 제기했다.
이후 1996년에 중국정부는 신안보관을 자국외교의 새로운 방침으로
발표했다. 이후 1997년 3월 필리핀이 주관한 아세안 지역안보포럼
(*ASEAN Regional Forum*, ARF)의 "신뢰구축 회의", 1999년 3월 스위스
제네바 군축회의, 2002년 7월의 아세안 지역안보포럼 외무장관회의,
동년 9월 유엔(UN) 총회 등 국제무대에서 중국은 신안보관을 적극 제
창했다. 이런 과정을 거쳐 2002년 11월 공산당 제16차 당대회의 "정
치보고"와 동년 12월《중국의 국방》(中國的國防, 국방백서)을 통해 신
안보관은 하나의 이론으로 완성되었다.28)

신안보관의 내용은 비교적 간단하다. 중국정부 및 학자들의 설명에
의하면, 신안보관은 "상호신뢰"(互信), "상호이익"(互利), "평등"(平
等), "협력"(協作)의 네 가지 핵심개념으로 구성된다. 여기서 "상호신
뢰"는 각국이 이데올로기와 사회제도의 차이를 뛰어넘어 냉전식 사고
방식과 권력정치(强權政治)의 태도를 버리고, 서로를 의심하거나 적대
시하지 않는 것을 의미한다. 또한 상호신뢰에는 각국이 자국 안보정
책 및 중대 군사행동에 대해 서로 대화하고 통보하는 것도 포함된다.
"상호이익"은 세계화 시대의 사회발전 요구에 순응하여 각국이 상대방
의 안보이익을 존중하며 자국의 안보이익을 실현하면서 동시에 상대
방의 안보를 위한 조건을 창출하여 공동안보(*common security*)를 실현
하는 것을 의미한다.

"평등"은 세계각국이 대소를 불문하고 모두 국제사회의 일원으로 상

27) 李敏倫,《中國"新安全觀"與上海合作組織研究》(北京: 人民出版社, 2007),
pp. 7, 159.
28) 李敏倫(2007), pp. 15~18; 徐堅 主編,《國際環境與中國的戰略機遇期》
(北京: 人民出版社, 2004), pp. 62~64.

호 존중하고 평등하게 대해야 하고, 타국내정에 간섭하지 않으며 국
제관계의 민주화를 추진해야 한다는 것을 가리킨다. 마지막으로 "협
력"은 각국이 평화적 협상을 통해 분쟁을 해결하고, 공동의 안보문제
에 광범위하게 협력하여 분쟁의 단초를 해소하고 전쟁 및 충돌을 방
지하는 것을 의미한다. 29)

한편 신안보관의 네 가지 핵심개념 중 마지막인 협력(*cooperation*)의
중국어 표현이 2001년 9・11 사건 이후 "합작"(合作)에서 "협력"(協作)
으로 바뀌었다. 한 중국 연구자에 의하면 이런 변화는, 중국이 세계
및 아・태지역 각국의 상호 안보관계를 조정(協調)하는 데 더욱 적극
적으로 나서고, 동시에 공동 안보이익의 기초 위에서 안보협력(安全合
作)을 실현하는 데 노력할 것임을 천명한 것이라고 한다. 30) 이런 설
명을 통해 우리는 합작(合作)이 안보문제에 대한 각국간의 단순협력
을 의미하는 반면, 협력(協作)은 안보문제에 대한 협의 및 조정을 동
반한 좀더 우호적이고 적극적인 협력을 가리킨다는 사실을 알 수 있
다. 31)

중국의 외교이론 또는 지도방침이 흔히 그렇듯이 신안보관도 중국
의 실제 외교와는 상관이 없는 단순한 외교적 수사(*rhetoric*)일 가능성
이 높다. 이미 여러 학자들이 지적했듯이 개혁기 중국외교는 중국정
부가 무엇을 주장하든 상관없이 강한 현실주의와 실용주의의 특징을
띤다. 32) 즉, 중국은 권력정치의 관점에서 국제정치를 바라보고, 국

29) 中國外交部, "中國關于新安全觀的立場文件"; 李敏倫(2007), pp. 18, 24;
蘇浩, 《從啞鈴到橄欖: 亞太合作安全模式研究》(北京: 世界知識出版社,
2003), pp. 63〜68.

30) 蘇浩(2003), p. 68.

31) 참고로 중국은 중・러관계를 "전략적 협력(協作) 동반자관계"로 규정한 반
면, 한・중관계는 "전략적 합작(合作) 동반자관계"로 규정했다. 이는 중국
이 한국과 러시아에 모두 "전략적 동반자관계"라는 같은 지위를 부여했지만,
그 실제 내용과 과정은 결코 같지 않음을 보여준다.

가가 중심이 되어 철저하게 국익증진의 목표를 실현하기 위해 이념과 제도를 뛰어넘어 세계각국 및 지역과 우호협력의 관계를 수립하는 탄력적 외교정책을 추진했다는 것이다.

그런데 신안보관의 제기 이후 중국외교의 실제 전개과정을 살펴보면 신안보관이 단순히 외교적 수사만은 아니라는 사실을 알 수 있다. 다시 말해 신안보관은 중국외교의 기본방침으로 실제 외교정책 추진에서 중요한 역할을 한다는 것이다.

먼저 샴보(David Shambaugh)의 연구에 의하면 1996년 신안보관을 제기한 이후, 중국 정부는 1997년에 아시아 각국에 직업 외교관 및 군 인사로 구성된 사절단을 파견하여 미국주도의 동맹체제가 냉전시대의 유물로서 아시아 지역안보에 위협이 되며, 따라서 각국은 신안보관에 입각하여 이를 폐지해야 한다고 설득했다고 한다. 그런데 아시아 각국은 이런 중국의 주장에 대해 아주 냉담하게 반응하면서 자국은 미국과의 동맹을 폐지할 의사가 전혀 없음을 밝혔다. 이에 중국은 매우 당황하였고 이런 경험을 겪은 후 약 8개월 후부터 중국은 신안보관을 주장하는 데 매우 신중했다고 한다.[33] 이 같은 중국의 시도는 중국이 신안보관의 내용을 어느 정도 믿었을 뿐만 아니라 이를 기초로 아시아 각국을 대상으로 적극적인 외교적 설득을 전개한다면 미국주도의 동맹체제를 해소 또는 완화시킬 수 있다고 판단했음을 보여준다.

또한 앞에서 말했듯이 중국외교는 1990년대 중반 이후 전과는 매우 다르게 변화했는데, 이런 중국 외교정책의 변화는 신안보관의 제기와 밀접히 연관된다. 이를 잘 보여주는 것이 바로 중국이 신안보관을 기초로 전 세계 주요국가들과 체결한 각종 동반자관계(伙伴關係)이다. 이 중에서 전략적 동반자관계 체결은 1990년대 중반 중국외교에서 나

---

32) 조영남(2006a), pp. 215~220.

33) Shambaugh(2005a), pp. 27~28.

타난 가장 중요한 특징이며, 동시에 중국이 새로운 외교전략을 채택
했음을 보여주는 것이라고 한다.[34]

  구체적으로 중국은 1996년 러시아와 "전략적 협력 동반자관계"(戰略
協作伙伴關係)를 맺은 이후, 1997년에는 미국과 "건설적 전략 동반자관
계"(建設性戰略伙伴關係)를 맺었고,[35] 2003, 2005, 2007년에는 각각 유
럽연합(EU), 인도, 일본과 유사한 전략적 동반자관계를 맺었다.
2008년에는 한국과도 전략적 동반자관계를 맺음으로써 중국은 현재
전 세계에 걸쳐 20여 개 주요국가 및 지역과 전략적 동반자관계를 맺
고 있다.

  중국정부와 중국 연구자들에 따르면 중국의 전략적 동반자관계는
신안보관의 구체적 실천을 보여주는 것으로, 전통적 동맹관계와는 다
르다고 한다. 예를 들어 이제까지 전략적 동반자관계는 주로 이념과
가치를 공유하는 특정국가들이 실제 및 가상의 적국을 대상으로 안보
동맹을 체결할 경우를 지칭하는 것이었다. 그러나 중국의 동반자관계
는 처음부터 특정국가 또는 지역을 대상으로 한 것이 아니라 전 세계
를 대상으로 한 것이며, 일시적 전술로 제기된 것이 아니라 21세기 미
래를 대비한 장기적 구상이라고 한다.[36]

---

34) Deng(2008), p. 128; Avery Goldstein, "An Emerging China's Emerging
   Grand Strategy: A Neo-Bismarckian Turn?", G. John Ikenberry and
   Michael Mastanduno(eds.), *International Relations Theory and the Asia-
   Pacific*(New York: Columbia University Press, 2003), pp. 72~80; 金正
   昆, "中國 '伙伴關係'外交戰略初探", 金燦榮 主編(2007), p. 177(원출처는
   〈中國外交〉 2000년 제1기). 중국의 전략적 동반자관계에 대한 종합적이
   고 체계적인 분석은 Deng(2008) 참고. 전략적 동반자관계의 의미, 형성배
   경 등에 대한 간략한 정리는 조영남(2006a), pp. 232~235 참고.
35) 2001년 부시 행정부의 등장 이후 미·중 양국관계는 미국에 의해 단순한
   "건설적 관계"(*constructive relationship*)로 격하되었다. 다시 말해 양국관계
   규정에서 "전략적"과 "동반자"가 빠졌다.
36) 兒健民·陳子舜, 《中國國際戰略》(北京: 人民出版社, 2003), pp. 24, 361

　　이런 주장에 따라 한 중국학자는 중국의 전략적 동반자관계를 "공동이익을 기초로, 상호 비(非)대결을 전제로, 비동맹 및 제3국 비(非)겨냥을 요구로, 개입(engagement)과 대화를 형식으로, 협상과 협력을 목적으로, 중국이 기타 모든 국가와의 상승적 상호관계를 발전시키기 위해 맺은 쌍무적 외교관계"라고 정의한다.[37)]

　　중국의 전략적 동반자관계에는 여러 가지 애매모호한 점이 있다. 예를 들어 다양한 수식어를 동반하는 각종 동반자관계가 서로 어떻게 다른지 중국정부나 학자들도 제대로 설명하지 못한다. 또한 중국과 타국이 맺은 전략적 동반자관계는 대개 현재의 양국관계를 서술한 것이라기보다는 미래의 발전방향이나 목표를 표현하는 경우가 많다. 즉, 전략적 동반자관계 규정은 양국관계의 현실과 괴리된 수사 또는 중국의 희망사항일 경우가 많다는 것이다. 따라서 신안보관에 입각한 전략적 동반자관계가 중국외교에서 얼마나 진지하고 실질적인 의미를 갖는지는 냉정하게 평가해야 한다.

　　그러나 앞에서 보았듯이 지난 10여 년 동안 중국은 전 세계 주요국가 및 지역과 각종 전략적 동반자관계를 맺고 쌍무관계를 발전시켰을 뿐만 아니라, 이를 통해 중국의 국제지위와 영향력을 확대할 수 있었던 것은 분명한 사실이다. 또한 신안보관을 기초로 중국은 전통적 동맹관계를 벗어나 새로운 유형의 강대국 관계를 형성하기 위해 많은 노력을 경주한 것도 사실이다. 이런 면에서 우리는 신안보관이 중국외교에서 실제적 의미를 갖는 외교이론이라고 평가할 수 있다.

　　마지막으로 신안보관이 실제 외교정책으로 구체화된 것으로 2001년 상하이협력기구의 설립과 1990년대 중반부터 본격화된 중국의 적극적 다자외교 전개를 들 수 있다. 뒤에서 자세히 검토하겠지만 상하이협

---

　　～377.
37) 金正昆 (2007), p. 178.

력기구는 처음부터 신안보관을 지도이념으로 설립된 다자안보조직이다. 이는 1996년 중국과 러시아가 국경선 획정 및 국경지대 무력충돌 방지를 위해 임시로 조직했던 "상하이 5국" 때부터 신안보관에 기초했다. 이때 제기된 "상하이 정신"(上海精神), 즉 상호신뢰, 상호이익, 평등, 협상, 다양한 문명 존중, 그리고 공동발전 추구가 바로 신안보관에 다름 아니다. 그래서 중국에서는 상하이협력기구를 중국 신안보관의 "현실적 구현체" 또는 "유익한 실천"이라고 부른다. 38)

그밖에 중국은 신안보관을 제기한 이후 이를 기초로 매우 탄력적이고 적극적으로 세계 및 지역 다자조직에 참여했다. 아세안(ASEAN) + 1(중국) 기제 수립, 아세안-중국 자유무역협정(FTA) 체결, 아세안+3(한·중·일) 기제 수립, 아세안 지역안보포럼(ARF) 참가, 북핵 6자회담 주도, 동아시아 정상회담(East Asian Summit) 주도 등은 중국의 적극적 다자외교 전개를 보여주는 대표적 사례이다. 39)

이상에서 1990년대 중반 이후 넓게는 중국외교 전체, 좁게는 중국의 동맹정책의 지침이 되는 신안보관의 제기과정·내용·실천에 대해 자세히 검토했다. 앞에서도 말했듯이 신안보관은 외교적 수사의 성격을 강하게 띤다. 그래서 일부 중국학자들조차 신안보관은 새로운 안보관을 제시했다는 점에서는 의의가 있지만, "지나치게 이상적"이어

---

38) 中國外交部, "中國關于新安全觀的立場文件"; 李敏倫(2007), pp. 44~45; 蘇浩(2003), p. 136; 閻學通·金德湘 主編, 《東亞和平與安全》(北京: 時事出版社, 2005), p. 85.

39) David Shambaugh, "China Engages Asia: Reshaping the Regional Order", *International Security* Vol. 29, No. 3(Winter 2004/2005), pp. 64~99; Zhang Yunling and Tang Shiping, "China's Regional Strategy", Shambaugh(ed.)(2005), pp. 48~68; Jinwei Wang, "China's Multilateral Diplomacy in the New Millennium", Yong Deng and Fei-Ling Wang (eds.), *China Rising: Power and Motivation in Chinese Foreign Policy* (Lanham, Maryland: Rowman & Littlefield, 2005), pp. 159~200.

서 국가안보 및 군사안보를 중시하는 전통적 안보관을 대체할 수 없다고 주장한다. 또는 신안보관은 전통적 안보관을 대체한 것이 아니라 상호 보완하는 것이라고 주장한다.[40] 이는 중국도 실제로는 신안보관이 아니라 국익위주로 현실주의적 외교정책을 추진하고 있음을 의미한다. 그러나 앞에서 말했듯이 신안보관이 중국의 실제 외교정책에서 지도지침 역할을 한다는 사실을 무시할 수는 없다.

그밖에 신안보관은 이론적 측면에서도 중국에게 큰 의미가 있다. 무엇보다 이를 통해 중국은 미국 중심의 동맹정책을 비판할 수 있는 이론적 근거를 확보할 수 있었다. 신안보관의 제기 이후, 중국정부와 학자들은 아시아 지역안보와 관련하여 냉전시대의 유물인 전통적 안보관을 고수하는 일부 국가(즉, 미국과 그 동맹국)와 신안보관을 주장하는 일부 국가(즉, 중국과 러시아) 간에 치열한 싸움이 전개되고 있고, 이 싸움의 결과에 따라 아시아는 갈등과 대립의 길을 가거나 평화와 공동번영의 길을 가게 될 것이라고 주장한다. 특히 중국은 신안보관에 근거하여 아시아 지역의 항구적 평화유지와 갈등해소를 위해 미국주도의 동맹체제를 대신할 새로운 기제로 지역 다자안보기구의 설립을 적극 주장한다.[41] 중국은 현실적으로 이런 기구가 단기간 내에 설립 가능하다고 믿는 것은 아니지만, 이런 주장을 통해 최소한 지역 공동안보의 주창자·선도자를 자임할 수 있다.

또한 중국은 신안보관을 통해 자국의 외교정책을 정당화하고 동시에 국제사회에 적극 선전할 수 있는 이론적 무기를 확보할 수 있었다.

---

40) 劉勝湘, "新安全觀質疑", 閻學通 主編, 《中國學者看世界5: 國際安全卷》(北京: 新世界出版社, 2007), pp. 31~47(원출처, 〈歐州研究〉 2004년 1기); 劉靜波 主編, 《21世紀初中國國家安全戰略》(北京: 時事出版社, 2006), p. 30.

41) 蘇浩(2003), p. 27; 閻學通, 《國際政治與中國》(北京: 北京大學出版社, 2005), pp. 144, 157; 閻學通·金德湘(2005); 金熙德 主編, 《21世紀的中日關係》(重慶: 重慶出版社, 2007), pp. 393, 400.

앞에서 보았듯이 중국은 신안보관을 주장할 뿐만 아니라 이를 구체적 외교활동을 통해 실천함으로써 점차로 지역 및 세계 차원에서 영향력 을 넓혀가고 있다.

## 3. 미·일동맹 (美日同盟) 의 강화와 중국의 대응

탈냉전기 중국에게 가장 커다란 안보위협은 미·일동맹의 강화이 다. 따라서 중국의 동맹정책을 이해하기 위해서는 이에 대한 중국의 인식, 즉 자국안보에 대한 위협의식과 미·일동맹의 강화에 대한 대 응을 분석할 필요가 있다. 구체적으로 여기서는 1990년대 중반 이후 강화되기 시작한 미·일동맹에 대해 중국은 어떻게 인식하고 이에 대 응하기 위해 어떤 정책을 추진했는가를 검토할 것이다. 다만 이 연구 의 목적에 맞게 미·일관계 전체나 미·일동맹 그 자체의 변화에 대 한 검토는 생략할 것이다. 42)

---

42) 탈냉전기 미국의 동아시아 정책과 미·일동맹 강화에 대한 이해는 다음을 참고. Michael Mastanduno, "Incomplete Hegemony: The United States and Security Order in Asia", Alagappa (ed. ) (2003), pp. 141~170; G. John Ikenberry, "America in East Asia: Power, Markets, and Grand Strategy", Ellis S. Krauss and T. J. Pempel (eds. ), *Beyond Bilateralism: U. S. - Japan Relations in the New Asia-Pacific* (Stanford: Stanford University Press, 2004), pp. 37~54; Christopher W. Hughes and Akiko Fukushima, "U. S. -Japan Security Relations: Toward Bilateralism Plus?", Krauss and Pempel (eds. ) (2004), pp. 55~86; Mike M. Mozhizuki, "Terms of Engagement: The U. S. -Japan Alliance and the Rise of China", Krauss and Pempel (eds. ) (2004), pp. 87~114; Stuart Harris and Richard N. Cooper, "The U. S. -Japan Alliance", Robert D. Blackwill and Paul Dibb (eds. ), *America's Asian Alliance* (Cambridge, Massachusetts: The MIT Press, 2000), pp. 31~60.

우선 중국은 1990년대 중반 이후 미·일동맹이 지속적으로 강화되었고, 이런 면에서 그것은 전과는 다른 새로운 유형의 군사동맹으로 전환되었다고 판단한다. 1996년 4월 미·일정상이 발표한 "미·일 안보 공동선언"(The U. S.-Japan Joint Declaration on Security)과 1997년 9월 개정된 "미·일 방위협력 지침"(The Guidelines for U. S.-Japan Defense Cooperation)은 탈냉전기 미·일동맹의 근본적 변화를 알리는 지표로 간주된다.43) 이후 미국의 아시아 정책은 미·일동맹의 강화를 핵심내용으로 했고, 이것은 2000년 10월에 발표된 아미티지(Armitage) 보고서와 2007년 2월에 발표된 아미티지·나이(Armitage and Nye) 보고서를 통해 구체화되었다.44) 이런 보고서의 정책제안은 2001년 등장한 부시 행정부에 의해 실제로 추진되었다.

한편 중국학자들이 보기에 미·일동맹의 강화는 미국과 일본이 각자 자국의 국익을 추구한 결과이다. 우선 미국은 미·일동맹을 강화하여 아시아 안보정책의 기본축으로 삼고 동시에 이것과 미국이 다른 국가와 맺고 있는 동맹 간의 협력을 증진하려고 노력했다. 이를 통해 미국은 아시아 지역에서의 패권적 지위를 더욱 공고히 하는 한편, 중국이나 러시아 등 다른 어떤 지역 강대국의 도전도 사전에 방지하려고 한다. 또한 일본은 미·일동맹 강화를 통해 중국의 부상을 견제하고 북한의 위협에 대응하며, 더 나아가서는 21세기에 "정치대국화"(즉, 국제지위 제고)와 "보통국가화"(즉, 군사대국화)를 달성하려고 한다.45)

---

43) 黃大慧, 《日本大國化趨勢與中日關係》(北京: 社會科學文獻出版社, 2008), pp. 167~169.

44) 제 1·2차 "아미티지 보고서"는 다음을 참고. Richard Armitage et al., "The United States and Japan: Advancing Toward a Mature Partnership", INSS Special Report, October 2000; Richard L. Armitage and Joseph S. Nye, The U. S. Japan Alliance: Getting Asia Right through 2020(CSIS, February 2007).

구체적으로 중국 연구자들은 다음과 같은 측면을 들어 미·일동맹이 강화되었다고 평가한다. 첫째, 미·일 안보협력의 범위가 확대되었다. 즉, 이전의 지리적 개념인 "원동지역"(遠東地域)에서 일본 및 미국의 이익과 관련된 상황적 개념인 "주변사태 지역"으로 안보협력 범위가 넓어졌다. 그 결과 아·태지역은 물론 대만해협(臺灣海峽)도 미·일동맹의 군사협력 대상에 포함되었다. 둘째, 미·일동맹에서 일본의 지위와 역할이 좀더 평등하게 조정되었다. 즉, 일본이 미국의 보호를 받는 수동적 하위 협력자에서 이제는 주도적으로 참여하는 동등한 협력자로 변화했다.

셋째, 미·일동맹의 안보협력 성격도 일본의 본토방위를 중심으로 하는 "전수방위"(專守防衛)에서 좀더 광범위한 지역 및 내용의 안보위협에 적극 대처하는 "공세방위"(攻勢防衛)로 바뀌었다. 넷째, 미·일 방위협력이 전시(戰時)에서 평시(平時)로, 일본의 역할이 미국 작전지원에서 후근보장으로 변화되었고, 일본의 해외 군사역할도 확대되었다. 그밖에도 미·일 군사기술 교류가 미·일 양국정부에서 민간으로 확대되었다.

종합하면 "일련의 재정의(再定義) 절차를 통해 미·일 군사동맹의 성격은 이미 '방어형' 동맹에서 '지역주도형' 동맹으로 변화했고, 미·일 안보협력의 범위나 쌍방이 동맹에서 수행하는 역할과 협력내용 등 모든 면에서 큰 변화가 있었다. 이런 변화는 분수령적인 것이다."[46] 미·일동맹의 강화에 대해 중국은 몇 가지를 우려한다. 우선 미·

---

45) 王帆, 《美國的亞太聯盟》(北京: 世界知識出版社, 2007), pp. 132~135; 牛軍 主編(2007), pp. 247~248; 金熙德(2007), pp. 393~398; 張蘊岺 主編, 《未來10-15年中國在亞太地區面臨的國際環境》(北京: 中國社會科學出版社, 2003), pp. 135~137.

46) 黃大慧(2008), pp. 167~174; 王帆(2007), pp. 132~135; 金熙德(2007), p. 394.

일동맹의 주요목표(*target*)가 중국이라는 점이다. 즉, 미·일 양국은 군사동맹 강화를 통해 미국의 패권적 지위를 더욱 공고히 하고 이를 기반으로 중국의 부상을 저지하려 한다는 것이다. 특히 미·일동맹의 안보협력 범위에 대만해협이 포함되면서 중국의 이런 우려는 현실이 되었다. 뿐만 아니라 2000년대에 발표된 일본의 《국방백서》와 미·일 양국의 공동성명에서 직간접적으로 중국을 위협세력으로 지칭하면서 중국의 이런 판단은 더욱 강화되었다.[47]

이런 면에서 중국은 미·일동맹 강화를 심각한 안보위협이면서 동시에 중국의 세계 강대국화를 방해하는 주요요소로 간주한다. 그래서 한 중국학자는 "미·일동맹 강화는 중국이 평화발전의 국제환경과 우호협력의 주변환경을 조성하는 과정에서 필연적으로 극복 및 해결해야 하는 과제"라고 주장한다.[48]

또한 중국이 보기에 미·일동맹 강화는 일본의 군사력 증강을 촉진시킴으로써 일본과 역사 및 영토분쟁을 겪는 다른 국가의 군비증강을 유발한다는 문제가 있다. 1990년대 중반 이전에 미·일동맹은 일본의 군사력 증강(특히 핵무장)을 억제하는 역할을 담당했다. 이런 점에서 적정한 수준의 미·일동맹 강화는 중국의 입장에서 볼 때 환영할 만한 것이다. 그런데 최근의 미·일동맹 강화는 일본의 군사력 증강을 촉진하는 역할을 담당하고, 중국은 이를 매우 우려한다.[49]

더 나아가 미·일동맹의 강화로 인해 역내 세력균형이 미·일 쪽으로 더욱 유리하게 기울면서 중국과 러시아 등 주변국가는 이에 맞추어 군사력 증강을 추진하고, 이렇게 되면서 아시아 지역의 군비경쟁은 가속화되고 있다. 경제발전에 유리한 평화롭고 안정적인 국제환경 조성을 바라는 중국의 입장에서는 이런 새로운 군비경쟁이 결코 반가

---

47) Wu(2005~06), pp. 122~125; 閻學通·金德湘(2005), pp. 359~361.
48) 黃大慧(2008), p. 174.
49) 劉江永, 《中日關係二十講》(北京: 中國人民出版社, 2007), pp. 236~242.

울 수 없다. 이런 이유로 중국은 미·일동맹 강화를 비판한다.

그렇다면 미·일동맹의 강화에 대해 중국은 어떤 정책을 추진하고 있는가? 이와 관련하여 중국의 고민은 미·일동맹의 강화를 저지할 수 있는 효과적이고 실현 가능한 정책이 별로 없다는 점이다.

우선 미국과 일본의 압도적 군사력, 경제력, 과학기술 수준을 고려할 때, 중국이 군비증강을 통해 이를 저지하기에는 역부족이다. 또한 러시아 및 인도와 군사동맹을 맺어 미·일동맹의 강화에 대응하는 것도 실현 가능성이 낮다. 중·러·인 삼국의 군사력을 합해도 미·일에 필적할 수 없을 뿐만 아니라, 삼국 모두 자국의 경제발전과 국제지위 향상을 위해 미·일 및 서방국가와의 협력을 절실히 필요로 하기 때문에 이런 위험을 무릅쓸 수가 없다. 그래서 중국은 한때 러시아가 제안한 중·러·인 삼국동맹 체결을 수용할 수 없었다.

그렇다고 다른 주변국가에게 미국과의 긴밀한 군사협력을 포기하고 중국과의 안보협력을 강화하자고 제안해보았자 다른 국가가 이를 수용할 가능성도 거의 없다. 이미 1997년 이것이 불가능하다는 것을 경험했고, 이런 상황에서 이를 강행한다면 "중국위협론"만 확대될 뿐이다. 그밖에 미·일동맹의 강화는 미·일 양국의 국내정치(예를 들어 일본의 우경화와 민족주의 강화)와 밀접히 연관되기 때문에 중국이 미·일 정부를 통해 이 문제를 해결하려고 시도하는 것도 한계가 있다.

이런 어려운 상황에서 중국은 미·일동맹 강화에 대해 몇 가지 정책을 동시에 추진하고 있다. 가장 중요하고 기본적인 정책은 제한된 범위, 즉 대만문제에 대한 미·일동맹의 개입을 억제하기 위해 군사력을 증강시키는 것이다. 중국은 1990년부터 2007년까지 연평균 16% 정도의 국방예산(defense budget)을 증액했고, 이를 바탕으로 군 현대화와 전력증강을 지속적으로 추진했다. 예를 들어 2007년 중국의 국방예산은 495억 달러였고, 2008년에는 전년보다 17.6%가 증가한 590억 달러이다. 중국의 국방예산에는 외국무기 구입비, 국방과학기술

연구비, 인민무장경찰 관련비용 등이 포함되지 않기 때문에 만약 이를 포함할 경우 중국의 국방비(*defense expenditure*)는 국방예산보다 최소 1.5~2배 정도 많고, 그 결과 중국은 미국(2008년 5,150억 달러)에 이어 세계 2위의 국방비(약 1,050~1,500억 달러)를 사용하는 국가가 된다.50)

그런데 이런 중국의 군 현대화와 전력증강은 미국의 패권적 지위에 도전할 수 있는 군사력 확보(예를 들어 전략핵미사일 증강)보다는 유사시 대만해협에서의 군사적 우위를 점하기 위한 군사력 강화(예를 들어 약 1천 기의 대만 공격용 미사일의 실전배치, 대만해협에서의 전투에 필요한 최신예 전투기 및 잠수함의 수입확대)에 초점이 맞추어져 있다. 이런 면에서 중국의 군사력 증강은 미국을 겨냥한 내적 균형이라고 하기는 어렵다.

미·일 양국과 각각 안정적 양자관계를 유지하는 것도 미·일동맹 강화에 대한 중국의 중요한 대응정책이다. 대미외교는 중국 강대국 외교의 핵심이다. 경제발전과 국제지위 향상 등 중국의 국정목표 달성 여부가 미국과의 안정적 관계유지 여부에 달려 있기 때문이다. 또한 현실적으로 미·중 양국이 우호적 관계를 유지할 경우, 미·일동맹 강화로 인한 미·중간의 갈등을 일정한 범위 내에서 관리할 수 있다. 이런 이유로 중국은 미국에 최대한 협력하여 대립과 갈등을 피하고, 이를 통해 우호적이고 안정적인 관계를 유지한다는 정책을 추진했다.

이를 위해 중국은 미국을 안심시키는 정책, 즉 아시아에서 미국이 갖는 안보·정치·경제적 이익을 존중하고, 미국의 "패권적 행위"(예를 들어 대만문제 개입 등 중국의 영토 및 주권의 침해행위)는 반대하지만 "패권적 지위"는 인정한다는 입장을 여러 차례 표명했다.51) 실제로 중

---

50) Office of the Secretary of Defense, *Annual Report to Congress: Military Power of the PRC 2008*, p.31.

국은 미국이 주도하는 반(反)테러리즘과 대량살상무기 확산방지에 적극 지지 및 참여하고 있다. 북핵 6자회담의 주선, 미국의 아프가니스탄 및 이라크 침공에 대한 명시적·암묵적 지지는 이를 잘 보여준다.

중국은 또한 일본과의 관계개선 및 발전에도 적극 나서고, 이를 통해 일본의 대중국 우려를 해소하려고 시도한다. 중국의 급부상과 중·일관계의 악화는 일본을 미·일동맹 강화에 더욱 집착하게 만드는 주요원인이다. 장쩌민(江澤民) 집권 후반기와 후진타오 집권 1기 초기에는 중·일관계 개선에 큰 진전이 없었지만, 2006년 아베 전(前) 총리의 등장 이후 양국관계는 일본의 대(對)중국 정책변화와 중국의 적극적 호응으로 개선되고 있다.

또한 중국은 자신이 반대하는 것은 중국을 겨냥한 미·일동맹의 강화이지 일본방위를 목적으로 하는 미·일동맹 그 자체는 아니라는 사실을 미·일에 알리려고 노력한다. 실제로 미국의 동맹체제는 그 역할이 일정한 범위 내에 한정될 경우 중국의 안보이익에도 도움이 되는 측면이 있다. 예를 들어 미국의 동맹체제는 한반도 안정유지, 대만해협 긴장완화, 권력진공에 의한 안보 딜레마 발생의 방지, 일본의 핵무장을 포함한 아시아 국가간의 군비경쟁 방지, 안정적 해상통로 확보 등 긍정적 역할을 수행하고, 중국정부나 학자들도 이 점을 인정한다.[52] 이런 면에서 중국은 미·일동맹의 폐지가 아니라 미·일동맹의 "무해화"(無害化), 즉 1996년 이전 체제로의 복귀를 원한다고 할 수 있다.[53] 이런 점을 강조하면서 중국은 일본의 우려를 해소하려고 시도한다.

앞에서 살펴본 것이 단기정책이라면, 미·일동맹 강화에 대한 중국

---

51) Zhang and Tang(2005), p. 53.

52) 閻學通·金德湘(2005), p. 320, 354~355; 張蘊岑(2003), p. 249; 牛軍 (2007), p. 253.

53) Johnston(2004), pp. 57~59; 張蘊岑(2003), p. 248.

의 중장기 정책은 지역 협력안보체제의 수립을 통한 미·일동맹의 관리이다.[54] 즉, 중국은 아시아 다자안보기구 설립을 통해 미·일동맹을 흡수하고 이를 통해 미·일동맹의 지나친 팽창을 통제함으로써 자국의 안보를 확보하려고 한다. 최근 들어 중국이 매우 적극적으로 지역 다자안보기구 설립을 주창하는 이유는 바로 이 때문이다.

일부 중국학자가 제시한 "동아시아 안보공동체"(East Asian Security Community) 구상은 대표적 사례이다. 이 구상은 상하이협력기구를 참고하고, 지역 다양성 존중, 국제관계의 민주화, 국제분쟁의 평화적 해결 등의 원칙에 입각하여 제도화된 동아시아 지역 안보협력체계의 수립을 목표로, 아세안 지역안보포럼(ARF)을 "동아시아 안보협력조직"(East Asian Security Cooperation Organization)으로 발전시키자는 생각이다. 이 기구는 아시아 국가를 구성원으로 하지만 미국 등 역외국가의 참여를 배제하지 않는다. 또한 이 기구는 나토(NATO)와 달리 군사동맹이 아니고 배타성도 없으며 가상의 적도 설정하지 않는다고 한다.[55] 중국정부나 학자들이 가까운 장래에 이것이 실현될 수 있다고 생각하는 것은 아니지만, 미국주도의 군사동맹체제와 지역 협력안보체제가 병존하는 것이 중국에게는 유리하다는 판단에서 이를 적극 주장한다.

이상에서 미·일동맹의 강화에 대한 중국의 인식과 대응을 살펴보았다. 결론적으로 말하면 미·일동맹에 대한 중국의 정책은 전통적 현실주의 세력균형보다는 폴 등이 주장한 연성균형에 가깝다. 미·일의 압도적인 경제·군사적 우위와 반미동맹 형성의 어려움, 미국주도의 패권체제가 가져다주는 안보·경제상의 이익과 무임승차의 가능

---

54) 閻學通, 《美國霸權與中國安全》(天津: 天津人民出版社, 2000), p. 66; 張蘊岺(2003), pp. 248~253.

55) 閻學通·金德湘(2005), pp. 438~453; 閻學通·周方銀 編, 《東亞安全合作》(北京: 北京大學出版社, 2004), pp. 199~218.

성, 경제적 세계화의 확대에 따른 경제적 상호의존의 증대와 중국의 이익확대, 중국의 국정목표 달성에 필요한 안정적 국제환경 유지 등 여러 가지 요인으로 인해 중국은 대규모 군사력 증강이나 타국과의 동맹형성을 통해 미·일동맹에 직접 맞서려 하지 않는다. 대신 중국 은 대만문제와 관련된 최소범위 내에서의 억지력 확보, 미·일 양국 과의 안정적이고 우호적인 양자관계 유지, 중장기적 지역 다자안보체 제 구축 등을 통해 간접적으로 대응하고 있다.


## 4. 북·중동맹 (北中同盟) 의 변화와 지속

북한과 중국은 1961년 "중·조 우호협력 및 상호원조 조약"을 체결 했다. 이 "조약"의 주요규정, 즉 조약 쌍방이 타국의 침략을 받을 경 우의 자동 군사개입(제2조), 조약 쌍방이 반대하는 국가·집단과의 동맹체결 및 반대활동 참여의 금지(제3조), 중대문제에 대한 상호협 의(제4조)를 보면, 북·중 양국이 체결한 "조약"은 군사동맹임을 알 수 있다. 56) 한편 이 "조약"은 아직 공식적으로 폐기되지 않았고, 이런 점에서 북·중관계는 지금까지 중국이 유지하고 있는 유일한 군사동 맹 관계이다. 57)

기존연구가 주장하듯이 냉전기의 북·중관계는 "혈맹"(血盟)이라는 이름에 걸맞지 않게 많은 문제점을 안고 있었고, 그래서 이전의 북· 중동맹도 생각보다 그렇게 강고한 것은 아니었다. 58) 그렇지만 냉전

---

56) 이종석, 《북한-중국관계 1945-2000》(서울: 중심, 2000), pp. 318~320.

57) 이 "조약" 제7조에 의하면, "본 조약은 수정 또는 폐기하는 데 대한 쌍방간 의 합의가 없는 이상 계속 효력을 가진다"라고 규정되어 있다. 이종석 (2000), p. 320.

58) 최명해(2009), pp. 375~386; 이상숙(2008), p. 440; Ji(2001), pp. 387~

기에 북·중 양국은 전략적 이해의 공유와 사상 및 인적 유대관계의 유지 등의 요인으로 인해 비교적 안정적으로 동맹관계를 유지할 수 있었다.59) 그런데 탈냉전기에 들어 북·중동맹은 몇 번의 크고 작은 우여곡절을 겪었다.60) 그 중에서 다음과 같은 두 번의 결정적 사건으로 인해 북·중관계는 혈맹에서 일반적 국가 대 국가 관계로 변화되었다.

첫째는 1992년 한·중 국교수립이다. 한마디로 말해 한·중수교로 인해 북·중동맹은 회복할 수 없는 결정적 타격을 입었다. 이후 전개된 몇 가지 사건, 예를 들어 1994년 김일성 주석의 사망에 따른 양국 지도자간의 인적 유대 단절, 1997년 황장엽 망명사건에 의한 양국정

398; Jian (2003), pp. 4~10.

59) 신상진, "북·중 정치외교관계: 실리에 기초한 전략적 협력관계", 《북한-중국간 경제사회 네트워크 형성과 변동》(서울대학교 통일연구소 통일학 세미나 자료집, 2008년 6월), pp. 4~16.

60) 개혁기 북·중관계에 대한 전반적 이해는 다음을 참고. Sukhee Han, "Alliance Fatigue amid Asymmetrical Interdependence: Sino-North Korean Relations in Flux", *The Korean Journal of Defense Analysis* Vol. 16, No. 1 (Spring 2004), pp. 155~179; David Shambaugh, "China and Korean Peninsula: Playing for the Long Term", *Washington Quarterly* Vol. 26, No. 2 (Spring 2003), pp. 43~56; Samuel S. Kim, "China and North Korea in a Changing World", *Asia Program Special Report* No. 115 (Woodrow Wilson International Center for Scholars, 2003), pp. 11~17; Samuel S. Kim and Tai Hwan Lee, "Chinese-North Korean Relations: Managing Asymmetrical Interdependence", Samuel S. Kim and Tai Hwan Lee (eds.), *North Korea and Northeast Asia* (Lanham, Maryland: Rowman & Littlefield Publishers, 2002), pp. 109~137; Taeho Kim, "Strategic Relations between Beijing and Pyongyang: Growing Strains and Lingering Ties", James R. Lilley and David Shambaugh (eds.), *China's Military Faces the Future* (Armonk, New York: M. E. Sharpe, 1999), pp. 295~321.

부간의 불신증폭, 2003년 양빈(楊斌) 구속에 의한 신의주 경제특구 건설의 무산과 양국간 불신확대 등은 이미 크게 손상된 양국동맹을 더욱 악화시키는 계기가 되었다. 북한은 중국의 결정을 마지못해 수용했지만, 북한의 전략적 이해관계(즉, 한국과의 군사적 대립)에서 볼 때나 "중·조조약"의 규정(제3조와 제4조)에서 볼 때, 중국의 한·중수교를 수용할 수 없었다. 이런 의미에서 북한은 중국의 한·중수교를 동맹관계를 저버린 배신행위로 받아들였다.[61]

그러나 중국의 입장은 달랐다. 이미 잘 알려진 것처럼 1989년 톈안먼 사건과 1991년 소련의 붕괴 이후, 중국은 외교적 고립을 극복하고 변화된 국제환경에 능동적으로 대응하기 위해 주변국 외교를 적극 추진했고 한·중수교는 그 일환이었다.[62] 다시 말해 중국은 탈냉전기 국내외 정세의 변화에 대응하기 위해 북한과의 동맹관계를 조정(약화)하는 정책을 추진했던 것이다.

탈냉전기 북·중동맹을 약화시킨 또 하나의 결정적 사건은 2006년 7월 북한의 미사일 발사실험과 동년 10월 북한의 핵실험이다. 중국 내에서는 이 사건을 통해 양국간의 동맹관계는 말할 것도 없고 일반적 우호관계마저도 사라졌다는 평가가 나오고 있다.[63] 중국은 공

---

61) 북한의 한·중수교에 대한 반응과 중국의 무마 노력에 대해서는 다음을 참고. Samuel S. Kim, "The Making of China's Korea Policy in the Era of Reform", David M. Lampton(ed.), *The Making of Chinese Foreign and Security Policy in the Era of Reform*, 1978-2000(Stanford, California: Stanford University Press, 2001), pp.371~408; Chae-Jin Lee, *China and Korea: Dynamic Relations*(Stanford, California: Hoover Institute, 1996), pp.99~131; 錢其琛, 《外交十記》(北京: 世界知識出版社, 2003), pp.139~161.

62) 이에 대한 개괄적 정리는 조영남(2006a), pp.265~306 참고.

63) 북한 핵실험 이후 중국의 대북한 인식은 다음을 참고. 주재우, 《중국의 대북정책 변화 추이 및 대북 지원에 관한 연구》(국회 정보위원회, 2006년 12월)의 "중국의 대 한반도 문제 전문가 인터뷰 내용 정리"; Bonnie Glaster,

식·비공식 채널을 통해 북한의 미사일 발사 및 핵실험에 반대한다는 입장과 경고를 수차례 북한에 전달했다. 그런데 북한은 중국의 이런 경고를 무시하고 실험을 강행했던 것이다. 중국의 입장에서 볼 때, 북한 핵실험은 국제사회에 대한 도전이고 지역안정에 대한 위협일 뿐만 아니라 중국에 대한 도전이기도 했다.

그래서 북한 핵실험 직후 중국은 외교부 대변인 성명을 통해 "제멋대로"(悍然)라는 표현을 사용하면서 북한의 행동을 강력히 비난했다. 이 표현은 중국이 일본 고이즈미 전(前) 수상의 신사참배와 1999년 미국의 벨그라드 중국대사관 오폭사건을 비난할 때 사용했던 것으로, 북한 핵실험에 대한 중국의 실망과 분노가 얼마나 큰 것인가를 잘 보여준다. 이후 중국은 비록 완화된 형태이기는 하지만 유엔(UN) 안보리의 대북제재 결의안(UNSCR 1718)에 찬성했다.

이처럼 북·중동맹은 탈냉전기에 들어 몇 가지 사건을 통해, 특히 1992년 한·중수교와 2006년 북한의 미사일 발사 및 핵실험을 거치면서 냉전기의 혈맹성격을 탈각하고 일반적 국가 대 국가의 관계로 변화되었다.[64] 이것은 일차적으로 중국의 외교정책 조정의 결과이다.

---

Scott Snyder, and John S Park, *Keeping an Eye on Unruly Neighbor: Chinese Views of Economic Reform and Stability in North Korea* (US Institute of Peace and CSIS, January 2008); Zhu Feng, "Shifting Tides: China and North Korea", *China Security*, Autumn 2006, pp. 35~51; Shen Dingli, "North Korea's Strategic Significance to China", *China Security*, Autumn 2006, pp. 19~34.

64) 탈냉전기에 들어 북·중관계가 "혈맹"에서 "국가 대 국가"로 변화되었다는 주장은 다음을 참고. Ji(2001), p. 388; Kim, "Strategic Relations between Beijing and Pyongyang", pp. 296, 301; Tom Hart, "The PRC-DPRK Rapprochement and China's Dilemma in Korea", *Asian Perspective* Vol. 25, No. 3(2001), pp. 247, 256; Banning Garrett and Bonnie Glaster, "Looking across the Yalu: Chinese Assessment of North Korea", *Asian Survey* Vol. 35, No. 6(1995), pp. 540~541.

즉, 1990년대 초 중국은 변화된 국제정세와 자국의 외교적 고립을 돌파하기 위해 주변국 외교를 적극 전개하기 시작했고, 이를 위해 북·중동맹을 약화시키는 정책을 선택했던 것이다. 이에 대해 북한은 군사적 측면의 "자력갱생", 즉 미사일 및 핵개발을 통한 독자생존을 모색하는 전략을 추진했고, 이것이 다시 중국의 대북한 강경정책을 초래함으로써 북·중동맹은 더욱 약화되었다.

그런데 이런 우여곡절에도 불구하고 북·중동맹은 양국의 전략적 이해관계 때문에 탈냉전기에도 공식적으로나 실질적으로 완전히 종결되지 않았고, 향후 단기간 내에 그렇게 될 가능성도 크지 않다. 이런 면에서 중국은 북·중동맹 유지정책을 추진한다고 말할 수 있다.

중국 내에서는 북한의 전략적 가치에 대해 두 가지 상반된 견해가 있다. 첫째는 미사일 및 핵개발을 추진하는 북한이 지역안정과 중국 안보에 위협이 될 뿐만 아니라, "책임지는 대국"의 이미지 형성을 통해 국제지위를 제고하려는 중국의 전략에도 커다란 걸림돌이 된다는 "부담론"(liability)이다. 둘째는 대미 억지력 확보〔이른바 완충지대(buffer zone)론〕, 한반도에 대한 중국의 영향력 유지, 미·일 양국에 대한 협상력 제고, 미국의 대만 개입 억지 등의 면에서 북한은 여전히 중국에게 전략적 이익이 된다는 "자산론"(assets)이다.

두 가지 견해 중에서 중국정부는 아직까지 후자의 입장을 견지하고 있는 것으로 보인다. 이런 이유로 중국은 북한에 대한 경제원조를 계속하고 있고, 무력제재까지를 포함하는 유엔 안보리의 강력한 대북제재에는 반대했다. 또한 "중·조조약"의 자동 군사개입 조항(제2조)에 대해서는 그것을 수정하거나 폐기하는 대신 전략적 모호성(ambiguity)을 유지하는 정책을 취함으로써 북한과 미국 모두에 억지력을 가지려고 시도하고 있다.65) 동시에 "중·조조약"을 유지함으로써 중국은 북한 유사시

---

65) 북한 유사시 중국의 대북 군사지원 문제에 대해서는 학자들간에 이견이 존

합법적으로 북한문제에 개입할 수 있는 여지를 확보하려고 한다.

이상에서 살펴보았듯이 탈냉전기 중국 외교정책의 조정과 북한의 독자적 군사노선 추구의 결과, 북·중동맹은 더 이상 전통적 의미의 군사동맹이라고 할 수 없을 정도로 약화되었다. 북·중 양국간에는 군사동맹의 유지에 필수적인 상호신뢰가 더 이상 존재하지 않고, 이를 보완할 기타 요소, 즉 인적·사상적 유대나 정책노선의 유사성도 없다. 다만 중국은 북한이 가지고 있는 몇 가지 전략적 이익(예를 들어 한·미동맹과 미·일동맹의 강화에 대한 대응)을 고려해 북·중동맹을 유지하고 있을 뿐이다.

결론적으로 탈냉전기 북·중동맹에 대한 중국의 정책은 그것을 군사동맹에서 일부 전략적 이익을 공유하는 국가 사이의 전략적 협력관계로 전환하는 것이었다고 평가할 수 있다. 이처럼 북·중동맹에 대한 중국의 정책변화를 통해서도 우리는 중국이 연성균형 정책을 추진하고 있다고 말할 수 있다.

---

재한다. 일부 학자들은 조건부 개입, 즉 북한이 부당하게 침입을 받고 또한 그것이 중국의 국익을 크게 침해할 경우 중국은 군사적으로 개입할 것이라는 주장과, 어떤 경우에도 중국은 개입하지 않을 것이라는 주장이 그것이다. 전자의 예로는 Kim, "Strategic Relations between Beijing and Pyongyang", p. 313; Garrett and Glaster, "Looking across the Yalu", p. 545가 있고, 후자의 예로는 Eric A. McVadon, "Chinese Military Strategy for the Korean Peninsula", Lilley and Shambaugh(eds.) (1999), pp. 279, 280, 283이 있다. 앞에서 살펴본 Glaster, Snyder, and Park의 보고서에 따르면 중국은 북한 유사시 대응방안(*contingency plans*)을 가지고 있고, 중국은 유사시 국제기구(예를 들면 유엔)를 통해 아니면 단독으로 북한에 군사적으로 개입할 것임을 강력하게 시사한다. 이에 비해 주재우의 보고서에 따르면 한·미 등과 협의 없는 중국만의 단독 군사개입은 없을 것이라고 한다.

## 5. 상하이협력기구(上海合作組織)와 중국의 동맹정책

상하이협력기구는 중국과 러시아가 주도하여 중앙아시아 지역의 안
보문제와 기타 현안에 대해 관련국가들이 공동으로 대응할 목적으로
설립된 지역 다자안보기구이다. 동시에 상하이협력기구는 미·일동
맹의 강화에 대한 중국과 러시아의 공동대응이라는 성격도 갖는다.
이런 이유로 중국 동맹정책의 사례분석에 상하이협력기구를 포함시켰
다. 다만 여기서는 탈냉전기 중·러관계 전반에 대한 분석은 생략하
고, 대신 상하이협력기구에 초점을 맞추어 검토할 것이다. 66)

---

66) 탈냉전기 중·러관계의 발전에 대한 분석은 다음을 참고. 신범식, "러시아
-중국 안보 군사협력 관계의 변화와 전망", 〈중소연구〉 제30권 제4호
(2006/2007 겨울), pp. 63~90; Richard Weitz, *China-Russia Security
Relations: Strategic Parallelism without Partnership or Passion*(Strategic
Studies Institute, US Army War College, 2008)(http://www.Strategic
StudiesInstitute. army. mil: 이하 동일한 사이트); Deng(2008), pp. 128~
166; Jeanne L. Wilson, *Strategic Partners: Russian-Chinese Relations in
the Post-Soviet Era*(Armonk, New York: M.E. Sharpe, 2004);
Sherman W. Garnett(ed.), *Rapprochement or Rivalry?: Russia-China
Relations in a Changing Asia*(Washington, D.C.: Carnegie Endowment
for International Peace, 2000); Elizabeth Wishnick, "Russia and China:
Brothers Again?" *Asian Survey* Vol. 41, No. 5(September/October
2001), pp. 797~821; Sherman Garnett, "Challenges of the Sino-Russian
Strategic Partnership", *Washington Quarterly* Vol. 24, No. 4(Autumn
2001), pp. 41~54; Lowell Dittmer, "The Sino-Russian Strategic Part-
nership", *Journal of Contemporary China* Vol. 10, No. 28(2001), pp. 399
~413; John W. Garver, "Sino-Russian Relations", Samuel S. Kim
(ed.), *China and the World: Chinese Foreign Policy Faces the New
Millennium*(Boulder, Colorado: Westview Press, 1998), pp. 114~132;
張蘊岺·藍建學 主編, 《面向未來的中俄印合作》(北京: 世界知識出版社,
2007), pp. 3~22; 牛軍(2007), pp. 286~297; 崔憲濤, 《面向21世紀的中
俄戰略協作伙伴關係》(北京: 中共中央黨校出版社, 2003).

상하이협력기구는 1996년 중국이 주도하고 러시아, 카자흐스탄, 타지키스탄, 키르기스스탄 등 4개국이 참여하여 성립된 "상하이 5국"을 모태로 한 조직이다.  상하이 5국의 참가국은 1996년부터 2000년까지 약 5년 동안 국경선 획정, 국경지대 신뢰구축, 지역 불안정 세력, 즉 민족분리주의, 종교극단주의, 테러리즘에 대한 공동대응, 경제협력 확대, 마약 및 무기밀매와 불법이주 같은 비전통적 안보에 대한 공동 대응 등의 협력을 통해 상호신뢰를 증진했고, 또한 지역 다자조직 설립에 필요한 경험을 쌓을 수 있었다.

이런 상하이 5국의 활동에 기초하여 2001년 6월 우즈베키스탄을 참여시켜 총 6개국을 회원국으로 상하이협력기구가 정식 성립되었다. 이후 2004년에는 몽골이, 2005년에는 인도, 이란, 파키스탄이 옵서버로 참여했다.  또한 상하이협력기구는 2002년부터 사무국(秘書處)과 지역 대(對)테러센터 등 상설 사무기구를 설립하는 등 조직정비에 노력했고, 다른 한편으로는 정상회담, 총리회담, 외무장관회담 등 각종 상설 회의기제를 갖추면서 점차 제도화되었다. 67)

상하이협력기구의 실제 활동은 크게 보아 회원국간의 안보협력 증진과 경제·사회분야의 협력확대로 나눌 수 있다.  안보협력과 관련하

---

67) 상하이협력기구에 대해 러시아의 관점에서 정리한 것으로는 김성진, "러시아 외교정책의 성격: 상하이협력기구에 대한 정책을 중심으로", 〈중소연구〉 제 32권 제 2호(2008 여름), pp. 149~177을 참고. 중국의 관점에서 검토한 것으로는 류동원, "중국의 다자안보협력에 대한 인식과 실천: 상하이협력기구를 중심으로", 〈국제정치논총〉 제 44집  제 2호(2004), pp. 121~141; Chien-peng Chung, "The Shanghai Co-operation Organization: China's Changing Influence in Central Asia", *China Quarterly* 180 (December 2004), pp. 989~1009; 復旦大學國際關係與公共事務學院, 《多邊治理與國際秩序》(復旦國際關係評論 第六輯)(上海: 上海人民出版社, 2006), pp. 180~199 참고. 미국의 최근연구로는 Weitz(2008), pp. 65~77 참고.

여 2002년부터 회원국들은 일부 회원국간에 또는 상하이협력기구의 틀 안에서 다양한 합동 군사훈련을 실시했다. 2002년 중국과 키르기스스탄의 대테러 합동훈련, 2003년 8월 중국, 러시아, 카자흐스탄, 키르기스스탄, 타지키스탄 간의 대테러 합동훈련인 "상호작용 2003" (*Mutual Interaction*-2003), 2005년 8월 중국과 러시아 간의 종합 합동 군사훈련인 "평화임무 2005"(*Peace Mission*-2005), 2006년 7월 상하이협력기구 지역 대테러센터의 합동훈련인 "보스톡-대테러 2006"(*Vostok-Antiteror* 2006), 2007년 상하이협력기구 회원국 모두가 참여한 "평화임무 2007", 2009년 7월 중·러의 "평화임무 2009"는 대표적 사례이다. [68]

반면 상하이협력기구의 경제·사회영역에서의 협력은 아직 미진한 편이다. 중국은 회원국간의 자유무역협정 체결과 에너지 협력 강화 등을 주장했는데, 이 분야에서는 아직 괄목할 만한 성과를 내고 있지 못하다.

전체적으로 볼 때, 중국정부와 학자들은 상하이협력기구가 설립된 지 6년밖에 되지 않았지만 조직정비와 활동확대 면에서 적지 않은 성과를 거두었다고 평가한다. 예를 들어 2001년 9·11 사건의 충격과 중앙아시아 지역의 이른바 "색깔혁명"(*color revolution*)을 극복한 것, 여러 영역에 걸쳐 다층적 협력기제를 마련한 것, 일련의 활동을 통해 회원국간에 공통인식을 더욱 공고히 한 것, 자연재해 및 초국가적 전염병에 대한 공동대응 등 협력을 확대한 것 등은 큰 성과라는 것이다. [69]

그러나 이와 함께 이 기구는 많은 문제점을 안고 있고, 장래 발전과 관련하여 불확실한 점이 있다는 사실도 중국학자들은 인정한다.

68) 김성진(2008), pp. 170~171; 류동원(2004), p. 133.
69) 閻學通(2007), pp. 127~138; 復旦大學(2006), pp. 181~187.

예를 들어 상하이협력기구에 대한 회원국의 요구는 많은 데 비해 회원국의 지원이나 권한양도는 상대적으로 적어, 이 기구가 행사할 수 있는 권한과 수단은 큰 제약을 받고 있다. 특히 상하이협력기구의 상설기구인 사무국과 지역 대테러센터의 역량은 매우 부족한 상황이다. 또한 상하이협력기구는 국제사회에서 조직적으로 참여하여 독자적 목소리를 내는 데도 미흡할 뿐만 아니라 실제로 중요한 역할을 담당하지 못하는 것이 현실이다. 그밖에도 회원국 정부간의 안보협력은 지속되었지만 민간부분의 사회·문화교류는 매우 미진하여 회원국 국민간의 상호이해는 매우 부족한 상태이다.

그런데 이런 문제보다 더욱 심각한 것은, 상하이협력기구의 발전모델에 대한 분명한 상(像)이 아직 마련되지 못했다는 점이다. 이와 관련하여 중국학자들은 이 기구가 동맹과 포럼(forum)의 중간형태인 "반밀집형 조직"(半密集型組織)이라고 규정한다. 또한 상하이협력기구의 역할과 관련하여 안보협력과 경제협력의 우선순위를 확정하는 문제, 즉 안보협력을 중심으로 할 것인가 아니면 경제협력을 중심으로 할 것인가의 문제에 대해서도 회원국간에 아직 분명한 합의가 없다. 중앙아시아 회원국의 정치변동(예를 들어 민주화의 확대)에 따른 새로운 정치환경에 적응하는 문제, 정식 회원국을 확대하는 문제, 미국과의 공식적 관계를 어떻게 설정할 것인가의 문제도 아직 해결되지 않았다.[70] 그밖에 최근 그루지야(Georgia) 사태에 대한 상하이협력기구의 무기력한 대응이 보여주듯이, 중앙아시아 지역에서 지역분쟁이 발생할 때 상하이협력기구는 무슨 역할을 어떻게 담당해야 하는가에 대해서도 아직 합의된 바가 없다.[71]

---

70) 復旦大學(2006), pp. 187~199.

71) 그루지야 사태를 둘러싼 중·러의 다른 견해(즉, 중국은 대화와 협상을 통한 평화적 해결이라는 원론을 반복한 반면, 러시아는 상하이협력기구 차원에서 러시아 입장을 지지해줄 것을 요청)와 상하이협력기구의 대응에 대해

264

한편 중국의 동맹정책과 관련하여 중국정부와 학자들은 중·러간의 전략적 동반자관계가 동맹관계가 아니듯이 상하이협력기구도 결코 나토(NATO)와 같은 군사동맹이 아니라고 강조한다.[72] 예를 들어 중국이 주도하여 2002년에 제정한 "상하이협력기구 창립선언"(上海合作組織成立宣言)의 제4조에는 "상호신뢰, 상호이익, 평등, 협상, 다양한 문화 존중, 공동발전 추구"라는 "상하이 정신"이 상하이협력기구의 이념적 기초임을 밝히고 있고, 제7조에도 "상하이협력기구는 비동맹, 기타 국가 및 지역에 대한 비(非)겨냥과 대외개방의 원칙을 견지"한다고 천명했다는 것이다. 이처럼 중국은 상하이협력기구가 미국주도의 동맹체제, 즉 유럽의 나토와 아시아의 미·일동맹에 대항하는 군사협력기구로 인식되는 것을 극도로 경계한다.

또한 비록 2005년 7월 상하이협력기구 정상회의에서 러시아 등 다른 회원국과 함께 중앙아시아에 주둔한 미군의 철수를 주장했고, 결국 동년 11월에는 우즈베키스탄에 주둔했던 미공군이 철수했지만, 중국은 상하이협력기구가 미국을 겨냥한 것이 아님을 강조한다. 앞에서 보았듯이 중국의 외교정책 전체와 미·일동맹 강화에 대한 중국의 대응을 놓고 볼 때, 상하이협력기구가 반미 안보동맹이 아니라는 중국의 주장은 진실을 담고 있다고 판단된다.

그밖에도 중국은 이 기구의 활동영역을 이전의 군사안보 중심에서 경제협력과 에너지 협력 등 비(非)안보적 영역으로 확대 발전시킬 것

서는 다음을 참고. Jing Huang, "Beijing's Approach on the Russo-Georgian Conflict: Dilemma and Choices", *China Brief* Vol. 8, No. 17 (September 3, 2008), pp. 5~7; Stephen Blank, "The Shanghai Cooperation Organization and the Georgian Crisis", *China Brief* Vol. 8, No. 17 (September 3, 2008), pp. 8~9.

72) Chung(2004), p. 991; 復旦大學(2006), p. 185; 兒健民·陳子舜,《中國國際戰略》(北京: 人民出版社, 2003), p. 322; 中國現代國際關係研究所,《上海合作組織: 新安全觀與新機制》(北京: 時事出版社, 2002), p. 195.

이라고 주장하면서, 상하이협력기구가 단순한 지역안보기구는 아니라고 강조한다. 이는 일개 회원국이 주장한다고 해서 그렇게 되는 것은 아니겠지만, 중국은 이 기구의 성립 이후 지금까지 회원국간의 자유무역협정 체결을 통한 경제협력 강화와 에너지(석유와 천연가스) 분야의 협력확대를 계속 주장했다. 이는 이 기구를 통해 현재 중국이 당면한 심각한 에너지 부족문제를 해결하려고 시도하는 것으로, 중국의 주장이 외교적 수사만은 아니라는 사실을 보여준다.

이상에서 보았듯이 중국은 주도적으로 상하이협력기구와 같은 지역 다자안보기구를 조직하여 러시아와 함께 공동으로 미국주도의 국제체제에 대응하고 있다. 그런데 상하이협력기구가 중·러 양국의 반미연합전선이라는 성격을 분명히 가지고 있지만, 이런 양국의 시도를 미국주도의 동맹체제에 대한 경성균형으로 볼 수는 없다. 이는 중·러의 주장뿐만 아니라 양국이 처한 상황, 즉 양국관계는 그렇게 공고하지 못하고, 동시에 양국 모두 미국과의 긴밀한 협력을 필요로 하는 상황과 상하이협력기구의 실제 활동에 대한 분석을 통해 얻은 판단이다.

대신 중·러간의 전략적 협력과 상하이협력기구는 폴 등이 말한 연성균형의 한 사례를 보여준다. 먼저 중·러 양국과 중앙아시아 일부 국가는 일차적으로 관련국의 당면문제(즉, 국경지역 분쟁)를 해결하기 위해 느슨한 대화기제(즉, 상하이 5국)를 마련하여 양자간 및 다자간 협력을 강화했다. 또한 이들 회원국은 이런 경험을 바탕으로 강화되는 미국의 동맹체제와 그것이 초래하는 안보위협에 대응하기 위해 좀더 제도화된 형태의 다자안보기구(즉, 상하이협력기구)를 설립했다. 중·러 등 개별국가가 미국이나 미국을 중심으로 한 동맹체제와 대결하는 것보다는 느슨한 다자기구를 통해 공동으로 대응하는 것이 덜 위험하기 때문이다.

## 6. 요약, 전망 및 함의

중국의 외교정책은 1980년대 초에 급격한 변화를 겪었다. 우선 1982년 독립자주와 비동맹 원칙이 중국의 외교방침으로 공식 채택되었다. 이 원칙에 입각하여 중국은 어떤 강대국과도 동맹을 체결하지 않으며, 동시에 어떤 국가와도 군사협력을 통해 제3의 국가를 반대하지 않을 것임을 천명했다. 이는 중국이 전통적 현실주의 동맹정책을 개혁 초기부터 외교방침에서 배제했음을 의미한다.

중국의 비동맹 원칙은 1996년 공식 제기된 신안보관에 의해 더욱 강화되었다. 중국은 이에 기초하여 전 세계 주요국가 및 지역과 각종 전략적 동반자관계를 체결하고 상하이협력기구를 설립하는 등 다자주의에 적극 참여함으로써 냉전시대의 강대국 관계와는 다른 새로운 유형의 국가관계를 창출하려고 노력했다.

실제 외교 면에서도 중국은 탄력적 정책을 추진했다. 탈냉전기 자국안보의 최대위협인 미·일동맹의 강화에 대해 중국은 연성균형 정책을 추진했다. 이에는 대만문제와 관련된 제한된 범위 내에서 미·일에 대한 군사 억지력 확보, 미·일 각국과 우호적이고 협력적인 쌍무(양자)관계 유지, 지역 다자안보체제의 수립을 통한 미·일동맹의 흡수와 관리 등이 포함된다.

또한 개혁기 중국은 북·중동맹에 대해 양면정책을 추진했다. 한편으로 중국은 한·중수교를 추진함으로써 북·중동맹이 가진 군사동맹의 성격을 약화시켰고, 다른 한편으로 북한이 제공하는 전략적 이익때문에 북·중동맹을 폐기하는 대신 약화된 형태로 유지하는 정책을 선택했다.

마지막으로 중국은 러시아와 전략적 동반자관계를 체결하고 상하이협력기구를 설립하면서 미국주도의 동맹체제에 대응하는 정책을 추진했다. 단, 중·러간의 전략적 관계는 미국을 겨냥한 군사동맹이 아니며, 상하이협력기구도 나토와 같은 군사동맹조직은 아니다.

이상을 종합하면 탈냉전기 중국은 현실주의적 세력균형론에서 말하는 경성균형이 아니라 폴 등이 말하는 연성균형 정책을 추진했다고 평가할 수 있다. 다만 1980년대 초부터 지구적·지역적 차원의 변화가 없는 상황에서 중국이 비동맹 원칙을 제기하고 추진했다는 사실은, 폴 등이 주장한 연성균형 개념을 중국에 적용할 때에는 일정한 수정 및 보완이 필요함을 보여준다. 즉, 강대국의 연성균형 정책은 지구적·지역적 차원의 변화가 없는 상태에서도 국내적 차원의 변화만으로도 충분히 형성될 수 있고, 중국의 사례는 이를 잘 보여준다는 것이다.

한편 지금까지 중국이 추진한 동맹정책은 향후 단기간(10년) 내에는 변하지 않을 것이다. 이를 뒷받침하는 근거로 몇 가지를 제시할 수 있다. 먼저 중국의 발전전략이 향후에도 크게 변하지 않을 것이라는 점이다. 2002년 공산당 16차 당대회에서 중국은 향후 20년을 "전략적 기회의 시기"(戰略機遇期)로 보고, 이 기간 동안에 경제건설에 총 매진하여 2020년까지는 "전면적 소강사회"(全面的小康社會)를 건설한다는 목표를 제시했다.[73] 이는 중국이 이 기간 동안에 경제발전에 유리한 평화롭고 안정적인 국제환경 조성을 위해 현재의 외교정책을 계속 추진할 것임을 의미한다. 중국외교는 국가발전 전략의 변화에 의해 좌우되는데, 향후 일정기간 동안에 중국의 국가발전 전략이 바뀌지 않을 것이기 때문에 중국외교도 크게 변화하지 않을 것이다.

아시아 지역질서도 향후 단기간 내에 큰 변화가 없을 것이다. 즉, 미국주도의 동맹체제는 중국의 부상에 따라 약간의 조정을 겪겠지만 기본골격과 내용은 큰 변화 없이 유지될 것이다. 이는 일차적으로 아시아 지역에서 패권적 지위를 공고화하려는 미국과 중국의 부상을 견

---

73) 조영남(2006a), p. 186.

제하려는 일본의 안보정책에 큰 변화가 없기 때문이다. 동시에 이는 역내국가들도 현행 지역질서를 통해 경제·안보상 이익을 얻을 수 있기 때문이기도 하다.

최근 몇 년 동안 아시아 각국은 중국의 부상과 함께 변화하는 지역질서에 대응하기 위해 노력했다. 한마디로 말해 아시아 각국은 미·중에 대해 위험분산 전략(hedging strategy)을 추진한다. 경제적 측면에서는 중국의 부상이 가져다주는 기회를 충분히 활용하기 위해 중국과 적극 협력하지만, 안보적 측면에서는 미국과의 협력을 통해 중국에 대한 세력균형을 시도하고 동시에 역내에 상존하는 안보상의 불확정성, 즉 대만해협의 군사적 충돌 가능성, 북핵위기, 남중국해의 해양분쟁, 중·일간의 구조적 경쟁 등에 대비하려고 한다.[74]

마지막으로 향후 단기간 내에 아시아 지역에서는 유럽의 나토와 같은 지역 다자안보기구가 출현할 가능성이 매우 낮다. 그동안 이 지역에서도 경제영역에서의 지역주의(regionalism)와 느슨한 형태의 지역 다자안보기제가 발전한 것은 사실이다. 전자의 예로는 아세안-중국 자유무역협정을 포함한 다양한 지역경제통합의 시도, 후자의 예로는

---

74) 중국의 부상에 대한 아시아 각국의 대응, 특히 위험분산 전략에 대해서 다음을 참고. Robert S. Ross, "Balance of Power Politics and the Rise of China: Accommodation and Balancing in East Asia", William K. Keller and Thomas G. Rawski(eds.)(2007), pp. 121~145; Sutter(2005); Michael R. Chambers, "China and Southeast Asia: Creating a 'Win-Win' Neighborhood", *Asia Program Special Report* No. 126(Woodrow Wilson International Center for Scholars, 2005), pp. 16~22; Allen S. Whiting, "ASEAN Eyes China: The Security Dimension", Guoli Liu(ed.), *Chinese Foreign Policy in Transition*(New York: Aldine De Gruyter, 2004), pp. 233~256; Ho Khai Leong, "Rituals, Risks, and Rivalries: China and ASEAN", Suisheng Zhao(ed.), *Chinese Foreign Policy: Pragmatism and Strategic Behavior*(Armonk, Colorado: M. E. Sharpe, 2004), pp. 297~308.

아세안 지역안보포럼(ARF), 상하이협력기구(SCO), 북핵 6자회담을 들 수 있다. 향후 이런 지역주의와 지역 다자안보체제는 계속 발전하여 미국주도의 동맹체제와 병존하겠지만, 이것이 단기간 내에 미국주도의 동맹체제를 대체할 가능성은 거의 없다.

중장기적 관점(향후 20~30년 이후)에서 중국의 동맹정책이 어떻게 변화할 것인가를 예측하기는 쉽지 않다. 그런데 중국의 동맹정책은 기본적으로 두 가지 요소에 의해 결정될 것이다. 첫째는 중국의 부상 정도와 그에 따른 중국 국가전략(외교정책 포함)의 변화이다. 둘째는 중국의 부상에 의한 아시아 지역질서의 변화, 특히 미·중간의 세력 균형의 변화이다. 첫째와 관련하여 현행 중국의 동맹정책은 중장기적으로도 크게 변하지 않을 것으로 예측된다. 다만 중국은 자국의 증가한 경제력, 군사력, 소프트 파워에 기초하여 세계 강대국으로서의 지위와 역할을 좀더 적극적으로 추구할 것이다.[75] 둘째와 관련하여 중국의 부상에 따른 동(東)아시아 지역질서의 변화에 대해서는 지금까지 몇 가지 시나리오 또는 모델이 제시되었다.

첫째는 샴보(Shambaugh)가 제기한 것으로, 이른바 "복합직조(織造)의 중층적 혼합체제"(*a multitextured and multilayered hybrid system*)이다.[76] 이에 의하면 미국주도의 동맹체제는 동아시아 안보질서의 핵

---

[75] 향후 20~30년 이후 중국이 세계 강대국으로 어떤 외교정책을 전개할지에 대해서는 좀더 체계적이고 깊이 있는 연구가 필요하다.

[76] Shambaugh(2004/2005), pp. 64~99; David Shambaugh, "The Rise of China and Asia's New Dynamics", Shambaugh(ed.)(2005), pp. 1~20. 이는 나이가 제기한 삼차원 체스게임(*three-dimensional chess game*)의 혼합적 세계질서 모델을 참고한 것으로 볼 수 있다. Joseph S. Nye, Jr., *Understanding International Conflicts: An Introduction to Theory and History*(Third Edition)(New York: Longman, 2000), p. 219. 참고로 알라가파도 이와 유사하게 현재의 아시아 안보질서는 헤게모니, 세력균형(동맹 포함), 협력, 세계적 및 지역적 다자주의, 쌍무주의, 자구(*self-help*) 등이 복

심요소이기는 하지만 여러 가지 요소 중 하나일 뿐이다. 또한 이 모델
에 의하면 미국, 중국, 일본 등 특정국가의 영향력은 점차로 약화될
것이다. 대신 규범적 지역공동체와 복합적인 경제적 · 기술적 관계망
의 영향력이 점차 확대될 것이다. 이처럼 이 모델은 미국주도의 동맹
체제가 약화되고 대신 다양한 주체들이 중층적 영역에서 복합적으로
얽혀서 경쟁과 협력을 반복하는 지역질서를 상정한다.

둘째는 아미티지(Richard Armitage) 및 나이(Joseph Nye) 보고서가 제
기한 것으로, 이른바 "개방적이며 포괄적인 아시아 구조"(a open inclu-
sive structure in Asia)이다. 77) 이에 따르면 바람직한 지역구조 또는 미
국의 정책목표는 미 · 일동맹을 핵심축으로 하고 민주 · 인권 · 법치 등
이념과 현실이익을 공유하는 아시아 국가, 즉 한국, 인도, 호주, 싱가
포르 등을 참여시키는 미국주도의 기존구조를 강화하는 것이다.

우선 "신뢰결핍"(trust deficit)으로 인해 미 · 중이 공동으로 지역현안
을 처리하는 공동관리체제(condominium)는 가능하지 않다. 대신 중국
과는 협력영역을 확대할 수 있다. 또한 미 · 일을 한 축으로 하고 중국
을 다른 한 축으로 하는 양극체제는 바람직스럽지 못하다. 이럴 경우
대부분의 아시아 국가는 중립 또는 중국과의 연합을 선택할 것이기
때문이다.

한편 이 모델에 의하면 미 · 중 · 일 · 러 등 강대국의 영향력은 지속
될 것이고, 이에 비해 지역공동체의 역할은 여전히 제한적일 것이다.
이처럼 이 모델은 현행 미국주도의 동맹체제가 확대 발전된 지역질서
를 상정한다.

셋째는 캉(David Kang)이 제기한 것으로, 중국 중심의 위계체제, 즉

---

잡으로 작용한다고 본다. Muthia Alagappa, "Introduction: Predictability
and Stability Despite Challenges", Alagappa(ed.)(2003), pp. 1~30.

77) Armitage et. al., "The United States and Japan"; Armitage and Nye,
"The U. S. Japan Alliance: Getting Asia Right through 2020".

중화질서(*Sino-centric system*)가 재현되는 모델이다.78) 이는 기본적으로 중국의 경제적·군사적 부상을 전제로 향후 동아시아 지역에는 중국 중심의 지역질서가 형성될 것이라고 주장한다. 이 속에서 미국주도의 동맹체제는 부수적 요소로 전락할 것이고, 미·일동맹의 실질적 내용도 약화될 것이다. 또한 이에 따르면 아시아 국가들의 친(親)중국적 성향이 더욱 강화될 것이다. 이처럼 이 모델은 아시아 지역질서의 근본적 변화, 즉 중국 중심의 새로운 질서의 탄생을 상정한다.

마지막으로 2008년 하반기 세계 금융위기 이후 미국 경제력의 상대적 쇠퇴와 중국 경제력의 증가, 그리고 2030년 무렵 중국 경제력의 예측(GDP 면에서 미국을 추월한 세계 1위) 등에 근거하여 브레진스키(Zbigniew Brzezinski)와 졸릭(Robert Zoellick) 등은 미국과 중국이 공동으로 국제사회를 관리해야 한다는 "G-2" 개념을 제기했다.79) 이는 미국과 중국 어느 한 국가가 단독으로 향후 동아시아 지역을 지배할 수 없다는 판단에 근거한 것이다. 동시에 이는 미국이 중국을 세계 강대

78)  David C. Kang, *China Rising*: *Peace, Power, and Order in East Asia* (New York: Columbia University Press, 2007).

79)  Dennis Wilder, "How a 'G-2' Would Hurt"(2009. 4. 2), *Brookings*, 2009. 4. 5(http://www.brookings.edu: 이하 동일한 사이트). 중국의 경제력을 보면, 2007년 국내총생산(GDP) 규모에서 미국(13조 8천억 달러), 일본(4조 4천억 달러)에 이어 세계 3위(3조 4천억 달러)이다. 또한 2008년 외환보유고는 약 2조 달러로 세계 1위이며, 민간의 외환보유고를 합한 중국의 총 외환보유고는 2조 3천억 달러에 달한다. Brad Setser and Arpana Pandey, *China's* $1. 7 *Trillion Bet*: *China's External Portfolio and Dollar Reserves* (January 2009), Council on Foreign Relations, p. 1. 또한 일부 연구에 의하면 중국의 국내총생산은 2030년 무렵 미국을 추월할 것으로 예측된다. National Intelligence Council, *Global Trends 2025*: *A Transformed World* (November 2008), pp. 29~30; Albert Keidel, "China's Economic Rise: Fact and Fiction", *Policy Brief* No. 61(July 2008)(Carnegie Endowment for International Peace), p. 6.

국의 하나로 수용하고 국제문제 처리에서 중국과 적극 협력하겠다는 것을 전제로 한다.

이 같은 몇 가지 시나리오 중에서 현재 관점에서 어느 것이 가장 타당할지는 단정적으로 말하기 어렵다. 필자는 이 중에서 첫째 시나리오가 가장 유력하다고 생각한다. 둘째 시나리오는 미국의 국력 및 영향력이 향후 20~30년 후에도 현재와 같이 유지될 것을 전제로 한다. 그런데 이는 미국의 능력을 과대평가하고 다른 강대국 및 지역국가들의 능력을 과소평가한 결과이다. 셋째와 넷째 시나리오는 반대로 중국의 국력증강을 과대평가하고 미국의 국력을 과소평가한 결과이다. 동시에 이것은 아시아 지역에서 발생하는 지역주의 등 다양한 요소와 주체의 활동을 제대로 파악하지 못한다. 특히 셋째 시나리오는 아시아 국가들이 새로운 중화질서를 기꺼이 수용할 것이라고 보는데, 이는 근거 없는 낙관이다.

만약 첫째 시나리오대로 된다면 이는 현재 중국이 추구하는 외교목표에 부합하는 것으로, 중국 입장에서는 큰 불만이 없을 것이다. 다시 말해 이렇게 된다면 중국의 외교정책 일반과 동맹정책은 현재와 크게 다르지 않을 것이다.

이상의 분석이 한국에 주는 정책적 함의는 무엇일까? 먼저 중국이 미국주도의 동맹정책에 대해 군비증강과 동맹형성 등 전통적 현실주의 세력균형 정책을 추구했고 향후에도 그럴 것으로 판단하는 것은 잘못이다. 또한 이를 근거로 한국은 한·미동맹 강화나 한·일 군사협력 강화 등을 통해 좀더 적극적으로 중국의 부상에 대비해야 한다고 주장하는 것도 타당하지 않다. 앞에서 보았듯이 중국은 지난 30년 동안 경성균형 정책을 추진하지 않았고 향후 단기간 내에도 이를 적극 추진할 가능성은 높지 않다.

현재는 아니지만 향후 20~30년 후 중국의 경제력과 군사력이 미국에 필적할 정도로 증가한 이후의 위험성에 대비하는 차원에서 한·

미·일의 전략적 동맹체제나 "가치동맹"(*value coalition*) 체제를 구축해야 한다는 주장도 타당성이 부족하다. 현재시점에서는 단정할 수 없지만 앞의 첫째 시나리오가 상정하듯이, 향후 아시아에서는 중국의 부상뿐만 아니라 미국주도의 동맹체제의 유지, 지역 다자주의 및 지역주의의 발전 등 여러 가지 요소들이 복합적으로 작용하여 지금과는 다른 새로운 지역질서가 형성될 가능성이 높다. 이런 상황에서 강고한 한·미·일 군사동맹이나 "가치동맹"을 통해 한국의 안보를 확보해야 하고 또한 그것이 가능하다고 믿는 것은 중장기적으로 시대적 흐름과 변화하는 지역질서를 제대로 파악하지 못한 인식과 대응일 뿐이다.

다음으로 이상의 연구는 동아시아 지역에서 전개되는 미국, 중국, 일본, 러시아 등 강대국간의 복잡하고 다층적인 관계를 정확히 인식하고 이에 대비하는 유연하고 탄력적인 외교정책이 필요함을 보여준다. 우선 우리는 동아시아 지역에서 강대국간의 관계가 매우 복잡하고 다층적이라는 사실을 인식해야 한다. 예를 들어 미국과 중국, 중국과 일본 간에는 그동안 영역별(예를 들어 경제, 외교, 안보), 수준별(세계, 지역, 양자), 사안별(테러, 지구온난화, 금융위기), 시기별(정권교체)로 갈등과 협력, 대립과 제휴가 공존하는 복합적 관계가 형성되었고, 이는 향후에도 마찬가지일 것이다. 이런 상황에서 중국은 미국과 일본에 대해, 미국과 일본은 중국에 대해 각각 개입 및 위험분산 정책을 추진했다.

그런데 이와 같은 복합적인 강대국간의 관계를 제대로 이해하지 못하고 이들의 관계 중에서 갈등과 대립(예를 들어 미국과 중국 간의 군사·안보적 대립)이나 협력과 제휴(예를 들어 미국과 일본의 군사·안보적 협력) 등 특정요소만을 일면적으로 강조할 경우 편향에 빠질 수 있다. 한국은 이런 편향에서 벗어나 주요 강대국간의 갈등과 협력의 가능성 모두를 대비하는, 또한 강대국간의 관계가 어떻게 변화하든 그것의 영향을 최소화할 수 있는 각 국가 및 지역에 대한 독자적 정책수립과 집행이 필요하다. 이를 위해서는 한국의 특정국가와의 관계(예를 들어 한·미관계와 한·중관계)를 중심으로 한국과 주요 강대국 간의 관계, 한국과 아시아 국가 간의 관계, 그리고 한국과 아시아 지역 간의 관계를 바라보는 관점은 수정되어야 한다.

제 7 장   중국 부상의 추동력과 중장기 전망

# 중국 부상의 추동력과 중장기 전망

이 장은 이 책의 결론에 해당한다. 여기서는 앞에서 검토했던 내용을 총괄 정리하여, 정치·외교분야를 중심으로 중국의 현재상황을 진단하고 중국의 중장기(2030년) 발전전망을 분석하려고 한다. 이를 위해 먼저 중국의 정치·외교분야의 발전을 추동한 네 가지 동력(driving forces), 즉 엘리트 정치의 안정화, 국가체제의 합리화, 정치민주화, 국제사회에서의 강대국화를 분석할 것이다. 다음으로 중국의 중장기 발전전망과 이것이 한국에 주는 함의를 분석할 것이다.

이를 통해 우리는 다음 사항을 알 수 있을 것이다. 우선 개혁기 중국은 경제성장을 통해 사회주의 정치체제를 유지한다는 국정목표를 달성하기 위해 엘리트 정치의 안정화와 국가체제의 합리화를 최우선 과제로 추진했다. 이에 비해 정치민주화는 주변적 과제였고, 세계 강대국화도 비교적 최근에 제기된 과제이다. 실제 결과를 평가하면 엘리트 정치의 안정화는 큰 성과를 거두었고, 국가체제의 합리화와 강대국화도 비교적 큰 성과를 거두었다. 하지만 정치적 민주화는 매우 미흡하다.

한편 중국은 향후 동아시아의 길(정치민주화를 통한 자유민주주의로의

발전), 연성권위주의의 길(권위주의의 안정적 유지), 라틴아메리카의
길(사회·정치적 혼란을 동반한 불안정한 권위주의), 소비에트의 길(정치
체제의 붕괴) 중에서 하나의 길을 갈 것이다. 이 중에서 라틴아메리카
의 길이 가장 유력하고 연성권위주의의 길이 그 다음이다. 그러나 소
비에트의 길을 제외한 어떤 경로를 밟든, 중장기적으로 중국은 경제
력 및 군사력의 증강에 힘입어 지역 강대국을 넘어 세계 강대국으로
발전할 가능성이 높다.

## 1. 중국 부상의 추동력

정치·외교분야에서 중국의 현재를 진단하고 미래를 전망할 때에는
다음과 같은 네 가지 추동력에 주목해야 한다. 이 네 가지는 중국의
특수성과 모든 국가의 보편성을 종합적으로 고려하여 도출한 것이다.

첫째는 엘리트 정치의 안정화(stabilization)이다. 이는 중국공산당의
통치능력 강화와 통합유지를 목표로 한다. 중국은 당-국가(party-
state)로서 공산당과 국가가 조직적·기능적으로 결합되어 있고, 실제
정치과정에서 공산당이 국가기관의 역할을 종종 대체하는 특징을 가
진다.[1] 따라서 중국의 현황과 전망을 검토할 때에는 엘리트 정치의
안정성 문제를 먼저 분석해야 한다. 만약 중국에 문제가 발생한다면
그것은 일차적으로 통치 엘리트의 안정성에 이상(예를 들어 권력투쟁
심화)이 생길 경우이다.

둘째는 국가체제의 합리화(rationalization)이다. 1978년 중국이 시장
화, 사유화, 개방화, 분권화(decentralization)를 핵심내용으로 하는 개
혁·개방정책을 추진한 이후, 국가체제의 정비와 국가 통치능력 강화

---

1) 조영남, 《후진타오 시대의 중국정치》(파주: 나남, 2006), p. 137.

는 핵심과제로 제기되었다. 계획경제 시대의 국가체제로는 개혁·개
방정책을 추진할 수 없기 때문이다. 중국이 지난 30년 동안 연평균
9.7%의 경제성장률을 기록하고, 각종 사회문제를 비교적 성공적으로
해결할 수 있었던 것은 엘리트 정치의 안정화와 함께 국가체제의 합
리화를 이룩했기 때문이다.

셋째는 정치민주화(democratization)이다. 이는 민주개혁을 통해 정
치적 안정을 이룩하고 전체주의적 국가-사회관계를 개혁하는 것을 목
표로 한다. 개혁기 중국에서는 수많은 사회 불안정 요소가 증가했다.
국민의 비관습적 정치참여(예를 들어 소요와 시위)의 급증은 이런 불안
정 요소의 하나이다. 지금까지 중국은 이 문제를 해결하기 위해 다양
한 정책을 실시했고, 향후 중국정치는 민주화 정도에 의해 크게 영향
을 받을 것이다.

넷째는 세계 강대국화(road to great power)이다. 이는 중국이 아시아
지역 강대국(regional power)에서 세계 강대국(global power)으로 발전하
는 것을 목표로 한다. 중국은 지난 30년 동안의 고도 경제성장과 지속
적 군비증강, 소프트 파워 강화 등을 통해 지역 강대국으로 확고히 자
리잡았다. 현재는 이를 바탕으로 미국 등 기존 강대국과 함께 국제사
회를 주도하는 세계 강대국으로 발전하려고 한다. 중국의 강대국화는
아시아 및 세계질서를 변화시킬 역사적 사건이고, 이것은 다시 중국
정치에도 큰 영향을 미칠 것이다.

이상의 네 가지 추동력은 상호 밀접히 연관된다. 중국이 지역 강대
국에서 세계 강대국으로 발전하기 위해서는 고도 경제성장과 군사력
증강이 필요하고, 이를 위해서는 엘리트 정치의 안정화와 국가체제의
합리화가 필수 불가결하다. 이런 면에서 엘리트 정치의 안정화와 국
가체제의 합리화는 세계 강대국화의 전제조건이라고 할 수 있다. 또
한 중국이 진정한 세계 강대국으로 발전하기 위해서는 기존 강대국과
아시아 국가의 인정과 수용이 필요하다. 이를 위해서는 중국의 정치

민주화가 이루어져야 한다. 마지막으로 장기적으로 볼 때 엘리트 정치의 안정화와 국가체제의 합리화만으로는 정치안정과 국가능력의 제고를 이룰 수 없다. 따라서 정치민주화 없는 엘리트 정치의 안정화와 국가체제의 합리화는 한계가 있다.

### 1) 엘리트 정치의 안정화

중국과 같은 당-국가에서는 공산당을 중심으로 한 엘리트 정치의 안정화 없이는 어떤 것도 이룰 수 없다. 그래서 1978년 중국이 개혁·개방정책을 시작하면서 제일 먼저 추진했던 것이 바로 공산당 개혁이다. 공산당 개혁으로는 공산당 조직 및 제도의 정비, 유능한 통치 엘리트(간부)의 충원, 당내민주의 확대, 통치 정당성 제고를 위한 반부패 정책의 추진 등을 들 수 있다. 이런 노력의 결과 지난 30년 동안 공산당의 통치능력은 점진적으로 강화되었고, 엘리트 정치도 서서히 안정화되었다.

이 책의 제1장과 제3장에서 상세히 검토했듯이 현재 중국의 엘리트 정치는 다음과 같은 두 가지 특징을 보인다. 첫째, 덩샤오핑을 마지막으로 카리스마적 지도자가 퇴진하면서 특정개인이나 파벌이 권력을 독점하는 현상이 사라졌다. 대신 복수의 통치 엘리트 또는 파벌이 권력을 공유하는 "집단지도체제"가 형성되었다. 둘째, 최고 통치 엘리트들이 협의와 타협을 통해 국가정책과 인사문제를 결정하는 "당내 민주주의"가 확대되었다. 이렇게 되면서 권력승계나 당노선 및 정책결정이 전보다 훨씬 안정적이고 평화롭게 이루어질 수 있었다.

이처럼 집단지도체제가 형성되고 당내 민주주의가 확대될 수 있었던 요인으로는 몇 가지를 들 수 있다. 먼저 공산당 개혁을 통해 엘리트 정치의 제도화가 진행되었다. "당헌"(黨章)에 입각한 각종 당회의의 정기적 개최, 법과 절차에 입각한 정책결정, 임기제와 정년제 도입을 통한 엘리트의 정기적 교체 등이 대표적 예이다. 또한 카리스마적 지도자의 퇴진도 중요한 요인이다. 장쩌민이나 후진타오 같은 제 3세대 및 제 4세대 지도자는 마오쩌둥(毛澤東)이나 덩샤오핑처럼 카리스마적 지도력을 발휘할 수 없다. 따라서 이들은 타 세력(파벌)을 인정하고 타협할 수밖에 없다. 마지막으로 1990년대부터 중국에는 공산당·정부·의회 등 권력기관 간에 역할을 분담하고 각 기관의 책임자에게 권한을 인정해주는 일종의 기능분립(*division of functions*) 체제가 형성되었다.

이상에서 살펴본 요소들이 지속되는 한 향후에도 엘리트 정치는 안정된 모습을 유지할 것이다. 예를 들어 현행 "제 4세대" 지도부에서 2012년 제 18차 당대회부터 향후 10년간 중국을 통치할 "제 5세대" 지도부로의 권력승계가 안정적으로 추진되고 있다. 2007년 10월 제 17차 당대회에서 "제 5세대" 지도자의 선두주자로 시진핑(習近平)이 국가 부주석으로, 리커창(李克强)이 국무원 부총리로 선출된 것은 이를 잘 보여준다. 또한 2020년까지의 공산당의 기본방침과 정책도 2002년 제 16차 당대회에서 결정된 "전면적 소강사회 건설"계획에 입각하여 추진될 것이기 때문에, 이를 둘러싼 당내갈등과 대립도 그렇게 심각하지 않을 것이다.

## 2) 국가체제의 합리화

중국이 개혁·개방정책을 성공적으로 수행하기 위해서는 국가체제 개혁이 불가피했다. 계획경제 시대에 명령과 통제에 익숙한 정부구조나 행정체제로는 시장제도를 도입하고 운영할 수 없기 때문이다. 해외 직접투자(FDI) 유치와 대외무역 촉진도 마찬가지이다. 결국 이 모든 것은 행정적·제도적 차원에서 국가체제를 정비하고 국가 통치능력을 향상시킬 것을 요구했다.

실제로 지난 30년 동안 공산당은 변화된 사회·경제적 환경에 맞게 국가체제를 정비하고 국가 통치능력을 향상시키기 위해 많은 노력을 기울였다. 정부기구 개혁과 인사제도 개혁을 중심으로 한 행정개혁, 국가 통치행위의 합리화를 목표로 추진된 의법치국(依法治國: 법에 의한 통치)은 대표적 사례이다. 그밖에도 국가 규제제도 개혁, 즉 재정·조세제도의 개혁, 은행·증권·국유자산 관리체제의 개혁, 회계·통계·세무관리 강화와 중앙-지방관계의 재조정도 추진되었다.[2] 이 같은 개혁을 통해 중국은 소련 및 동구 사회주의국가와는 달리 국가체제를 재정비하고 통치능력을 강화할 수 있었고, 이를 바탕으로 사회·정치적 안정을 유지하면서 급속한 경제성장을 이룩할 수 있었다.

향후 중국은 국가체제의 합리화를 위해 지속적으로 노력할 것이다. 그리고 의법치국은 그 핵심정책이 될 것이다. 이를 통해 중국은 행정 효율성과 국민 책임성을 제고하려고 한다. 이런 개혁은 상하이시(上海市)나 광둥성(廣東省) 등 연해지역에서 시작되어 현재 전국적으로 확대되고 있다. 국가체제의 합리화에는 많은 시간이 필요하고, 그 성과도 지역적으로도 불균등하게 나타날 것이다. 하지만 지난 30년의 경험이 보여주듯이 이런 노력을 통해 중국의 국가체제는 더욱 효율적이고 효과적으로 발전할 가능성이 있다.

### 3) 정치민주화

지난 30년 동안의 급속한 경제발전과 사회변화의 결과, 중국에서는 실업의 증가, 빈부격차, 지역격차, 도농(都農)격차, 부패의 만연과 심화 등 여러 가지 사회 불안정 요소가 급속히 증가했다. 5인 이상이 참여하여 공공치안 및 질서유지에 직접적 영향을 미치는 집단소요사

---

2) 정재호, 《중국의 중앙-지방관계론》(서울: 나남, 1999), pp. 153~183; 조영남(2006a), pp. 25~53.

건(群體性事件)의 급증은 이를 잘 보여준다. 한 연구에 의하면 집단소요사건은 1993년 총 8천 7백 건에서 2005년 8만 7천 건으로 10배나 증가했다.[3] 그 결과 일부 학자들은 중국의 정치적·사회적 안정성에 심각한 우려를 제기한다.[4]

개혁기 국가-사회관계의 변화도 공산당에게 또다른 과제를 제시한다. 시장제도와 사유제의 도입을 배경으로 새롭게 성장한 개인, 기업, 단체(조직)가 사회 및 경제영역에서 독자적 활동공간을 확대하기 시작한 것이다. 이렇게 되면서 국가-사회관계도 사회가 국가로부터 좀더 많은 자율성을 획득하고 활동영역을 확대하는 방향으로 변화하기 시작했다. 각종 사회단체의 급성장은 이를 잘 보여준다. 한 연구에 의하면 마오쩌둥 통치시기 말기에 국가에 등록된 전국단위의 사회단체는 103개였는데, 이것이 1996년에는 1,845개로 급증했고, 중앙과 지방을 망라한 사회단체 총수는 18만 7천 개에 달했다. 이런 추세가 계속되어 2002년 12월에는 전국 및 지방의 등록된 사회단체가 24만 6천 개에 달했다.[5]

이 같은 사회단체의 증가에 대응하여 중국정부는 양면정책을 추진하고 있다. 한편에서는 이들을 철저히 관리 및 통제하고, 다른 한편에서는 이들에게 일정한 한도 내에서 국가의 정책결정에 참여하는 것을 허용한 것이다. 그 결과 중국에서 영향력 있는 사회단체는 대부분 국가의 통제 속에서 활동하고 있으며, 이들은 국가로부터 독립하려기보다는 국가에 적극 협력하려는 경향을 보인다. 이런 이유로 중국의

3) Jae Ho Chung, Hongyi Lai and Ming Xia, "Mounting Challenges to Governance in China: Surveying Collective Protestors, Religious Sects and Criminal Organizations", *China Journal* No. 56 (July 2006), pp. 1~31.
4) Yu Jianrong, "Emerging Trends in Violent Riots", *China Security* Vol. 4, No. 3 (Summer 2008), pp. 75~81.
5) 조영남, 《중국 의회정치의 발전: 지방인민대표대회의 등장·역할·선거》 (서울: 폴리테이아, 2006), p. 123.

국가-사회관계는 시민사회론(civil society) 보다 국가조합주의론(state corporatism)에 더 부합한다고 평가된다.

한편 국민의 불만과 정치참여 요구의 증가에 대해 중국은 다양한 방식으로 대응한다. 첫째는 기존제도를 통해 국민의 불만을 흡수하는 것이다. 중국식 옴부즈맨 제도인 신방제도(信訪制度)의 강화는 대표적 예이다. 예를 들어 공산당은 2008년 7월부터 공산당 및 정부기관의 국민불만 및 고충 처리를 강화하기 위한 특별규정을 제정하고, 이를 기반으로 16종의 위반사항에 대해서는 공산당 간부와 정부 공무원을 엄격히 문책하는 정책을 추진하고 있다.6) 또한 지방 공산당 서기(書記)가 정기적(예를 들어 한 달에 1회 이상)으로 직접 지역주민들의 방문을 받아 불만 및 고충을 처리하도록 하는 "국민고충 처리활동"(大接訪活動)을 전개한다.

다음으로 중국은 국민기본권의 선택적 확대방침을 통해 한편에서는 국민의 요구를 들어주고, 다른 한편에서는 그것을 통제하려고 시도하고 있다. 국민이 직업 및 생활방식의 선택에서 비교적 완전한 권리를 누릴 수 있게 된 것, 즉 사회·경제적 권리가 확대된 것은 전자의 사례이다. 반면 언론, 출판, 결사, 집회의 자유 등 정치적 권리는 여전히 심각한 제약을 받는다. 그래서 현재까지 공산당의 통제에서 벗어난 어떤 정당이나 정치조직의 설립도 허용되지 않는다. 1998~99년 "중국민주당" 창당에 대한 탄압이나, 2008년 12월 "'08헌장" 운동 주모자 체포는 이를 잘 보여준다.

마지막으로 중국은 국민의 정치참여 확대와 관련된 정치개혁도 추

---

6) 이와 관련하여 중국공산당은 2009년 7월 새로운 규정을 발표했다. "關於實行行政領導幹部問責的暫行規定"(2009. 7), 〈光明網〉 2009. 7. 13. 이 규정에는 고위 당정간부의 중대한 정책적 실수, 업무태만, 집단소요사태에 대한 잘못된 대응, 권력남용 및 오용 등에 대한 상세하고 분명한 문책이 명시되어 있다.

진했다. 1987년 "촌민위원회(村民委員會) 조직법(시행)" 제정 이후 중국은 촌민위원회의 민주적 선거와 운영을 통해 농민의 정치참여를 확대했다. 1979년에는 현급(縣級) 지방의회 대표의 직선제 도입, 유권자의 후보추천권 확대 등의 선거개혁이 실시되었고, 1990년대 후반부터는 쓰촨성(四川省)과 선전시(深圳市) 등 일부 지역에서 향장(鄕長) 및 진장(鎭長) 직접선거가 시험 실시되고 있다. 이런 선거개혁은 중국도 향후 민주적 정치개혁을 추진할 수 있다는 가능성을 보여주는 것이지만, 현재까지는 공산당 일당제하의 선거, 성급 지방인대와 전국인대 대표의 간접선거 유지, 정부수장 간선제 고수 등 여러 가지 문제로 인해 매우 제한적인 의미만을 가질 뿐이다.

향후 정치민주화는 제한된 범위 내에서 특정목표를 달성하기 위해 점진적 방식으로 추진될 것이다. 초점은 지방정부의 대국민 책임성을 제고하기 위한 개혁과 국민의 불만을 체제 내로 흡수하기 위한 개혁이 될 것이다. 기층정부(즉, 향진정부) 수장의 직접선거 확대, 촌민위원회의 민주선거 확대와 도시지역 거민위원회(居民委員會)의 민주선거 도입, 민주당파와 사회단체가 참여하는 다양한 정치협상 또는 협의제도의 활성화, 의회의 대정부 감독강화와 법원의 효율성·공정성 제고 등이 이에 해당된다.

## 4) 세계 강대국화

1990년대까지 중국외교는 주권과 영토 수호, 사회주의제도 및 가치 유지, 국제사회에서의 위상 제고, 대만(臺灣) 통일 등 일반적 외교목표 이외에 국내 경제발전에 전념할 수 있는 평화롭고 안정적인 국제환경 조성과 미국주도의 대중국 봉쇄 저지라는 특별한 목표를 달성하는 데 주력했다. 그런데 2000년대에 들어 경제력과 군사력의 급격한 증강을 배경으로 미국주도의 봉쇄 저지라는 소극적 태도에서 국제사회에서 발언권과 규칙제정권을 확보한다는 적극적 태도로 외교목표가 일부 변화되고 있다.

한편 이상과 같은 두 가지 외교목표, 즉 평화롭고 안정적인 국제환경 조성과 국제사회에서 발언권과 규칙제정권의 확보를 달성하기 위해 중국은 미국·일본·EU 등 주요 강대국을 대상으로 하는 강대국 정책, 아시아 국가를 대상으로 하는 주변국 정책, 다자주의 정책, 공공외교[특히 소프트 파워(soft power) 전략] 정책을 적극 추진하고 있다.

개혁기 중국외교는 비교적 성공적인 것으로 평가된다. 단적으로 국제사회에서 중국의 위상과 영향력이 전과 비교할 수 없을 정도로 확대되었다는 것이다. 아시아 지역을 예로 들면 1990년대 중반 이후 중국과 아시아 각국 간의 관계가 개선되면서 "중국기회론"이 "중국위협론"을 대체했다. 또한 중국은 상하이협력기구(SCO) 뿐만 아니라 동남아국가연합(ASEAN), ASEAN + 1(중국), ASEAN + 3(한·중·일), 아세안지역포럼(ARF), 아시아·태평양경제협렵기구(APEC), 동아시아정상회의(EAS) 등의 다자기구에 적극 참여하면서 이들 기구를 자국의 위상을 높이고 영향력을 확대하는 무대로 변화시키고 있다. 7)

그런데 중국이 지역 강대국에서 세계 강대국으로 발전하기 위해서는

---

7) Avery Goldstein, *Rising to the Challenge*: *China's Grand Strategy and International Security* (Stanford: Stanford University Press, 2005); David Shambaugh (ed.), *Power Shift*: *China and Asia's New Dynamics* (Berkeley: University of California Press, 2005); Robert G. Sutter, *China's Rise in Asia*: *Promises and Perils* (Lanham: Rowman & Littlefield, 2005); Robert G. Sutter, *China's Rise*; *Implications for U. S. Leadership in Asia* (Washington: East-West Center, 2006); Yong Deng and Fei-Ling Wang (eds.), *China Rising*: *Power and Motivation in Chinese Foreign Policy* (Lanham: Rowman & Littlefield, 2005); Ronald C. Keith (ed.), *China as a Rising World Power and Its Response to 'Globalization'* (London: Routledge, 2005).

국내적으로는 능력(capability)과 의지(will)가 있어야 하고, 국외적으로는 미국 등 기존 강대국의 인지(perception) 또는 인정이 있어야 한다.[8] 능력에서는 경제력 및 군사력의 하드 파워(hard power)와 문화, 가치와 이념, 정책의 소프트 파워가 중요한 요소이다. 의지에서는 중국이 미국 등과 함께 세계 강대국으로서 국제사회에서 권리를 주장할 뿐만 아니라 책임과 의무를 다할 생각이 있는가 하는 점이 중요한 요소이다.

이 세 가지 요소 중에서 국제사회의 인지 면에서 중국의 세계 강대국화는 어느 정도 달성되었다고 평가할 수 있다. 2008년 9월 세계 금융위기 이후 중국의 높아진 국제적 위상과 2009년 4월에 열렸던 세계 20개 주요국가(G-20) 회의에서의 중국의 역할은 이를 잘 보여준다. 좀 더 극단적인 예로는 브레진스키(Zbigniew Brzezinski)와 졸릭(Robert Zoellick)이 제기한 "G-2" 개념, 즉 미국과 중국이 공동으로 국제사회를 관리해야 한다는 주장의 등장을 들 수 있다.[9] 퍼거슨(Niall Ferguson)과 슐라릭(Moritz Schularick)이 제기한 "Chimerica"(China + America) 개념도 변화된 중국의 위상과 역할을 잘 보여준다.[10]

다만 국제사회에서 경제·군사적 부상을 배경으로 중국이 세계 강대국으로 서서히 인정받기 시작했다는 사실이, 기존 강대국과 아시아 국가들이 중국의 외교적·도덕적 지도력을 인정 및 수용한다는 것을 의미하지는 않는다. 이런 면에서 중국은 아직 소프트 파워 면에서 세계 강대국으로 인정받고 있지 못하다고 평가할 수 있다.

능력 면에서도 중국은 세계 강대국에 근접해 있다. 우선 경제력 면

---

8) 정재호, "'강대국화'의 조건과 중국의 부상", 정재호 편, 《중국의 강대국화: 비교 및 국제정치학적 접근》(서울: 길, 2006), pp. 11~52.

9) Dennis Wilder, "How a 'G-2' Would Hurt", *Brookings*, 2009. 4. 8. (http://www.brookings.edu).

10) Niall Ferguson and Moritz Schularick, "Chimerical? Think Again", *Wall Street Journal*, February 5, 2007.

에서 2007년 12월 중국의 국내총생산(GDP)은 약 3조 4천억 달러(2008년 비공식 GDP는 4조 2천억 달러)로 미국(13조 8천억 달러), 일본(4조 4천억 달러)에 이어 세계 3위이고, 외환보유고도 약 2조 달러로 세계 1위이다(여기에 민간이 소유한 외환보유액을 합한 중국의 총 외환보유고는 2조 3천억 달러이다). [11]

군사력 면에서도 중국은 급성장하고 있다. 먼저 중국의 국방예산(*defense budget*)은 1996~2008년 동안 매년 12.9%씩 증가하여 세계에서 가장 빠른 증가세를 보이고 있다. 규모 면에서도 중국의 군사비는 크게 증가했다. 중국의 국방비(*defense expenditure*: 국방예산에 무기구입비, 국방과학기술 연구비 등을 합한 실제 군사비)는 정부가 공식 발표하는 국방예산보다 최소 1.5~2배 이상 많다고 평가된다. 그래서 2008년의 경우 중국이 발표한 국방예산은 전년보다 17.6% 증가한 600억 달러에 불과하지만, 실제 국방비는 1,050~1,500억 달러에 달해 미국에 이어 세계 2위를 차지했다. [12] 이 같은 경제력 및 군사력 증강의 추세 속에서 2025년 무렵 중국은 미국에 견줄 수 있는 세계 강대국이 될 것으로 전망된다. [13]

의지 면에서 현재까지 중국은 미국과 견줄 수 있는 세계 강대국이

---

11) Brad Setser and Arpana Pandey, *China's $ 1. 7 Trillion Bet: China's External Portfolio and Dollar Reserves* (January 2009), Council on Foreign Relations, p. 1.

12) Office of the Secretary of Defense, *Military Power of the People's Republic of China* 2009 (Annual Report to Congress) (March 2009), p. 31; 김태호, "중국의 '군사적 부상': 한국의 안보환경을 중심으로", 김태호 외, 《중국 외교연구의 새로운 영역》(파주: 나남, 2008), pp. 69~123.

13) National Intelligence Council, *Global Trends 2025: A Transformed World* (November 2008), pp. 29~30; Albert Keidel, *China's Economic Rise: Fact and Fiction* (Policy Brief, No. 61) (July 2008) (Carnegie Endowment for International Peace), p. 6.

〈표 7-1〉 중국 부상의 추동력과 평가(정치·외교영역)

| 추동력 | 영역 | 목표 | 주요내용 | 평가(2009년) |
|---|---|---|---|---|
| 안정화 | 공산당 | ① 공산당 지배체제 유지<br>② 공산당 통치능력 강화<br>③ 엘리트 정치의 안정 | ① 공산당 조직 및 제도 정비<br>② 유능한 통치 엘리트 충원<br>③ 당내민주 확대<br>④ 반부패 | 비교적 성공적 달성 |
| 합리화 | 국가체제 | ① 국가 통치능력 강화<br>② 국가 통치행위의 제도화와 규범화 | ① 행정 및 인사제도 정비<br>② 규제기구 강화<br>③ 국가기관간의 역할 조정<br>④ 중앙-지방관계 조정 | 부분적 달성 |
| 민주화 | 국가-사회 관계 | ① 국민의 기본권 보장<br>② 국민의 정치참여 확대 | ① 옴부즈맨 제도(信訪)의 강화<br>② 국민 기본권의 부분적 보장<br>③ 국민 정치참여의 부분적 확대 | 미흡 |
| 강대국화 | 대외관계 | 세계 강대국 | ① 강대국(미·일·EU·러시아) 정책<br>② 주변국(아시아) 정책<br>③ 다자주의 정책<br>④ 공공외교(소프트 파워) 정책 | 부분적 달성 |

290

되겠다는 목표를 갖고 있지 않다고 주장한다. 단적인 예로 미국에서 제기된 "G-2" 개념에 대해 중국 정치지도자와 학자들은 이것이 중국의 현재 실력과 처지를 무시한 것으로, 미국에서 이런 개념이 제기되는 것은 중국을 미국주도의 세계질서에 편입시켜 중국에게 부당한 책임과 의무를 지우려는 일종의 "함정"이라고 간주한다.[14]

그런데 이런 중국의 입장표명과는 상관없이 경제력 및 군사력의 지속적 증가와 확대는 중국에게 세계 강대국의 의지를 갖게 만들 것이다. 예를 들어 무역과 에너지 및 자원수입이 확대되면서 안전한 해상 수송로를 확보하는 것이 사활적 문제가 되고, 이를 위해서는 대양(大洋) 해군의 건설이 필수 불가결하다. 2008년 하반기 무렵부터 중국 고위급 인사가 중국의 항공모함 건설의 필요성을 공식적으로 거론하는 것은 이 때문이다.[15] 이렇게 되면 중국은 군사력 면에서 서서히 세계 강대국의 길을 걸을 수밖에 없다.

또한 중국은 비대해진 자국의 경제적 이익을 지키기 위해 국제금융 및 무역질서를 관장하는 국제기구나 기제에 적극 참여하여 자국의 입장을 관철시켜야 할 것이다. 이렇게 되면 중국은 경제적 면에서도 세계 강대국으로서 권리와 함께 책임과 의무를 다해야 할 것이다. 이처럼 경제력 및 군사력의 증가와 함께 의지 면에서도 중국은 향후 세계 강대국이 되는 조건을 갖출 것이다.

---

14) 劉延棠, "冷觀所謂中美'G2'時代", 〈新華網〉 2009. 3. 14 (http://xinhuanet.com) ; "'G2' Appeals to Some but Beijing Unlikely to Back it, Analysts Say", *South China Morning Post* (Internet Edition) 2009. 4. 8 (http://www.scmp.com: 이하 동일한 사이트).

15) "Chinese Navy 'Needs an Aircraft Carrier'", *South China Morning Post* (Internet Edition) 2009. 3. 23; Josephine Ma, "From Middle Kingdom to Maritime Power", *South China Morning Post* (Internet Edition) 2009. 4. 21; "國防部長梁光烈: 中國不能永遠沒有航母"(2009. 3. 23), 〈人民網〉 2009. 3. 26 (http://people.com.cn).

## 2. 중국 부상의 중장기 전망과 한국

중국 부상의 중장기(2030년) 전망은 위에서 살펴본 네 가지 추동력을 중심으로 네 가지 시나리오로 정리할 수 있다. 그런데 이와 관련하여 두 가지 전제가 필요하다. 첫째, 불확정적 요소가 남아 있지만 중국은 비교적 높은 경제성장(6~7%의 연평균 경제성장률)을 지속할 것이다. 둘째, 경제력 및 군사력 증강에 힘입어 중국은 최소한 지역 강대국, 최대한 세계 강대국의 지위를 확보할 것이다. 이 두 가지 전제는 중국내부에 커다란 문제(예를 들어 정치체제의 마비나 붕괴)가 발생하지 않는 한 실현될 것이다. 이 같은 판단은 필자 개인의 생각일 뿐만 아니라 많은 기존연구가 전망하는 것이기도 하다.

### 1) 중장기 전망 : 네 가지 시나리오16)

첫째는 동아시아의 길(*East Asian footsteps*)로, 엘리트 정치의 안정화와 국가체제의 합리화를 바탕으로 중국이 한국과 대만이 했던 것처럼 적극적으로 정치민주화를 추진하여 궁극적으로 권위주의국가에서 민주주의국가로 변화되는 경우이다. 이를 위해서는 다당제 도입, 법치(法治)의 철저한 실시, 법원·의회의 역할강화, 정치적 기본권 보장, 자유경쟁선거 도입, 시민사회 발전 등의 조치가 필요하다. 중국이 이 길을 따라 자유민주주의 국가가 된다면, 미국 등 기존 강대국과 아시아 국가는 중국을 세계 강대국으로 인정할 가능성이 높고, 이렇게 되면 중국은 평화적 방식으로 세계 강대국이 될 수 있을 것이다.

그런데 문제는 중국이 정치민주화를 적극적으로 추진할 것인가이다. 왜냐하면 이는 공산당의 권력독점 포기를 의미하고, 이전 민주화

---

16) 이하 내용은 조영남(2006a), pp. 347~356을 수정·보완한 것이다.

경험을 볼 때 권위주의 세력이 자발적으로 권력독점을 포기한 경우는 거의 없기 때문이다. 따라서 국민들이 민주화를 강력히 요구하거나, 외국과의 전쟁패배 또는 급격한 경제침체로 인해 공산당이 심각한 정통성 위기에 직면하는 등 특별한 상황이 발생하지 않는 한 중국은 이 길을 가지 않을 것이다.

둘째는 연성권위주의(*soft authoritarianism*)의 길로, 이것은 첫째 경로의 변종이다. 즉, 향후 중국은 엘리트 정치의 안정화와 국가체제의 합리화에 집중하고 정치민주화는 소극적으로 추진하는 것이다. 이것의 이상적 형태는 싱가포르와 말레이시아이다. 중국이 이 길을 가려면 엘리트 정치의 안정화와 국가체제의 합리화만으로도 빈부격차, 지역격차, 도농격차, 부패, 환경오염, 인권침해, 대중의 정치참여 요구 증가 등의 문제를 해결할 수 있고, 그래서 공산당 일당체제가 국민들로부터 명시적 또는 암묵적 지지를 얻을 수 있어야 한다.

그런데 이는 결코 쉽지 않다. 현재 중국은 어떤 형태로든 국민의 정치적 요구를 수렴하고 불만을 해소할 수 있는 정치적 기제를 마련하지 않으면 중장기적으로 정치적·사회적 안정에 문제가 생길 수 있기 때문이다. 따라서 이 길이 성공하려면 싱가포르나 말레이시아처럼 중국도 다당제와 경쟁선거 도입 등 최소한의 또는 형식적인 정치민주화라도 추진해야 한다. 이럴 경우 공산당은 국민의 정치참여를 확대하면서 동시에 국민의 정치참여 요구를 통제해야 하는 상호 모순적인 과제에 직면할 것이다. 이는 결코 쉽지 않은 과제이다.

셋째는 라틴아메리카의 길(*Latin Americanization*)로, 이는 중국이 정치민주화를 시도하지 않으면서 여러 가지 심각한 사회·정치적 문제가 구조화·고착화되고, 이로 인해 기존에 이룩한 엘리트 정치의 안정화와 국가체제의 합리화도 심각하게 훼손되는, 그래서 정치적 불안정이 장기화되는 경우이다. 현재 상황에서 보면 중국이 이 길을 갈 가능성이 높다.

〈표 7-2〉 중국 부상의 중장기적 전망 : 네 가지 시나리오

| 시나리오 | 조건 | 결과 | 가능성 |
|---|---|---|---|
| 동아시아의 길 | ① 안정화와 합리화의 적극적 추진<br>② 정치민주화의 적극적 추진 | 권위주의에서 민주주의로의 점진적 변화 | 낮음 |
| 연성권위주의의 길 | ① 안정화와 합리화의 적극적 추진<br>② 정치민주화의 소극적 추진 | 안정적 권위주의 유지 | 비교적 높음 |
| 라틴아메리카의 길 | ① 안정화와 합리화의 후퇴<br>② 정치민주화의 미(未) 추진 | 사회·경제적 혼란을 동반한 불안정한 권위주의 유지 | 높음 |
| 소비에트의 길 | ① 돌발사태 발생<br>② 사회모순 폭발과 대규모 시위<br>③ 공산당 지도력의 마비<br>④ 군의 정치개입 거부 | 정치체제의 마비와 붕괴 | 매우 낮음 |

우선 지난 60년 동안 정치권력을 독점하고 특권을 누린 공산당 간부들이 쉽게 권력을 포기하지 않을 것이다. 또한 향후 단기간 내에 공산당에 도전할 수 있는 정치조직이나 사회단체가 형성될 가능성도 높지 않다. 그밖에도 지난 개혁에서 오는 피로감 속에서 기득권 세력의 강력한 저항을 무릅쓰고 정치민주화를 과감하게 추진할 수 있는 정치지도력이 현재 중국에는 부재하다.

넷째는 소비에트의 길(road to abrupt collapse)로, 이는 지금까지 이룩한 엘리트 정치의 안정화와 국가체제의 합리화와는 상관없이 국내외의 돌발사태로 정치체제가 급격히 붕괴하여 대혼란에 빠지는 경우이다. 이는 몇 가지 조건이 충족할 때 발생할 수 있다. 예를 들어 누적된 사회적 모순이 갑자기 폭발하여 국민들이 전국적으로 대규모 시위를 전개하고, 위기에 직면한 공산당 지도부가 분열되어 지도력을 제대로 발휘하지 못함으로써 국가 통치체제가 마비되고, 군의 분열로 군사개입을 통한 문제해결이 불가능한 상황이 그것이다. 그런데 국가 통치능력, 공산당의 군대 장악력, 국민들의 혼란에 대한 강한 두려움 등을 고려할 때, 중국이 이 길을 갈 가능성은 높지 않다.

### 2) 한국에 주는 함의

중국이 향후 어떻게 부상할 것인가는 한국에게 매우 큰 의미가 있다. 이는 한국과 중국의 지리적 근접성, 한·중간 사회 및 경제적 상호의존성의 증가, 북한에 대한 중국의 영향력, 중국주도의 아시아 지역주의(regionalism) 형성 가능성 등의 요인 때문이다. 따라서 세계 강대국으로 성장한 중국은 미국을 포함한 다른 어떤 기존 강대국보다 한국에게는 더욱 커다란 도전이며 기회가 될 것이다.

앞에서 살펴본 네 가지 시나리오 중에서 중국이 동아시아의 길을 걷는 것이 중국뿐만 아니라 한국 및 다른 아시아 국가 모두에게 가장 바람직하다. 이 경우 한·중간에 정치체제 및 이념의 차이에서 오는 가치관의 대립과 충돌, 한·미동맹과 북·중동맹의 지속에서 오는 군사·안보 면에서의 대립과 갈등 등 외교·안보영역에서 한·중간에 발생할 수 있는 가장 심각한 문제가 완화될 가능성이 있기 때문이다.

물론 이 경우에도 한·일간의 관계가 그러한 것처럼 한·중간에도 경제·통상, 사회·문화, 역사 등의 영역에서 대립과 갈등이 수시로 발생할 것이다. 그렇지만 만약 중국이 자유민주주의 국가로 변화한다면 이런 문제는 양국간의 대화와 타협을 통해 충분히 해결될 수 있을 것이다.

만약 중국이 연성권위주의의 길이나 라틴아메리카의 길을 가게 된다면 한국에게는 기회보다는 도전이 많아질 것이다. 이 경우 가장 우려되는 점은, 중국이 국민의 민주화 요구와 권위주의 통치에 대한 정치적 불만을 잠재우면서 공산당 통치의 정당성을 제고하기 위해 대중민족주의(popular nationalism)를 더욱 고취시키고, 이로 인해 중국의 대외정책이 강경하고 공격적으로 변할 가능성이다.

이렇게 되면 한·중간에는 군사·안보, 사회·문화, 역사 등 경제·통상을 제외한 거의 전 분야에서 협력보다는 갈등과 대립이 더 크게 부각될 가능성이 있다. 2030년 무렵 경제력과 군사력 면에서 세계 강대국이 된 중국이 현재처럼 한국과 같은 아시아 국가의 우려를 고려하여 신중하게 행동할지 현재로서는 단언할 수 없다. 따라서 만약 중국이 대중민족주의의 고양 속에서 자국의 국익만을 추구하는 세계 강대국으로 행동한다면 한국에는 "중화주의"(中華主義)의 재등장을 우려하는 목소리가 커질 가능성이 있다.

다른 우려로는 세계 강대국이 된 권위주의국가 중국에 대해 미국과 일본이 강력한 견제정책을 추진하는 것이다. 이럴 경우 아시아 지역의 패권을 놓고 미국과 일본을 한편으로 하고 중국을 다른 한편으로 하는 양대진영이 형성되고, 이들 양대진영은 치열한 정치적, 경제적,

군사적 경쟁을 벌이는 상황이 전개될 가능성이 있다. 이렇게 되면 아시아 지역주의의 형성이 저해될 뿐만 아니라 경우에 따라서는 강대국 간 군비경쟁의 심화와 지역안보의 불안정이 장기화될 가능성이 있다.

이 경우 한국은 미·일 진영이나 중국 진영 중에서 어느 한쪽을 명시적으로 선택해야 하는 어려운 상황에 직면할 것이다. 한편으로 한국은 자국의 안보와 번영을 위해 한·미동맹 유지 및 한·일협력 강화를 계속 추진해야 하고, 이를 위해서는 미·일 진영과 보조를 맞추는 것이 필요하다. 그런데 다른 한편으로 한국은 지속적 경제발전과 한반도 평화유지 및 통일을 위해, 더 나아가서는 동아시아 지역의 경제 및 에너지·자원협력을 위해 중국과도 우호적 협력관계를 유지해야 한다. 이런 상황에서 한국이 미·일이 주도하는 "반(反)중국 연합전선"에 전면적으로 참여하기는 결코 쉽지 않을 것이다.

이런 면에서 보면 한국에게는 미국, 중국, 일본 등 역내 강대국들이 지속적이고 안정적으로 상호 협력관계를 유지하는 것이 유리하다. 또한 한국은 만약의 경우를 대비하여 세계 강대국간의 갈등에 쉽게 휘말려들지 않도록 신중한 전략을 추진하는 것이 필요하다. 그밖에도 한국이 독자적으로 세계 강대국들과 각각 우호협력 관계를 형성 및 유지하려는 노력을 경주하는 것도 필요하다.

한편 중국의 국내정치 변화와 관련해서는 세 가지 사항에 주의해야 한다. 첫째는 중국 내 법치의 확대이다. 향후 중국은 의법치국을 정치개혁의 핵심과제로 추진할 것이다. 이에 따라 중국은 공산당과 정부의 자의적 통치, 즉 "인치"(人治)나 특수한 인간관계, 즉 "꽌시"(關係)에 근거한 통치에서 법에 의한 통치(法治)로 변화할 것이다. 이는 중국과 밀접한 경제·통상관계를 맺고 있는 한국에게는 유리한 요소이다. 하지만 일부 한국기업과 단체는 중국과의 통상 및 협력에서 중국 내에서 확대되는 법치의 중요성을 제대로 인식하지 못하는 것으로 보인다. 향후 중국과의 외교·통상관계에서는 이에 대한 주의가 요청된다.

〈표 7-3〉 중국 부상의 중장기적 전망과 한국의 대응

| 시나리오 | 심각한 갈등요소 | 부수적 갈등요소 | 한국의 대응 |
|---|---|---|---|
| 동아시아의 길 | ① 한·중간 가치관의 대립 완화<br>② 한·중간 군사·안보 대립 완화 | ① 한·중간 정치·통상 갈등<br>② 한·중간 사회·문화·역사 갈등 | ① 우호관계 속에서 부수적 갈등요소 관리<br>② 법지 유지와 준수 |
| 연성권위주의의 길/ 라틴아메리카의 길 | ① 한·중간 가치관의 대립 심화<br>② 중국의 강경한 대외정책<br>③ 중국의 대중민족주의 고양<br>④ 미·일과 중국 양대진영간 지역패권 경쟁의 심화 | ① 경제·통상 갈등<br>② 사회·문화·역사 갈등<br>③ 중국 국내 정치적 불안정성 증가 | ① 강대국간의 군사·안보 경쟁 불개입<br>② 모든 강대국과 우호적 관계 형성 및 유지<br>③ 정치적 불안정 대비<br>④ 민족감정 대응에 신중 |

둘째는 중국 정치체제의 안정성 문제이다. 제1장에서 자세히 검토했듯이 현재까지 중국 정치체제는 비록 "취약"(fragile)하지만 여전히 "안정적"(stable)이라고 할 수 있다. 그러나 향후 중국이 만약 라틴아메리카의 길을 가게 되어 엘리트 정치의 안정성과 국가체제의 합리화가 크게 후퇴할 경우, 사회·경제적 혼란과 정치적 불안정이 심화되고 장기화될 가능성도 배제할 수 없다. 따라서 중국과의 통상 및 직접투자에서는 이에 대한 신중한 고려가 필요하다.

셋째, 향후 중국이 권위주의 정치체제를 유지하면서 세계 강대국으로 발전하게 된다면 공산당의 의도적 고취와 대중의 강화된 자부심이 함께 작용하여 중국 내에 대중민족주의가 크게 고양될 가능성이 있다. 한국정부와 국민들은 한·중간의 우호협력 관계를 유지하기 위해 이 점에 특히 신경을 써야 한다. 다시 말해 향후 한·중관계에서는 "국가 대 국가의 대립"(주로 외교·안보영역)보다 "사회 대 사회의 대립"(주로 경제·사회·문화영역)이 더 큰 문제로 부각될 가능성이 있고, 여기서 한·중 양국의 대중민족주의 고양은 가장 심각한 위험요소가 될 것이다.

예를 들어 중국정부와 중국국민이 민감하게 생각하는 문제에 대해서는 신중한 접근이 필요하다. 이에는 주권과 영토문제로 간주하는 대만문제, 인권문제, 티베트 및 달라이 라마 문제, 동북삼성(東北三省) 재중동포 및 북한 탈북자 문제 등이 포함된다. 역사와 문화영역에서도 한국의 국익과 아시아 지역의 번영과 안정, 그리고 인류 보편적 가치를 옹호하기 위해 한국은 확고하고 분명한 태도를 견지하며, 필요할 경우 이를 중국에 적극 표명하는 자세와 정책이 필요하다. 하지만 이와 동시에 중국의 대중민족주의를 자극하거나 악화시키지 않기 위해 위에서 살펴본 주요현안과 관련된 문제에 대해서는 즉자적이고 감정적으로 대응하지 않는 신중한 자세와 정책도 필요하다.

# ⋮ 참고문헌

## 1. 국문

김대환·조희연 편(2003). 《동아시아 경제변화와 국가의 역할 전화: '발전국가'의 성립, 진화, 위기, 재편에 대한 비교정치경제학적 분석》. 서울: 한울.

김성진(2008). "러시아 외교정책의 성격: 상하이협력기구에 대한 정책을 중심으로". 〈중소연구〉 제 32권 제 2호 여름. 149~177.

김애경(2005). "중국의 '화평굴기'론 연구: 논쟁과 함의를 중심으로". 〈국제정치논총〉 제 45집 제 4호. 11~52.

김영명(1996). 《동아시아 발전 모델의 재검토: 한국과 일본의 경우》. 서울: 소화.

_____(1998). "동아시아 정치체제의 이론적 모색," 김영명 편. 《동아시아의 정치체제》. 춘천: 한림대학교 출판부. 1~35.

김예경(2007). "중국의 부상과 북한의 대응전략: 편승전략과 동맹, 유화 그리고 현안별 지지정책". 〈국제정치논총〉 제 47권 제 2호 여름. 75~95.

김재철(2002). 《중국의 정치개혁》. 서울: 한울.

_____(2003). "중국의 동아시아 정책". 〈국가전략〉 제 9권 제 4호. 7~32.

_____(2004). "사영기업가의 등장과 정치변화". 전성흥 편. 《전환기의 중국사회 II》. 서울: 오름. 151~179.

김태호(2003). "중국의 제 16차 당대회: 신지도부 인사내용과 함의". 〈신아세아〉 10-1 봄. 25~41.

_____(2006). "중국의 '군사적 부상': 2000년 이후 전력증강 추이 및 지역적 함의". 〈국방정책연구〉 가을. 163~203.

_____(2008). "중국의 '군사적 부상': 한국의 안보환경을 중심으로". 김태호 편. 《중국 외교연구의 새로운 영역》. 파주: 나남.

류동원(2004). "중국의 다자안보협력에 대한 인식과 실천: 상하이협력기
구를 중심으로". 〈국제정치논총〉 제 44집 제 2호. 121~141.

박창희(2007). "지정학적 이익변화와 북중동맹관계: 기원, 발전, 그리고
전망". 〈중소연구〉 제 31권 제 1호 봄. 27~55.

박홍서(2006). "북핵위기시 중국의 대북 동맹안보 딜레마 관리 연구: 대미
관계 변화를 주요 동인으로". 〈국제정치논총〉 제 46권 제 1호 봄.
103~122.

_____(2008). "중국의 부상과 탈냉전기 중미 양국의 대한반도 동맹전략:
동맹전이 이론의 시각에서". 〈한국정치학회보〉 제 42권 제 1호 봄.
299~317.

서울대학교 정치학과 교수(2002). 《정치학의 이해》. 서울: 박영사.

신범식(2006/2007). "러시아 - 중국 안보 군사협력 관계의 변화와 전망".
〈중소연구〉 제 30권 제 4호 겨울. 63~90.

신상진(2008). "북·중 정치외교관계: 실리에 기초한 전략적 협력관계".
《북한 - 중국간 경제사회 네트워크 형성과 변동》(서울대학교 통일
연구소 통일학 세미나 자료집) 6월. 1~30.

이근·임경훈(2001). "동아시아 모델에서 바라본 중국과 러시아 이행경
제". 〈중소연구〉 25권 2호. 13~46.

이근·한동훈(2000). 《중국의 기업과 경제》. 서울: 21세기북스.

이상숙(2008). "데탕트 시기 북중관계의 비대칭갈등과 그 영향". 〈한국정
치학회보〉 제 42권 제 3호 가을. 439~456.

이정남(2005). "개혁·개방기 중국의 정치개혁과 정치변화". 김익수 외.
《현대 중국의 이해: 정치·경제·사회》. 서울: 나남. 73~114.

이종석(2000). 《북한 - 중국관계 1945-2000》. 서울: 중심.

이태환(2007). "중국 군사력 증강의 분석과 전망: 후진타오 시기를 중심으
로". 〈세종정책연구〉 제 3권 1호. 153~179.

이희옥(2004). 《중국의 새로운 사회주의 탐색》. 서울: 창비.

_____(2005). "중국의 체제전환과 새로운 이데올로기의 모색". 김도희
편. 《새로운 중국의 모색 II》. 서울: 폴리테이아. 29~56.

임반석(2005). "동아시아 경제통합과 중국, 일본". 〈국제지역연구〉 제 9

권 제 1호. 257~288.

전성흥(2001). "중국 정치체제 변화의 회고와 전망". 〈한국정치학회보〉 35집 4호 겨울호. 297~315.

_____(2005). "변화와 안정을 위한 중국의 노력". 김재철 편. 《새로운 중국의 모색 I》. 서울: 폴리테이아. 285~314.

전성흥 외(2008). 《중국의 권력승계와 정책노선: 17차 당대회 이후 중국의 진로》. 파주: 나남.

전성흥 편(2004). 《전환기의 중국사회 II》. 서울: 오름.

정영록(2000). "금융개혁과 금융시장의 발전". 고정식 외. 《현대중국경제》. 서울: 교보문고. 254~291.

정재호(1999). 《중국의 중앙 - 지방관계론》. 서울: 나남.

_____(2002). "중국의 개혁 - 개방 20년". 정재호 편. 《중국 개혁 - 개방의 정치경제 1980-2000》. 서울: 까치. 3~36.

조영남(2000). 《중국 정치개혁과 전국인대》. 서울: 나남.

_____(2006a). 《후진타오 시대의 중국정치》. 파주: 나남.

_____(2006b). 《중국 의회정치의 발전: 지방인민대표대회의 등장·역할·선거》. 서울: 폴리테이아.

_____(2006c). "중국 선전(深圳)의 행정개혁 실험". 〈중소연구〉 30권 2호 여름. 13~38.

_____(2006d). "중국 제 10기 전국인민대표대회 제 4차 회의 분석". 미래전략연구원. http://www.kifs.org/new/index.html.

주재우(2006). 《중국의 대북정책 변화 추이 및 대북 지원에 관한 연구》.

최명해(2008). "1960년대 북한의 대중국 동맹딜레마와 '계산된 모험주의'". 〈국제정치논총〉 제 48권 제 3호 가을. 119~148.

_____(2009). 《중국·북한 동맹관계: 불편한 동거의 역사》. 서울: 오름.

## 2. 영문

Amsden, Alice H. (1989). *Asia's Next Giant: South Korea and Late Industrialization.* Oxford: Oxford University Press.

Armitage, Richard L. and Joseph S. Nye (2007). *The U. S. - Japan Alliance: Getting Asia Right through 2020.* CSIS. February.

Armitage, Richard et al. (2000). "The United States and Japan: Advancing Toward a Mature Partnership". INSS Special Report. October.

Baek, Seoun-Wook (2005). "Does China Follow 'the East Asian Developmental Model'?". *Journal of Contemporary Asia* Vol. 35, No. 4. 485~498.

Blank, Stephen (2008). "The Shanghai Cooperation Organization and the Georgian Crisis". *China Brief* Vol. 8, No. 17, September. 8~9.

Bo, Zhiyue (2007). *China's Elite Politics: Political Transition and Power Balancing.* Singapore: World Scientific.

Braham, Laurence (2007). "Scientific Harmony". *South China Morning Post* 2007. 11. 6 (Internet Edition) (http://www. scmp. com: 이하 동일한 사이트).

Brawley, Mark R. (2004). "The Political Economy of Balance of Power Theory". T. V. Paul, James J. Wirtz, and Michel Fortman. (eds.). *Balance of Power: Theory and Practice in the 21st Century.* Stanford, California: Stanford University Press. 76~99.

Brodsgaard, Kjeld Erik and Zheng Yongnian (2004). "Introduction: Bringing the Party Back in". Kjeld Erik Brodsgaard and Zheng Yongnian (eds.). *Bringing the Party Back in: How China Is Governed.* Singapore: EAI. 1~21.

_____ (2006). "Introduction: Whither the Chinese Communist Party?". Kjeld Erik Brodsgaard and Zheng Yongnian (eds.). *The*

*Chinese Communist Party in Reform*. London: Routledge. 1~32.

Brookings Institution (2007). "China's 17th Party Congress: Looking Ahead to Hu Jintao's 2nd Term". Washington, D. C. October 30.

Burns, John P. (2004). "Governance and Civil Service Reform". Jude Howell (ed.). *Governance in China*. Lanham, Maryland: Rowman & Littlefield Publishers. 37~57.

Carothers, Thomas (1998). "The Rule of Law Revival". *Foreign Affairs* Vol. 77, No. 2. 95~106.

Chambers, Michael R. (2005a). "China and Southeast Asia: Creating a 'Win-Win' Neighborhood". *Asia Program Special Report* No. 126. Woodrow Wilson International Center for Scholars. 16~22.

_____ (2005b). "Dealing with a Truculent Ally: A Comparative Perspective on China's Handling of North Korea". *Journal of East Asian Studies* Vol. 5, No. 1. 35~75.

Chan, Joseph (1998). "Asian Values and Human Rights: An Alternative View". Larry Diamond and Marc F. Plattner (eds.). *Democracy in East Asia*. Baltimore: Johns Hopkins University Press. 28~41.

Chan, Minnie (2007). "New Taiwan Strategy Expected to Include Worst-Case Scenario". *South China Morning Post* (Internet Edition) 2007. 9. 27.

Chan, Steve, Cal Clark, and Danny Lam (1998). "Looking beyond the Developmental State". Steve Chan, Cal Clark, and Danny Lam (eds.). *Beyond the Developmental State: East Asia's Political Economies Reconsidered*. London: Macmillan. 1~8.

_____ (eds.) (1998). *Beyond the Developmental State: East Asia's Political Economies Reconsidered*. London: Macmillan.

Chao, Linda and Ramon H. Myers (1998). *The First Chinese Democracy: Political Life in the Republic of China on Taiwan*. Baltimore: Johns Hopkins University Press.

Chen, Jie (2004). *Popular Political Support in Urban China*. Washing-

304

ton, D. C. : Woodrow Wilson Center Press.

Chen, Weixing and Guoli Liu (2005). "Building a New Political Order in China: Interpreting the New Directions in Chinese Politics". Weixing Chen and Yang Zhong (eds.). *Leadership in a Changing China.* New York: Palgrave Macmillan. 57~79.

Chen, Weixing and Yang Zhong (eds.) (2005). *Leadership in a Changing China.* New York: Palgrave Macmillan.

Chong, Alan (2007). "Singapore's Political Economy, 1997-2007: Strategizing Economic Assurance for Globalization". *Asian Survey* Vol. 47, No. 6. 952~976.

Christensen, Thomas J. (2003). "China, the U. S. - Japan Alliance, and the Security Dilemma in East Asia". G. John Ikenberry and Michael Mastanduno (eds.). *International Relations Theory and the Asia-Pacific.* New York: Columbia University Press. 25 ~56.

Chu, Shulong (2005). "The 16th National Congress of the Chinese Communist Party and China's Foreign Policy". Weixing Chen and Yang Zhong (eds.). *Leadership in a Changing China.* New York: Palgrave Macmillan. 133~146.

Chu, Yun-han (1998). "Taiwan's Unique Challenges". Larry Diamond and Marc F. Plattner (eds.). *Democracy in East Asia.* Baltimore: Johns Hopkins University Press. 133~146.

_____ (2004). "Power Transition and the Making of Beijing's Policy towards Taiwan". Yun-han Chu, Chih-cheng Lo, and Ramon H. Myers (eds.). *The New Chinese Leadership: Challenges and Opportunities after the 16th Party Congress.* Cambridge, London: Cambridge University Press. 198~218.

_____ (2005). "Taiwan's Ten Year of Stress". *Journal of Democracy* Vol. 16, No. 2. 43~57.

Chu, Yun-han, Chih-cheng Lo, and Ramon H. Myers (eds.) (2004).

*The New Chinese Leadership*: *Challenges and Opportunities after the 16th Party Congress*. Cambridge, London: Cambridge University Press.

Chung, Jae Ho (2006a). "Charting China's Future: Scenarios, Uncertainties, and Determinants". Jae Ho Chung (ed.). *Charting China's Future*: *Political, Social, and International Dimensions*. Lanham, Maryland: Rowman & Littlefield Publishers. 1~19.

_____ (2006b). "Assessing the Odds against the Mandate of Heaven: Do the Numbers (on Instability) Really Matter?". Jae Ho Chung (ed.). *Charting China's Future*: *Political, Social, and International Dimensions*. Lanham, Maryland: Rowman & Littlefield Publishers. 107~128.

_____ (ed.) (2006). *Charting China's Future*: *Political, Social, and International Dimensions*. Lanham, Maryland: Rowman & Littlefield Publishers.

Cotton, James (1997). "East Asian Democracy: Progress and Limits". Larry Diamond, Marc F. Plattner, Yun-han Chu, and Hung-mao Tien (eds.). *Consolidating the Third Wave Democracies*: *Regional Challenges*. Baltimore: Johns Hopkins University Press. 95~119.

Dahl, Robert A. (1971). *Polyarchy*: *Participation and Opposition*. New Haven: Yale University Press.

_____ (1997). "Development and Democratic Culture". Larry Diamond, Marc F. Plattner, Yun-han Chu, and Hung-mao Tien (eds.). *Consolidating the Third Wave Democracies*: *Regional Challenges*. Baltimore: Johns Hopkins University Press. 34~39.

_____ (1998). *On Democracy*. New Haven: Yale University Press.

Deng, Yong (2008). *China's Struggle for Status*: *The Realignment of International Relations*. New York: Cambridge University Press.

Deng, Yong and Fei-Ling Wang (eds.) (2005). *China Rising*: *Power and Motivation in Chinese Foreign Policy*. Lanham, Maryland: Rowman & Littlefield Publishers.

Department of Defense (2008). *National Defense Strategy*.

Diamond, Larry (1999). *Developing Democracy: Toward Consolidation*. Baltimore: Johns Hopkins University Press.

_____ (2008). *The Spirit of Democracy: The Struggle to Build Free Societies throughout the World*. New York: Times Book.

Diamond, Larry and Byung-kook Kim (eds.) (2000). *Consolidating Democracy in South Korea*. Boulder, Colorado: Lynne Rienner Publishers.

Diamond, Larry and Doh Chull Shin (eds.) (2000). *Institutional Reform and Democratic Consolidation in Korea*. Stanford, California: Hoover Institution Press.

Diamond, Larry and Marc F. Plattner (1998). "Introduction". Larry Diamond and Marc F. Plattner (eds.). *Democracy in East Asia*. Baltimore: Johns Hopkins University Press. ix~xxvii.

_____ (eds.) (1995). *Economic Reform and Democracy*. Baltimore: Johns Hopkins University Press.

_____ (eds.) (1998). *Democracy in East Asia*. Baltimore: Johns Hopkins University Press.

Diamond, Larry, Marc F. Plattner, Yun-han Chu, and Hung-mao Tien (eds.) (1997a). *Consolidating the Third Wave Democracies: Regional Challenges*. Baltimore: Johns Hopkins University Press.

_____ (eds.) (1997b). *Consolidating the Third Wave Democracies: Themes and Perspectives*. Baltimore: Johns Hopkins University Press.

Diamond, Larry and Ramon H. Myers (2001). "Introduction: Elections and Democracy in Greater China". Larry Diamond and Ramon H. Myers (eds.). *Elections and Democracy in Greater China*. Oxford: Oxford University Press. 1~21.

Dickson, Bruce J. (2000). "Political Instability at the Middle and Lower Levels: Signs of a Decaying CCP, Corruption, and Political Dissent". David Shambaugh(ed.). *Is China Unstable? Assessing the Factors*. Armonk, New York: M. E Sharpe. 40~56.

_____(2003). *Red Capitalists in China: The Party, Private Entrepreneurs, and Prospects for Political Change*. Cambridge, London: Cambridge University Press.

_____(2006). "The Future of the Chinese Communist Party: Strategies of Survival and Prospects for Change". Jae Ho Chung (ed.). *Charting China's Future: Political, Social, and International Dimensions*. Lanham, Maryland: Rowman & Littlefield Publishers. 21~49.

Dingli, Shen(2006). "North Korea's Strategic Significance to China". *China Security*, Autumn. 19~34.

Dittmer, Lowell(2001). "The Sino-Russian Strategic Partnership". *Journal of Contemporary China* Vol. 10, No. 28. 399~413.

_____(2004). "Leadership Change and Chinese Political Development". Yun-han Chu, Chih-cheng Lo, and Ramon H. Myers (eds.). *The New Chinese Leadership: Challenges and Opportunities after the 16th Party Congress*. Cambridge, London: Cambridge University Press. 10~32.

Dittmer, Lowell and Guoli Liu(eds.)(2006). *China's Deep Reform: Domestic Politics in Transition*. Lanham, Maryland: Rowman & Littlefield Publishers.

Dittmer, Lowell and Yu-shan Wu(2006a). "Leadership Coalitions and Economic Transformation in Reform China: Revisiting the Political Business Cycle". Lowell Dittmer and Guoli Liu(eds.). *China's Deep Reform: Domestic Politics in Transition*. Lanham, Maryland: Rowman & Littlefield. 49~80.

_____(2006b). "Leadership Coalitions and Economic Transformation in Reform China: Revisiting the Political Business Cycle".

Lowell Dittmer and Guoli Liu(eds.). *China's Deep Reform: Domestic Politics in Transition*. Lanham, Maryland: Rowman & Littlefield. 49~80.

Evans, Peter(1995). *Embedded Autonomy: States and Industrial Transformation*. Princeton: Princeton University Press.

Feng, Zhu(2006). "Shifting Tides: China and North Korea". *China Security*, Autumn. 35~51.

Fewsmith, Joseph(2003). "The Sixteenth National Party Congress: The Succession that Didn't Happen". *The China Quarterly* 173. 1~16.

Finkelstein, David M. (1999). *China Reconsiders Its National Security: "The Great Peace and Development Debate of* 1999". Alexandria, Virginia: The CNA Corporation.

Finkelstein, David M. and Maryanne Kivlehan(eds.) (2003). *China's Leadership in the 21st Century: The Rise of the Fourth Generation*. Armonk, New York: M. E. Sharpe.

Fortman, Michel, T. V. Paul, and James J. Wirtz(2004). "Conclusion: Balance of Power at the Turn of the New Century". T. V. Paul, James J. Wirtz, and Michel Fortman(eds.). *Balance of Power: Theory and Practice in the 21st Century*. Stanford, California: Stanford University Press. 360~374.

Fravel, M. Taylor(2008). "China's Search for Military Power". *Washington Quarterly* Vol. 31, No. 3. 125~141.

French, Howard(2006). "Another Chinese Export Is All the Rage: China's Language"(2006. 1. 11). *New York Times*(Internet Edition) (http://www. nytimes. com: 이하 동일한 사이트) 2006. 1. 12.

Garnett, Sherman(2001). "Challenges of the Sino-Russian Strategic Partnership". *Washington Quarterly* Vol. 24, No. 4. 41~54.

_____(ed.) (2000). *Rapprochement or Rivalry?: Russia-China Relations in a Changing Asia*. Washington, D. C. : Carnegie Endowment for International Peace.

Garrett, Banning and Bonnie Glaser(1997). "Chinese Apprehensions about Revitalization of the U. S. - Japanese Alliance". *Asian Survey* Vol. 37, No. 4. 383~402.

Garrison, Jean A. (2005). "China's Prudent Cultivation of "Soft" Power and Implications for U. S. Policy in East Asia". *Asian Affairs: An American Review* Vol. 32, No. 1. 25~30.

Garver, John W. (1998). "Sino-Russian Relations". Samuel S. Kim (ed.). *China and the World: Chinese Foreign Policy Faces the New Millennium.* Boulder, Colorado: Westview Press. 114~132.

Gilboy, George J. and Benjamin L. Read(2008). "Political and Social Reform in China: Alive and Walking". *Washington Quarterly* Vol. 31, No. 3. 143~164.

Gill, Bates(2007). *Rising Star: China's New Security Diplomacy.* Washington, D. C. : Brookings Institution.

Gilley, Bruce(2004). *China's Democratic Future: How It Will Happen and Where It Will Lead.* New York: Columbia University Press.

Glaster, Bonnie S. and Evan S. Medeiros(2007). "The Changing E-cology of Foreign Policy-Making in China: The Ascension and Demise of the Theory of 'Peaceful Rise'". *The China Quarterly* 190. 291~310.

Glaster, Bonnie, Scott Snyder, and John S. Park(2008). *Keeping an Eye on Unruly Neighbor: Chinese Views of Economic Reform and Stability in North Korea.* US Institute of Peace and CSIS.

Goh, Chok Tong(1994). "Social Values, Singapore Style". *Current History* Vol. 93, No. 587. 417~422.

Goldstein, Avery(2003a). "An Emerging China's Emerging Grand Strategy: A Neo-Bismarckian Turn?". G. John Ikenberry and Michael Mastanduno(eds.). *International Relations Theory and the Asia-Pacific.* New York: Columbia University Press. 72~80.

_____ (2003b). "Balance-of-Power Politics: Consequences for Asian Security Order". Muthia Alagaa (ed.). *Asian Security Order: Instrumental and Normative Features*. Stanford, California: Stanford University Press. 171~209.

_____ (2005). *Rising to the Challenge: China's Grand Strategy and International Security*. Stanford, California: Stanford University Press.

Gries, Peter Hays and Stanley Rosen (eds.) (2004). *State and Society in 21st-Century China*. New York and London: Routledge Curzon.

Guthrie, Doug (2006). *China and Globalization: The Social, Economic, and Political Transformation of Chinese Society*. New York and London: Routledge.

Ha, Yong-Chool and Wang Hwi Lee (2007). "The Politics of Economic Reform in South Korea: Crony Capitalism after Ten Years". *Asian Survey* Vol. 47, No. 6. 894~914.

Haggard, Stephan (1990). *Pathways from the Periphery: The Politics of Growth in the Newly Industrializing Countries*. Ithaca: Cornell University Press.

Han, Sukhee (2004). "Alliance Fatigue amid Asymmetrical Interdependence: Sino-North Korean Relations in Flux". *The Korean Journal of Defense Analysis* Vol. 16, No. 1. 155~179.

Harding, Harry (1998). "The Halting Advance of Pluralism". *Journal of Democracy* Vol. 9, No. 1. 11~17.

Harris, Stuart and Richard N. Cooper (2000). "The U. S. - Japan Alliance". Robert D. Blackwill and Paul Dibb (eds.). *America's Asian Alliance*. Cambridge, Massachusetts: The MIT Press. 31~60.

Hood, Steven J. (1998). "The Myth of Asian-Style Democracy". *Asian Survey* Vol. 38, No. 9. 853~866.

Howell, Jude (2004a). "Governance Matters: Key Challenges and Emerging Tendencies". Jude Howell (ed.). *Governance in China*.

Lanham, Maryland: Rowman & Littlefield Publishers. 1~18.

_____(2004b). "New Directions in Civil Society: Organizing around Marginalized Interests". Jude Howell(ed.). *Governance in China*. Lanham, Maryland: Rowman & Littlefield Publishers. 143~171.

_____(2004c). "Getting to the Roots: Governance Pathologies and Future Prospects". Jude Howell(ed.). *Governance in China*. Lanham, Maryland: Rowman & Littlefield Publishers. 226~240.

_____(ed.)(2004). *Governance in China*. Lanham, Maryland: Rowman & Littlefield Publishers.

Hsieh, John Fuh-sheng(2005). "Cross-Strait Relations after 16th National Congress of the Chinese Communist Party". Weixing Chen and Yang Zhong(eds.). *Leadership in a Changing China*. New York: Palgrave Macmillan. 193~203.

Huang, Cary(2007a). "Congress Secures Hu Legacy". *South China Morning Post*(Internet Edition) 2007. 10. 22.

_____(2007b). "Hu Makes Peace Offer to Taiwan"(2007. 10. 16). *South China Morning Post*(Internet Edition) 2007. 10. 26.

Huang, Jing(2000). *Factionalism in Chinese Communist Politics*. Cambridge, London: Cambridge University Press.

_____(2008). "Beijing's Approach on the Russo-Georgian Conflict: Dilemma and Choices". *China Brief* Vol. 8, No. 17. 5~7.

Huang, Yanzhong and Dali L. Yang(2004). "Population Control and State Coercion in China". Barry J. Naughton and Dali L. Yang (eds.). *Holding China Together: Diversity and National Integration in the Post-Deng Era*. Cambridge, London: Cambridge University Press. 149~192.

Hughes, Christopher W. and Akiko Fukushima(2004). "U. S. - Japan Security Relations: Toward Bilateralism Plus?". Ellis S. Krauss and T. J. Pempel(eds.). *Beyond Bilateralism: U. S. - Japan Relations in the New Asia-Pacific*. Stanford: Stanford University

Press. 55~86.

Huntington, Samuel P. (1968). *Political Order in Changing Societies.* New Haven: Yale University Press.

_____ (1991). *The Third Wave: Democratization in the Late Twentieth Century.* Norman: University of Oklahoma Press.

_____ (1997). "Democracy for the Long Haul". Larry Diamond, Marc F. Plattner, Yun-han Chu, and Hung-mao Tien (eds.). *Consolidating the Third Wave Democracies: Themes and Perspectives.* Baltimore: Johns Hopkins University Press. 3~13.

Huntington, Samuel P. and Jorge I. Dominguez (1975). "Political Development". Fred I. Greenstein and Nelson W. Polsby (eds.). *Handbook of Political Science: Macropolitical Theory*, Vol. 3. Reading, MA: Addison-Wesley Publishing Company.

Ikenberry, G. John (2004). "America in East Asia: Power, Markets, and Grand Strategy". Ellis S. Krauss and T. J. Pempel (eds.). *Beyond Bilateralism: U. S. - Japan Relations in the New Asia-Pacific.* Stanford: Stanford University Press. 37~54.

Independent Task Force (2007). *U. S. - China Relations: An Affirmative Agenda, A Responsible Course.* Sponsored by the Council on Foreign Relations.

Ji, You (2001). "China and North Korea: A Fragile Relationship of Strategic Convenience". *Journal of Contemporary China* Vol. 10, No. 28. 387~398.

Jian, Chen (2003). "Limits of the 'Lips and Teeth' Alliance: An Historical Review of Chinese-North Korean Relations". *Asia Program Special Report* No. 115. Woodrow Wilson International Center for Scholars. 4~10.

Johnson, Chalmers (1982). *MITI and the Japanese Miracle: The Growth of Industrial Policy*, 1925-1975. Stanford: Stanford University Press.

_____(1986). "The Nonsocialist NICs: East Asia". *International Organization* Vol. 4, No. 2. 557~565.

_____(1995). *Japan: Who Governs? The Rise of Developmental State.* New York: W. W. Norton & Company.

_____(1999). "The Developmental State: Odyssey of a Concept". Meredith Woo-Cumings(ed.). *The Developmental State.* Ithaca, New York: Cornell University Press. 32~60.

Johnston, Alastair Iain(2004). "Beijing's Security Behavior in the Asia-Pacific: Is China a Dissatisfied Power?". J. J. Suh, Peter J. Katzenstein, and Allen Carlson(eds.). *Rethinking Security in East Asia: Identity, Power, and Efficiency.* Stanford, California: Stanford University Press.

Kahn, Joseph(2007). "Politburo in China Gets Four New Members" (2007. 10. 22). *New York Times* (Internet Edition) 2007. 10. 23.

Kang, David C. (2007). *China Rising: Peace, Power, and Order in East Asia.* New York: Columbia University Press.

Kausikan, Bilahari(1998). "The 'Asian Values' Debate: A View from Singapore". Larry Diamond and Marc F. Plattner(eds.). *Democracy in East Asia.* Baltimore: Johns Hopkins University Press. 17~27.

Keidel, Albert(2008). "China's Economic Rise: Fact and Fiction". *Policy Brief* No. 61. Carnegie Endowment for International Peace.

Keller, William W. and Thomas G. Rawski(2007). "China's Peaceful Rise: Road Map or Fantasy?". William W. Keller and Thomas G. Rawski(eds.). *China's Rise and the Balance of Influence in Asia.* Pittsburgh: University of Pittsburgh Press. 193~207.

Kim, Dae Jung(1994). "Is Culture Destiny? The Myth of Asia's Anti-Democratic Values". *Foreign Affairs* Vol. 73, No. 6. 189~194.

Kim, Samuel S. (2001). "The Making of China's Korea Policy in the Era of Reform". David M. Lampton(ed.). *The Making of Chinese*

314

  *Foreign and Security Policy in the Era of Reform*, 1978-2000.
  Stanford, California: Stanford University Press. 371~408.

_____ (2003). "China and North Korea in a Changing World". *Asia*
  *Program Special Report* No. 115. Woodrow Wilson International
  Center for Scholars. 11~17.

_____ (ed.) (2003). *Korea's Democratization*. Cambridge: Cambridge
  University Press.

Kim, Samuel S. and Tai Hwan Lee (2002). "Chinese-North Korean
  Relations: Managing Asymmetrical Interdependence". Samuel
  S. Kim and Tai Hwan Lee (eds.). *North Korea and Northeast*
  *Asia*. Lanham, Maryland: Rowman & Littlefield Publishers.
  109~137.

Kim, Sunhyuk (2000). *The Politics of Democratization in Korea: The*
  *Role of Civil Society*. Pittsburgh: University of Pittsburgh
  Press.

Kim, Taeho (1999). "Strategic Relations between Beijing and Pyongyang:
  Growing Strains and Lingering Ties". James R. Lilley and David
  Shambaugh (eds.). *China's Military Faces the Future*. Armonk,
  New York: M. E. Sharpe. 295~321.

Kim, Yun Tae (1999), "Neoliberalism and the Decline of the Develop-
  mental State". *Journal of Contemporary Asia* Vol. 29, No. 5. 441
  ~461.

_____ (2005). "DJnomics and the Transformation of the Developmental
  State". *Journal of Contemporary Asia* Vol. 35, No. 4. 471~484.

Kim, Yung-Myung (1997). "'Asian-Style Democracy': A Critique from
  East Asia". *Asian Survey* Vol. 37, No. 12. 1119~1134.

Kurlantzick, Joshua (2005). "The Decline of American Soft Power".
  *Current History* 419~424.

_____ (2007). *Charm Offensive: How China's Soft Power Is Trans-*
  *forming the World*. New Heaven: Yale University Press.

Lampton, David M. (2005). "China's Rise in Asia Not Be at America's Expense". David Shambaugh (ed.). *Power Shift: China and Asia's New Dynamics.* Berkeley: University of California Press. 306~326.

Lam, Willy (2007a). "Striving for Balance: Assessing Recent Municipal and Provincial Leadership Changes". *China Brief* 7-8. 2~3.

_____ (2007b). "Limited Reforms: Status Quo at the 17th Party Congress". *China Brief* 7-17. 6~7.

_____ (2007c). "Reorienting the 17th Party Congress: Boosting Unity and Thwarting Taiwan". *China Brief* 7-18. 2~3.

_____ (2007d). "Hu's Disappointments at the 17th Party Congress". *China Brief* 7-19. 6~7.

_____ (2007e). "Post-Congress Appointments Motivated by Factional and Ideological Bases, Not Reform". *China Brief* 7-20. 1~3.

Lee, Chae-Jin (1996). *China and Korea: Dynamic Relations.* Stanford, California: Hoover Institute.

Lee, Jaymin (1999). "East Asian NIE's Model of Development: Miracle, Crisis, and Beyond". *Pacific Review* Vol. 12, No. 2. 141~162.

Lee, Keun, Donghoon Han, and Justin Lin (2002). "Is China Following the East Asian Model? A 'Comparative Institutional Analysis' Perspective". *China Review* Vol. 2, No. 1. 85~120.

Lee, Keun, Justin Y. Lin, and Ha-Joon Chang (2005). "Late Marketisation versus Late Industrialisation in East Asia". *Asia-Pacific Economic Literature.* 42~59.

Lee, Poh Ping and Tham Siew Yean (2007). "Malaysia Ten Years after the Asian Financial Crisis". *Asian Survey* Vol. 47, No. 6. 915~929.

Leftwich, Adrian (1998). "Forms of the Democratic Developmental State: Democratic Practices and Development Capacity". Mark Robinson and Gordon White (eds.). *The Democratic Develop-*

316

    *mental State: Political and Institutional Design*. Oxford: Oxford University Press. 52~83.

Leib, Ethan J. and Baogang He(eds.) (2006). *The Search for Deliberative Democracy in China*. New York: Palgrave Macmillan.

Leong, Ho Khai(2004). "Rituals, Risks, and Rivalries: China and ASEAN". Suisheng Zhao(ed.). *Chinese Foreign Policy: Pragmatism and Strategic Behavior*. Armonk, Colorado: M. E. Sharpe. 297~308.

Levy, Jack S. (2004). "What Do Great Powers Balance Against and When?". T. V. Paul, James J. Wirtz, and Michel Fortman (eds.). *Balance of Power: Theory and Practice in the 21st Century*. Stanford, California: Stanford University Press. 29~51.

Li, Cheng(2001). *China's Leaders: The New Generation*. Lanham, Maryland: Rowman & Littlefield.

_____(2004). "Political Localism versus Institutional Restraints: Elite Recruitment in the Jiang Era". Barry J. Naughton and Dali L. Yang(eds.). *Holding China Together: Diversity and National Integration in the Post-Deng Era*. Cambridge, London: Cambridge University Press. 29~69.

_____(2005). "The New Bipartisanship within the Chinese Communist Party". *Orbis* 49-3. 387~400.

_____(2007a). "Anticipating Chinese Leadership Changes at the 17th Party Congress". *China Brief* 7-6. 5~7.

_____(2007b). "China's Two Li's: Frontrunners in the Race to Succeed Hu Jintao". *China Leadership Monitor* 22.

_____(2007c). "China's Most Powerful Princelings: How Many Will Enter the New Politburo?". *China Brief* 7-19. 2~5.

_____(2008). "Hu's Southern Expedition: Changing Leadership in Guangdong". *China Leadership Monitor* No. 24.

Li, Cheng and Lynn White(2006). "The Sixteenth Central Committee of the Chinese Communist Party". Lowell Dittmer and Guoli Liu(eds.). *China's Deep Reform: Domestic Politics in Transition*. Lanham, Maryland: Rowman & Littlefield. 81~118.

Li, Lianjiang(2002). "The Politics of Introducing Direct Township Elections in China". *The China Quarterly* 171. 704~723.

Li, Mingjiang(2008). "China's Soft Power: Stuck in Transition". *RSIS Commentaries*.

Lin, Gang(2003). "Ideology and Political Institutions for a New Era". Gang Lin and Xiaobo Hu(eds.). *China after Jiang*. Washington, D.C.: Woodrow Wilson Center Press. 39~68.

———(2005). "Leadership Transition, Intra-Party Democracy, and Institution Building in China". Weixing Chen and Yang Zhong (eds.). *Leadership in a Changing China*. New York: Palgrave Macmillan. 37~55.

Linz, Juan J. (1975). "Totalitarian and Authoritarian Regimes". Fred I. Greenstein and Nelson W. Polsby(eds.). *Handbook of Political Science: Macropolitical Theory*, Vol. 3. Reading, MA: Addison-Wesley Publishing Company. 175~411.

Liu, Guoli(2005). "Leadership Transition and New Foreign Policy Orientation". Weixing Chen and Yang Zhong(eds.). *Leadership in a Changing China*. New York: Palgrave Macmillan. 169~191.

Lum, Thomas, Wayne M. Morrison, and Bruce Vaughn(2008). "China's 'Soft Power' in Southeast Asia"(CRS Report for Congress). Congressional Research Service.

Mastanduno, Michael(2003). "Incomplete Hegemony: The United States and Security Order in Asia". Muthia Alagaa(ed.). *Asian Security Order: Instrumental and Normative Features*. Stanford, California: Stanford University Press. 141~170.

Means, Gordon P. (1998). "Soft Authoritarianism in Malaysia and Singapore". Larry Diamond and Marc F. Plattner(eds.). *Democra-*

*cy in East Asia*. Baltimore: Johns Hopkins University Press. 96 ~110.

Moon, Chung-in and Rashemi Prasad (1998). "Networks, Politics, and Institutions". Steve Chan, Cal Clark, and Danny Lam (eds.). *Beyond the Developmental State: East Asia's Political Economies Reconsidered*. London: Macmillan. 9~24.

Moravcsik, Andrew (2008). "Washington Cries Wolf". *Newsweek*, March 31 (Internet Edition). www.newsweek.com/id/128415. 2008. 3. 31.

Mozhizuki, Mike M. (2004). "Terms of Engagement: The U. S. - Japan Alliance and the Rise of China". Ellis S. Krauss and T. J. Pempel (eds.). *Beyond Bilateralism: U. S. - Japan Relations in the New Asia-Pacific*. Stanford: Stanford University Press. 87~114.

Murphy, Melissa (2008). "Decoding Chinese Politics: Intellectual Debates and Why They Matter". A Report of the CSIS Freeman Chair in Chinese Studies. Center for Strategic & International Studies.

Nathan, Andrew J. (1985). *Chinese Democracy*. Berkeley, California: University of California Press.

_____(1997). "China's Constitutionalist Option". Larry Diamond, Marc F. Plattner, Yun-han Chu, and Hung-mao Tien (eds.). *Consolidating the Third Wave Democracies: Regional Challenges*. Baltimore: Johns Hopkins University Press. 228~249.

National Intelligence Council (2008). *Global Trends* 2025: *A Transformed World*.

Naughton, Barry J. and Dali L. Yang (2004). "Holding China Together: Introduction". Barry J. Naughton and Dali L. Yang (eds.). *Holding China Together: Diversity and National Integration in the Post-Deng Era*. Cambridge, London: Cambridge University Press. 1~25.

_____(eds.) (2004). *Holding China Together: Diversity and National*

Integration in the Post-Deng Era. Cambridge, London: Cambridge University Press.

Neher, Clark D. (1994). "Asian Style Democracy". Asian Survey Vol. 34, No. 11. 949~961.

Ng, Margaret (1998). "Why Asia Needs Democracy: A View from Hong Kong". Larry Diamond and Marc F. Plattner (eds.). Democracy in East Asia. Baltimore: Johns Hopkins University Press. 3~16.

Nye, Joseph S (1990). Bound to Lead: The Changing Nature of American Power. New York: Basic Books.

_____ (2002). The Paradox of American Power: Why the World's Only Superpower Can't Go It Alone. Oxford: Oxford University Press.

_____ (2004). Soft Power: The Means to Success in World Politics. New York: Public Affairs.

_____ (2005). "The Rise of China's Soft Power". Wall Street Journal Asia.

O'Donnell, Guillermo (1994). "Delegative Democracy". Journal of Democracy Vol. 5, No. 1. 55~69.

Office of the Secretary of Defense (2009). Annual Report to Congress: Military Power of the PRC 2008.

Ogden, Suzanne (2002). Inklings of Democracy in China. Cambridge, Massachusetts: Harvard University Asia Center.

Onis, Ziya (1991). "The Logic of the Developmental State". Comparative Studies Vol. 24, No. 1. 109~126.

Pan, Ester (2006). "China's Soft Power Initiative". Backgrounder (2006. 5. 18). http://www.cfr.org/publications/10715.

Park, Chong-Min and Doh Chull Shin (2006). "Do Asian Values Deter Popular Support for Democracy in South Korea". Asian Survey Vol. 46, No. 3. 341~361.

Paul, T. V. (2004). "Introduction: The Enduring Axioms of Balance of

320

Power Theory and Their Contemporary Relevance". T. V. Paul, James J. Wirtz, and Michel Fortman (eds.). *Balance of Power: Theory and Practice in the 21st Century*. Stanford, California: Stanford University Press. 1~25.

Peerenboom, Randall (2007). *China Modernizes: Threat to the West or Model for the Rest?*. Oxford, London: Oxford University Press.

Pei, Minxin (1998). "The Fall and Rise of Democracy in East Asia". Larry Diamond and Marc F. Plattner (eds.). *Democracy in East Asia*. Baltimore: Johns Hopkins University Press. 57~78.

_____ (2000). "China's Evolution toward Soft Authoritarianism". Edward Friedman and Barrett McCormick (eds.). *What If China Doesn't Democratize: Implications for War and Peace*. Armonk: M. E. Sharpe. 74~98.

_____ (2006). *China's Trapped Transition: The Limits of Developmental Autocracy*. Cambridge, Massachusetts: Harvard University Press.

_____ (2007). "How Will China Democratize?". *Journal of Democracy* Vol. 18, No. 3. 53~57.

Pempel, T. J. (1999). "The Developmental Regime in a Changing World Economy". Meredith Woo-Cumings (ed.). *The Developmental State*. Ithaca, New York: Cornell University Press. 137~181.

Perry, Elizabeth J. and Mark Selden (eds.) (2000). *Chinese Society: Change, Conflict and Resistance*. New York and London: Routledge Curzon.

Pew Research Center (2005). "American Character Gets Mixed Reviews: U. S. Image up Slightly, but Still Negative". 16-Nation Pew Global Attitudes Survey.

Przeworski, Adam and Fernando Limongi (1997). "Modernization: Theories and Facts". *World Politics* Vol. 49, No. 2.

Ramo, Joshua Cooper (2004). *The Beijing Consensus*. London: Foreign

Policy Center.

Riain, Sean O. (2000). "The Flexible Developmental State: Globalization, Information Technology, and the 'Celtic Tiger'". *Politics and Society* Vol. 28, No. 2. 157~193.

Rigger, Shelley (1999). *Politics in Taiwan: Voting for Democracy*. London: Routledge.

Robinson, Mark and Gordon White (1998). "Introduction". Mark Robinson and Gordon White (eds.). *The Democratic Developmental State: Political and Institutional Design*. Oxford: Oxford University Press. 1~13.

Ross, Robert S. (2004). "Bipolarity and Balancing in East Asia". T. V. Paul, James J. Wirtz, and Michel Fortman (eds.). *Balance of Power: Theory and Practice in the 21st Century*. Stanford, California: Stanford University Press. 267~304.

_____ (2007). "Balance of Power Politics and the Rise of China: Accommodation and Balancing in East Asia". William K. Keller and Thomas G. Rawski (eds.). *China's Rise and the Balance of Influence in Asia*. Pittsburgh: University of Pittsburgh Press. 121~145.

Rowen, Henry S. (2007). "When Will the Chinese People Be Free?". *Journal of Democracy* Vol. 18, No. 3. 38~52.

Roy, Denny (1994). "Singapore, China, and the 'Soft Authoritarianism' Challenge". *Asian Survey* Vol. 34, No. 3. 231~242.

_____ (2003). *Taiwan: A Political History*. Ithaca: Cornell University Press.

Scalapino, Robert A. (1993). "Democratizing Dragons: South Korea and Taiwan". *Journal of Democracy* Vol. 4, No. 3. 70~83.

_____ (1998a). "A Tale of Three Systems". Larry Diamond and Marc F. Plattner (eds.). *Democracy in East Asia*. Baltimore: Johns Hopkins University Press. 228~233.

322

_____ (1998b). "Current Trends and Future Prospects". *Journal of Democracy* Vol. 9, No. 1. 35~40.

Schneider, Ben Ross (1999). "The Desarrollista State in Brazil and Mexico". Meredith Woo-Cumings (ed.). *The Developmental State*. Ithaca, New York: Cornell University Press. 276~305.

Setser, Brad and Arpana Pandey (2009). *China's $1.7 Trillion Bet: China's External Portfolio and Dollar Reserves*. Council on Foreign Relations.

Shambaugh, David (2003). "China and Korean Peninsula: Playing for the Long Term". *Washington Quarterly* Vol. 26, No. 2. 43~56.

_____ (2004/5). "China Engages Asia: Reshaping the Regional Order". *International Security* Vol. 29, No. 3. 64~99.

_____ (2005a). "Return to the Middle Kingdom? China and Asia in the Early Twenty-First Century". David Shambaugh (ed.). *Power Shift: China and Asia's New Dynamics*. Berkeley: University of California Press. 23~47.

_____ (2005b). "The Rise of China and Asia's New Dynamics". David Shambaugh (ed.). *Power Shift: China and Asia's New Dynamics*. Berkeley: University of California Press. 1~20.

_____ (ed.) (2000). *Is China Unstable? Assessing the Factors*. Armonk, New York: M. E Sharpe.

Shi, Jiangtao (2007). "Four Allies of Hu Elevated to New Politburo". *South China Morning Post* (Internet Edition) 2007. 10. 23.

Shi, Ting (2007). "Hu up with Party Greats after Its Adopts His Scientific Theory". *South China Morning Post* (Internet Edition) 2007. 10. 22.

Shin, Doh C. (1999). *Mass Politics and Culture in Democratizing Korea*. Cambridge: Cambridge University Press.

Shirk, Susan L. (2007). *China: Fragile Superpower*. Oxford, London: Oxford University Press.

Shpiro, Ian (2003). *The State of Democratic Theory*. Princeton: Princeton University Press.

Snyder, Glenn H. (1990). "Alliance Theory: A Neorealist First Cut". *Journal of International Affairs* Vol. 44, No. 1. 103~123.

_____ (1997). *Alliance Politics*. Ithaca and London: Cornell University Press.

Su, Fubing (2004). "The Political Economy of Industrial Restructuring in China's Coal Industry, 1992-1999". Barry J. Naughton and Dali L. Yang (eds.). *Holding China Together: Diversity and National Integration in the Post-Deng Era*. Cambridge, London: Cambridge University Press. 226~252.

Sutter, Robert G. (2005). *China's Rise in Asia: Promises and Perils*. Lanham, Maryland: Rowman & Littlefield Publishers.

Thompson, Drew (2005). "China's Soft Power in Africa: From the 'Beijing Consensus' to Health Diplomacy". *China Brief* Vol. 5, No. 21. 1~4.

Thompson, Mark R. (2001). "Whatever Happened to 'Asian Values'?". *Journal of Democracy* Vol. 12, No. 4. 154~165.

Thornton, John L. (2008). "Long Time Coming: The Prospects for Democracy in China". *Foreign Affairs* Vol. 87, No. 1. 2~22.

Tien, Hung-mao (1997). "Taiwan's Transformation". Larry Diamond, Marc F. Plattner, Yun-han Chu, and Hung-mao Tien (eds.). *Consolidating the Third Wave Democracies: Regional Challenges*. Baltimore: Johns Hopkins University Press. 123~161.

Tsai, Kelle S. (2007). *Capitalism without Democracy: The Private Sector in Contemporary China*. Ithaca and London: Cornell University Press.

Unger, Jonathan and Anita Chan (1996). "Corporatism in China: A Developmental State in an East Asian Context". Barrett L. McCormick and Jonathan Unger (eds.). *China after Socialism*:

324

*In the Footsteps of Eastern Europe or East Asia?.* Armonk, New York: M. E. Sharpe. 95~129.

Wade, Robert (1990). *Governing the Market: Economy Theory and the Role of Government in East Asian Industrialization.* Princeton: Princeton University Press.

Walt, Stephen M. (1987). *The Origins of Alliances.* Ithaca and London: Cornell University Press.

Wang, Jianwei (2005). "China's Multilateral Diplomacy in the New Millennium". Yong Deng and Fei-Ling Wang (eds.). *China Rising: Power and Motivation in Chinese Foreign Policy.* Lanham: Rowman & Littlefield. 159~200.

_____ (2007). "The Limits of Hu's Influence Are Laid Bare". *South China Morning Post* (Internet Edition) 2007. 10. 23.

Weiss, Linda (2000). "Developmental States in Transition: Adapting, dismantling, innovating, not 'normalizing'". *Pacific Review* Vol. 13, No. 1. 21~55.

Weitz, Richard (2008). *China-Russia Security Relations: Strategic Parallelism without Partnership or Passion.* Strategic Studies Institute, US Army War College. http://www.StrategicStudiesInstitute. army. mil.

White, Gordon (1988). "State and Market in China's Socialist Industrialization". Gordon White (ed.). *Developmental States in East Asia.* New York: St. Martin's Press. 153~192.

_____ (1998). "Constructing a Democratic Developmental State". Mark Robinson and Gordon White (eds.). *The Democratic Developmental State: Political and Institutional Design.* Oxford: Oxford University Press. 17~51.

Whiting, Allen S. (2004). "ASEAN Eyes China: The Security Dimension". Guoli Liu (ed.). *Chinese Foreign Policy in Transition.* New York: Aldine De Gruyter. 233~256.

Whyte, Martin King(2000). "Chinese Social Trends: Stability or Chaos?". David Shambaugh(ed.). *Is China Unstable? Assessing the Factors*. Armonk, New York: M. E Sharpe. 143~163.

Wilder, Dennis(2009). "How a 'G-2' Would Hurt". *Brookings*, April 8 (http://www. brookings. edu/opinions/2009/0402_china_wilder. aspx?p=1) 2009. 4. 5.

Williamson, John(2000). "What Should the World Bank Think about the Washington Consensus". *The World Bank Research Observer* Vol. 15, No. 2. 251~264.

_____(2002). "Did the Washington Consensus Fail". Outline of Speech at the Center for Strategic & International Studies, Washington, D. C.

_____(2004). "A Short History of the Washington Consensus". Paper Commissioned by Fundaci CIDOB for a Conference from the Washington Consensus toward a New Global Governance, Barcelona.

Wilson, Jeanne L. (2004). *Strategic Partners: Russian-Chinese Relations in the Post-Soviet Era*. Armonk, New York: M. E. Sharpe.

Wishnick, Elizabeth(2001). "Russia and China: Brothers Again?". *Asian Survey* Vol. 41, No. 5. 797~821.

Wong, John and Zheng Yongnian(eds.) (2002). *China's Post-Jiang Leadership Succession: Problems and Perspectives*. Singapore: World Scientific.

Woo-Cumings, Meredith(1994). "The 'New Authoritarianism' in East Asia". *Current History* Vol. 93, No. 587. 413~416.

_____(1999). "Introduction: Chalmers Johnson and the Politics of Nationalism and Development". Meredith Woo-Cumings(ed.). *The Developmental State*. Ithaca, New York: Cornell University Press. 1~31.

Wu, Xinbo(2005~06). "The End of the Silver Lining: A Chinese

View of the U. S. - Japanese Alliance". *Washington Quarterly* Vol. 29, No. 1. 119~130.

Wu, Yu-Shan (2004). "Jiang and After: Technocratic Rule, Generational Replacement and Mentor Politics". Yun-han Chu, Chihcheng Lo, and Ramon H. Myers (eds.). *The New Chinese Leadership: Challenges and Opportunities after the 16th Party Congress.* Cambridge, London: Cambridge University Press. 69~88.

_____ (2007). "Taiwan's Developmental State: After the Economic and Political Turmoil". *Asian Survey* Vol. 47, No. 6. 977~1001.

Xia, Ming (2000). *The Dual Developmental State: Developmental Strategy and Institutional Arrangements for China's Transition.* Brookfield: Ashgate.

Yang, Dali L. (2004). *Remaking the Chinese Leviathan: Market Transition and the Politics of Governance in China.* Stanford, California: Stanford University Press.

_____ (2007). "China's Long March to Freedom". *Journal of Democracy* Vol. 18, No. 3. 58~64.

Yunling, Zhang and Tang Shiping (2005). "China's Regional Strategy". David Shambaugh (ed.). *Power Shift: China and Asia's New Diplomacy.* Berkeley, California: University of California Press. 48~68.

Zakaria, Fareed (1994). "Culture is Destiny: A Conversation with Lee Kuan Yew". *Foreign Affairs* Vol. 73, No. 2. 109~126.

_____ (1997). "The Rise of Illiberal Democracy". *Foreign Affairs* Vol. 76, No. 6. 22~43.

Zhang, Yunling and Tang Shiping (2005). "China's Regional Strategy". David Shambaugh (ed.). *Power Shift: China and Asia's New Dynamics.* Berkeley: University of California Press. 48~68.

Zhao, Suisheng (2004). "The New Generation of Leadership and the

Direction of Political Reform after the 16th Party Congress". Yun-han Chu, Chih-cheng Lo, and Ramon H. Myers(eds.). *The New Chinese Leadership: Challenges and Opportunities after the 16th Party Congress*. Cambridge, London: Cambridge University Press. 33~68.

_____(eds.)(2000). *China and Democracy: The Prospect for a Democratic China*. London: Routledge.

Zheng, Yongnian(2004). *Globalization and State Transformation in China*. Cambridge, London: Cambridge University Press.

_____(2005). "The 16th National Congress of the Chinese Communist Party: Institutionalization of Succession Politics". Weixing Chen and Yang Zhong(eds.). *Leadership in a Changing China*. New York: Palgrave Macmillan. 15~36.

Zhou, Zhenghuan(2005). *Liberal Rights and Political Culture: Envisioning Democracy in China*. London: Routledge.

Zou, Cary(1991). "Transition towards Democracy in Comparative Perspective". *Asian Perspective* Vol. 5, No. 1. 99~121.


## 3. 중문

江西元・夏立平(2004). 《中國和平崛起》. 北京: 中國社會科學出版社.

康曉光(2004). 《中國的道路》. 北京.

高 放(2002). 《政治學與政治體制改革》. 北京: 中國書籍出版社.

_____(2006). 《中國政治體制改革的心聲》. 重慶: 重慶出版社.

國務院 新聞辦公室(2005). 《中國的和平發展道路》(*China's Peaceful Development Road*)(白皮書).

_____(2005). 《中國的民主政治建設》(白皮書).

_____(2007). 《中國的政黨制度》(白皮書).

金燦榮 主編(2007). 《中國學者看世界3: 大國戰略卷》. 北京: 新世界出版社.

328

金熙德 主編(2007).《21世紀的中日關係》. 重慶： 重慶出版社.

當代中國叢書編輯委員會(1990).《當代中國外交》. 北京： 中國社會科學出
版社.

劉江永(2007).《中日關係二十講》. 北京： 中國人民出版社.

劉靜波 主編(2006).《21世紀初中國國家安全戰略》. 北京：時事出版社.

陸學藝 主編(2002).《當代中國社會階層研究報告》. 北京： 社會科學文獻出
版社.

李敏倫(2007).《中國"新安全觀"與上海合作組織研究》. 北京： 人民出版社.

門洪華 主編(2004).《中國： 大國崛起》. 杭州： 浙江人民出版社.

_____(2005).《構建中國大戰略的框架： 國家實力‧戰略觀念與國際制
度》. 北京： 北京大學出版社.

潘 維(2003).《法治與"民主迷信"： 一個法治主義者眼中的中國現代化和世
界秩序》. 香港： 香港社會科學出版社.

復旦大學國際關係與公共事務學院(2006).《多邊治理與國際秩序》（復旦國
際關係評論 第六輯). 上海： 上海人民出版社.

徐堅 主編(2004).《國際環境與中國的戰略機遇期》. 北京： 人民出版社.

蕭功秦(2000).《與政治浪漫主義告別》. 武漢： 湖北教育出版社.

蘇 浩(2003).《從啞鈴到橄欖： 亞太合作安全模式研究》. 北京： 世界知識
出版社.

宋德福 主編(2001).《中國政府管理與改革》. 北京： 中國法制出版社.

兒健民‧陳子舜(2003).《中國國際戰略》. 北京： 人民出版社.

安衛‧李東燕(2000).《十字路口上的世界： 中國著名學者探討21世紀的國際
焦點》. 北京： 中國人民大學出版社.

閻健 編(2006).《民主是個好東西： 俞可平放談錄》. 北京： 社會科學文獻出
版社.

閻學通 主編(2007).《中國學者看世界5： 國際安全卷》. 北京： 新世界出版社.

閻學通(2000).《美國霸權與中國安全》. 天津： 天津人民出版社.

_____(2005).《國際政治與中國》. 北京： 北京大學出版社.

閻學通‧金德湘 主編(2005).《東亞和平與安全》. 北京： 時事出版社.

閻學通‧孫學峰 外(2005).《中國崛起及其戰略》. 北京： 北京大學出版社.

葉自成(2003). 《中國大戰略:　中國成爲世界大國的主要問題及戰略選擇》.
　　　　北京: 中國社會科學出版社.

王貴秀(2004). 《中國政治體制改革之路》. 鄭州: 河南人民出版社.

王　帆(2007). 《美國的亞太聯盟》. 北京: 世界知識出版社.

王浦劬・謝慶奎 主編(2003). 《民主政治秩序與社會變革》. 北京: 中信出版社.

牛軍 主編(2007). 《中國學者看世界4: 中國外交卷》. 北京: 新世界出版社.

兪可平 外 主編(2006). 《中國模式"北京共識": 超越"華盛頓共識"》.　北京:
　　　　社會科學文獻出版社.

兪可平(2003). 《增量民主與善治》. 北京: 社會科學文獻出版社.

兪可平・黃平・謝曙光・高健 主編(2006). 《中國模式與"北京共識": 超越
　　　　"華盛頓共識"》. 北京: 社會科學文獻出版社.

劉繼南・何輝 外(2006). 《國家形象:　中國國家形相的國際傳播現況和對
　　　　策》. 北京: 中國傳媒大學出版社.

劉山・薛君度 主編(1997). 《中國外交新論》. 北京: 世界知識出版社.

劉智峰 主編(2003). 《第七次革命: 1998～2003 中國政府機構改革問題報
　　　　告》. 北京: 中國社會科學出版社.

應松年・袁曙弘 主編(2001). 《走向法治政府: 依法行政理論研究與實證調
　　　　査》. 北京: 法律出版社.

李君如(2007). 《當代中國政治走向》. 福州: 福建人民出版社.

李正國(2005). 《國家形象構建》. 北京: 中國傳媒大學出版社.

李　智(2005). 《文化外交: 一種傳播學的讀解》. 北京: 北京大學出版社.

張劍荊(2005). 《中國崛起: 通向大國之路的中國策》. 北京: 新華出版社.

張蘊岑 主編(2003). 《未來10～15年中國在亞太地區面臨的國際環境》.　北
　　　　京: 中國社會科學出版社.

張幼文・黃仁偉 外(2005). 《2005中國國際地位報告》. 北京: 人民出版社.

張蘊岑・藍建學 主編(2007). 《面向未來的中俄印合作》. 北京: 世界知識出
　　　　版社.

錢其琛(2003). 《外交十記》. 北京: 世界知識出版社.

田曾佩 主編(1993). 《改革開放以來的中國外交》. 北京: 世界知識出版社.

鄭必堅(2005). 《論中國和平崛起發展新道路》. 北京: 中共中央黨校出版社.

曹思源(2003).《政治文明ABC：中國政治改革綱要》. New York：Cozy House Publisher.

朱炳元 主編(2004).《全球化與中國國家利益》. 北京：人民出版社.

周天勇外(2004).《中國政治體制改革》. 北京：中國水利水電出版社.

中國現代國際關係研究所(2002).《上海合作組織：新安全觀與新機制》. 北京：時事出版社.

清華大學國情研究中心(2005).《國情與發展》. 北京：清華大學出版社.

崔憲濤(2003).《面向21世紀的中俄戰略協作伙伴關係》. 北京：中共中央黨校出版社.

彭澎 主編(2005).《和平崛起論：中國重塑大國之路》. 廣州：廣東人民出版社.

何增科 外(2004).《中國政治體制改革研究》. 北京：中央編譯出版社.

胡鞍鋼(1999).《中國發展前景》. 杭州：浙江人民出版社.

_____(2003).《中國大戰略》. 杭州：浙江人民出版社.

_____(2004).《中國：新發展觀》. 杭州：浙江人民出版社.

胡鞍鋼・門洪華 主編(2005).《中國：東亞一體化新戰略》. 杭州：浙江人民出版社.

胡鞍鋼・楊帆 外(2000).《大國戰略：中國利益與使命》. 瀋陽：遼寧人民出版社.

黃大慧(2008).《日本大國化趨勢與中日關係》. 北京：社會科學文獻出版社.

黃衛平(1998).《中國政治體制改革從橫談》. 北京：中央編譯出版社.

黃平・崔之元 主編(2005).《中國與全球化：華盛頓共識還是北京共識》. 北京：社會科學文獻出版社.

# 찾아보기

(용어)

ㄱ

334

336

338

┌─────────┐
│  ■ ■ ■  │
│  찾아보기  │
└─────────┘
(인 명)

340

# 후진타오 시대의 중국정치

조영남(서울대) 지음

후진타오 시대의 중국은 어떻게 변화할 것인가?

현재 중국은 경제성장을 위시한 국력신장으로 세계 강국으로 부상하고 있다. 그러나 중국 내 현실을 보면 여러 부작용을 안고 있다. 장쩌민에서 후진타오로 이어진 현재의 중국은 이런 부작용을 극복해야 하는 과제를 안았다. 이 책은 새로운 시기를 맞이한 중국의 정치현실을 분석함으로써, 중국의 미래와 가능성을 진단하는 연구서라고 할 수 있다.

· 신국판 · 392면 · 15,000원

나남 nanam
031) 955-4601
www.nanam.net

# 중국외교 연구의
# 새로운 영역

김태호(한림대 국제대학원대학교) 외 지음

## 중국의 부상을 '외교'의 시각에서 분석한다

이 책은 개혁·개방정책의 추진 결과 나타난 새로운 중국의 외교활동, 즉 중국이 당면하고 있는 새로운 외교 영역을 다루고 있다. 중국의 부상에 대한 이론적 평가와 군사·안보적 측면을 검토하며 최근 세인의 주목을 받고 있는 중국의 유엔 외교와 소프트파워 전략을 분석하고, 나아가 중국의 경제 외교와 에너지·환경 문제를 고찰하고 있다.

· 신국판 · 392면 · 20,000원

---

# 중국의
# 권력승계와 정책노선

## 17차 당대회 이후 중국의 진로

전성흥 · 김태호 · 조영남 · 정상은
장영석 · 김흥규 · 지은주 지음

중국공산당 제 17차 당대회(2007년 10월)는 집권 2기를 맞이하는 후진타오 시대 중국 지도부 내 권력승계와 공산당 노선 및 정책의 기본방향이 설정된 중요한 회의이다. 17차 당대회를 종합적으로 분석한 이 책은 국내에서 처음으로 중국공산당 전국대표대회를 통해 중국의 현황과 변화를 설명하고자 시도한 단행본이다.   · 신국판 · 312면 · 15,000원

031) 955-4601
www.nanam.net